Christiane Hoffmann

HINTER DEN SCHLEIERN IRANS

Christiane Hoffmann

HINTER DEN SCHLEIERN IRANS

Einblicke in ein verborgenes Land

DUMONT

Für T.

Zweite (erweiterte und aktualisierte) Auflage 2009

Umschlag: Zero, München
Gesetzt aus der Adobe Garamond und der Unit
Satz: Fagott, Ffm
Gedruckt auf säurefreiem und chlorfrei gebleichtem Papier
Gesamtherstellung: CPI – Clausen & Bosse, Leck
Printed in Germany

ISBN 978-3-8321-9538-0

Vorwort zur zweiten Ausgabe

»Es wird keine Revolution in der Revolution geben«, hatte Jürgen Habermas bei einem Besuch in Teheran im Jahr 2002 vorhergesagt. Die Revolutionäre von 1979 würden nicht gegen das islamische System aufbegehren, selbst wenn sie heute Reformer geworden seien und eine ganz andere Islamische Republik wollten. Allzu lange liegt die letzte Revolution in Iran nicht zurück, dreißig Jahre, das ist gerade einmal gut eine Generation. Nicht wenige derjenigen, die im Juni 2009 nach der Präsidentenwahl aus Protest auf die Straße gingen, waren 1979 selbst dabei. In viel größerer Zahl demonstrierten jetzt aber ihre Kinder. Die iranische Revolution war, anders als die russische oder kubanische, keine Palastrevolte und kein Handstreich, sondern eine echte Massenbewegung. Das gab ihr zumal zu Lebzeiten von Revolutionsführer Chomeini Legitimität, auch wenn viele bald das Gefühl hatten, ihre Revolution werde ihnen von den Islamisten gestohlen. Im Sommer 2009 verlangten die Demonstranten ihre Revolution, die Revolution ihrer Eltern, zurück.

Kann bei der Wahl vom 12. Juni 2009 wirklich alles mit rechten Dingen zugegangen sein? Haben die Iraner noch einmal Mahmud Ahmadineschad zu ihrem Präsidenten gewählt, den Holocaust-Leugner und Provokateur, den kleinen Mann mit der Windjacke, der sich für den Auserwählten des Imam Mehdi hält? Noch dazu im ersten Wahlgang und mit einer Mehrheit von fast zwei Dritteln der Stimmen? War alle Begeisterung für den Gegenkandidaten Mir-Hussein Mussawi, der auf den Straßen Teherans als Held und Heilsbringer gefeiert wurde, diese scheinbar mächtige Bewegung für Veränderung, war das alles nur die Hoffnung einer städtischen Minderheit? Und hat die westliche Berichterstattung in ihrem Wunschdenken wieder nur auf jenen Kandidaten geschaut, der Reformen und eine Öffnung versprochen hatte?

Der Wahlkampf hatte ein tief gespaltenes Land gezeigt, eine moderne, städtische Bevölkerung, die persönliche Freiheiten und demokratische Rechte einfordert. Viele dieser Iraner meinen mit Veränderung auch ein säkulares politisches System. Und auf der anderen Seite die konservative Anhängerschaft Ahmadineschads, einfache, religiöse Menschen, denen seine Versprechen von Gerechtigkeit weiterhin glaubwürdig scheinen. Bei ihnen sind die Geldgeschenke des Präsidenten nicht ohne Wirkung geblieben.

Die Machthaber der Islamischen Republik haben stets auf demokratische Legitimierung Wert gelegt. Die Beteiligung der Bevölkerung an Wahlen gilt ihnen als Gradmesser für die Akzeptanz des politischen Systems. Ist die Wahlbeteiligung niedrig, glauben die Machthaber sich angreifbar für Kritik aus dem Westen: Die Iraner boykottieren die Wahlen, ein Volk von Regimegegnern. So war es bei der Präsidentenwahl von 2005, als so wenig Iraner ihre Stimme abgaben wie nie zuvor. Um die Wähler zu mobilisieren, die damals zu Hause blieben, brauchte man einen glaubwürdigen Reformkandidaten und fand ihn in Mir Hussein Mussawi. Aber Mussawi mobilisierte so erfolgreich, dass Präsident Ahmadineschad um den Wahlsieg fürchten musste. Es ist plausibel, dass er dann mit Hilfe massiver Wahlfälschung seine Macht zu verteidigen suchte. So wurde Mussawi zum Helden der Opposition, der Unzufriedenen, die schon lange auf einen Führer gewartet hatten.

Der Wahlkampf in Iran war alles, was Wahlkampf in Europa nicht ist: spannend, temperamentvoll, unterhaltsam, bejubelt von einer jungen, leidenschaftlichen Anhängerschaft. Ausgerechnet die Islamische Republik, wo sich viele in den vergangenen Jahren aus Enttäuschung über die Reformpolitik des ehemaligen Präsidenten Mohammad Chatami resigniert ins Private zurückgezogen hatten, erlebte einen brodelnden Wahlkampf. Für die jungen Leute, die zu Tausenden die Stadien und Sporthallen füllten, war die Wahlkampagne Mussawis nicht zuletzt eine große Party. Zu seinem raschen Aufstieg trug Ehefrau Sahra Rahnavard bei, die erste Frau in der Geschichte der Islamischen Republik, die ihren Mann im Wahlkampf aktiv unterstützte. Schärfer als ihr Mann kritisierte sie Missstände, forderte Redefreiheit, Pressefreiheit, Reformen: »Warum werden Studenten inhaftiert, wenn sie ihre Meinung sagen? Sollten unsere Universitäten nicht unabhängig sein?« Rahnavard symbolisiert die Veränderungen, die sich in Iran unter der Oberfläche der konservativen Politik vollziehen: eine selbstbewusste berufstätige Frau, eine Künstlerin, die, nachdem sie drei Töchter großgezogen hat, noch eine wissenschaftliche Karriere hinlegte. »Wir Frauen müssen Gleichberechtigung fordern«, sagt sie. Und: »Auch eine Frau sollte Präsident werden können.«

Die Hoffnung dauerte fast eine Woche. Eine Woche lang konnten die Menschen auf den Straßen von Teheran und den anderen Städten Irans hoffen, dass ihre friedlichen Proteste etwas bewirken würden. Dass der religiöse Führer Ali Chamenei, der sich am Tag nach der Präsidentenwahl noch vor Bekanntgabe des amtlichen Endergebnisses auffällig rasch hinter den Amtsinhaber Ahmadineschad gestellt hatte, sich beeindrucken, sich umstimmen lassen würde von den Hunderttausenden auf der Straße. Dass es Neuwahlen geben würde, oder zumindest Zugeständnisse. »Es war ein Traum, dass es eine politische Lösung geben könnte«, sagt einer meiner Teheraner Freunde am Telefon.

Am Ende der Woche war der Traum ausgeträumt. Im Freitagsgebet stellte sich der religiöse Führer uneingeschränkt hinter Ahmadineschad. Er möchte lieber, so sagt es der Freund, »die Geisel der Konservativen als der Held der Reformer sein«. Und mehr noch: Es fallen die Worte »Blutvergießen und Chaos«, Chamenei untersagt die Proteste. Wer jetzt noch auf die Straße geht, widersetzt sich dem religiösen Führer, er wird zum Systemgegner, zum Konterrevolutionär. Die Proteste werden niedergeschlagen, die Demonstranten verfolgt und verhaftet. Auch die Köpfe der Reformbewegung landen im Gefängnis, Aktivistinnen der Frauenbewegung, der Zivilgesellschaft. Bisher waren die Reformer keine Gegner des Regimes und wollten es auch nicht sein. Was sie anstreben, ist eine islamische Republik, in der Islam und Moderne, Islam und Demokratie vereinbar sind. Aber viele von denen, die Mussawi und seinen Reformen zugejubelt haben, geben nun vollends die Hoffnung auf, dass Reformen innerhalb des islamischen Systems möglich sein können. Sie fühlen sich getäuscht, betrogen und missbraucht. Sie werden weitermachen, aber der Widerstand wird in Zukunft ein anderer sein. Das islamische System hat seine Legitimität verloren, von jetzt an wird sich der Kampf auch gegen das System richten.

»Hier wird es keine Revolution geben, sie haben ja gar keine Partei«, hat einmal ein russischer Botschafter in Teheran gesagt. Tatsächlich fehlt es der Opposition an einer schlagkräftigen Organisation. Die modernen Kommunikationsmittel machen dieses Manko nur zum Teil wett. Und die Sicherheitskräfte haben seit den Zeiten des Schahs einiges dazugelernt. Wenn es darum geht, Demonstrationen zu verhindern, wird nicht wie damals blind in die Menge geschossen; man sucht vielmehr zu verhindern, dass sich die Demonstranten überhaupt zusammenfinden. Aber die eigentliche Aufgabe, vor der die Machthaber stehen – einen modernen islamischen Staat, eine wirtschaftlich leistungsfähige und in der Gesellschaft akzeptierte Islamische Republik zu schaffen, die kann man so nicht lösen. Ahmadineschad zum Trotz ist die iranische Gesellschaft die modernste der Region: Nirgendwo sonst wird demokratische Teilhabe so offen gefordert, gibt es eine so aktive politische Studentenbewegung, treten Frauen so selbstbewusst auf.

Warum jetzt? November 2008: Teheran bot das nun schon seit Jahren vertraute Bild politischer Apathie, eine Elite im Eskapismus, Kunst, Yoga, Drogen. Die Jungen studierten Psychologie, um zu verstehen, wer sie sind und wie das alles passieren konnte. Und in den Elfenbeintürmen der Gelehrtenstuben von Ghom suchten die Kleriker beim Studium von Heidegger und Habermas Hinweise auf einen eigenen Weg in die Moderne.

Innen und außen waren zwei verschiedene Welten. Draußen die in der Verhüllung der Frauen allgegenwärtige Anpassung an das islamische System, die Verstellung, das Schweigen. Drinnen – jedenfalls in der städtischen Mittelschicht – ein westlicher Lebensstil, die Partys, die Frustration. Und zwischen drinnen und draußen eine Spannung, die manchmal fast unerträglich schien, die sich in den Hupkonzerten der Autos entlud, in der (selbst-)mörderischen Fahrweise der Jugend auf den Straßen und Skipisten. Die Händler auf dem Basar, die Unternehmer verzweifelten an der Wirtschaftspolitik Ahmadineschads. Das Land wurde immer unwirklicher. »Es kann so nicht weitergehen«, sagten die, die schon seit Jahren vergeblich auf Veränderungen warteten. So eindringlich hatten sie es noch nie gesagt.

Wie lange kann man eine junge Generation ruhigstellen, die zwei Drittel der Bevölkerung ausmacht? »Wir sehnen uns nach einer großen Idee, nach etwas, wofür wir kämpfen können«, sagt die Studentin, deren Freund gerade von der Universität geflogen ist – aus politischen Gründen. Einige Kommilitonen sind im Gefängnis, viele Freunde haben das Land verlassen. Die Kandidatur von Mir Hussein Mussawi ist die Möglichkeit, das Innere nach außen zu tragen, ein Aufruhr der Aufrichtigkeit. Er, und mehr noch seine Frau, haben ausgesprochen, was die jungen Leute verlangen. Die Frage ist nicht: Warum jetzt? Die Frage ist: Warum erst jetzt?

Frankfurt/M., Juni 2009

Einleitung

Ich betrachte die Ereignisse in Iran als einen vieldeutigen literarischen Text, der den Betrachter gelegentlich mit Momenten voller Unruhe, Furcht und Ambivalenz, Zweifel, Fantasie und Konflikten konfrontiert. Die Übertragung iranischer Realitäten in westliche Begriffssysteme ergibt kein klares Bild dessen, was in diesem Land vor sich geht.

Amir-Hassan Cheheltan, Schriftsteller

Als ich Ende 1999 als Journalistin nach Iran kam, schien genau das meine Aufgabe zu sein: Iran in westliche Begriffssysteme zu übertragen. Aber je länger ich in Iran lebte, desto größer wurden meine Zweifel. Zweifel nicht so sehr deshalb, weil es galt, eine komplexe Wirklichkeit zu vereinfachen. Das ist journalistische Arbeit. Die Zweifel betrafen vor allem meinen Standpunkt der Betrachterin, diesen Ort, der außerhalb der iranischen Wirklichkeit zu liegen schien und eine objektive Berichterstattung ermöglichen sollte. Je länger ich in Iran lebte, desto mehr verlor ich diesen Ort – wenn es ihn jemals gegeben hatte.

Unruhe, Furcht, Zweifel, Konflikte, so beschreibt Cheheltan die Verwicklung des Betrachters, aber da ist noch mehr: Wut, Frustration, Sehnsucht, Begeisterung. Der Versuch, unbeteiligt zu bleiben oder die Beteiligung zu verleugnen, musste Misstöne hervorbringen. So entstand der Wunsch, ein subjektives Buch zu schreiben, in dem das Persönliche gleichwohl nicht Selbstzweck ist, sondern für etwas Allgemeingültiges steht.

Aus zahlreichen Berichten wissen wir, wie es Musliminnen in westlichen Gesellschaften geht. Wir kennen ihr ambivalentes Verhältnis zu ihrer neuen Heimat und zu ihrem Herkunftsland, die Suche nach einem eigenen Weg, der die Herkunft nicht verleugnet und es doch ermöglicht, Teil der neuen Gesellschaft zu sein, die Schwierigkeiten, Eigenes zu bewahren, manchmal die Sehnsucht nach Brüchen und scharfen Trennlinien. Aber was geschieht mit einer westlichen Frau, die jahrelang in einer islamischen Gesellschaft lebt und arbeitet?

Die Bereitschaft zur alltäglichen Anpassung war die Voraussetzung für meine Arbeit in Iran. Es war unmöglich, in ständiger Rebellion gegen das Fremde zu leben, auch wenn ich es ablehnte. Aber wo verläuft die Grenze zwischen Toleranz und Selbstaufgabe? Wie kann man erklären, ohne zu rechtfertigen? Wie fremde Maßstäbe verstehen, ohne eigene aus den Augen zu verlieren, Unterschiede zu nivellieren, Gefahren naiv zu verharmlosen?

In Iran wurde ich an die Anpassung täglich erinnert, wenn ich mich auf der Straße, in Geschäften, Restaurants und auf Behörden den Zwängen der islamischen Kleiderordnung unterwarf. Aber jede Anpassung, und sei sie noch so äußerlich, schafft innere Realitäten. Auch eine erzwungene Verkleidung beeinflusst das Schamgefühl.

Die Begegnung mit Iran war eine ständige Bewegung der Annäherung und des Rückzugs, des Angezogen-Werdens und des Sich-abgestoßen-Fühlens, der Grenzüberschreitung und der Abgrenzung. Und Iran und seine Menschen schienen dabei wie eine persische Tänzerin, die die Zuschauerin oder Mittänzerin mit ihren elaborierten Handbewegungen bald zu sich hin lockt, bald wieder von sich weist. Komm her, komm her, aber komm mir nicht zu nahe: ein unablässiges Werben und Zurückweisen. Das gilt auch für den Blick: Iran ist ein Land, das sich nicht einfach so betrachten lässt. Vor dem allzu direkten, zudringlichen Blick verbirgt es sich hinter Schleiern, um sie dann in Momenten plötzlicher Nähe verführerisch zu lüften.

Diese unerwarteten Einblicke gewähren irritierende Vertrautheiten. Beim Betrachten stehen plötzlich eigene Gewissheiten zur Disposition. Konflikte, die wir gelöst, die wir überwunden zu haben glaubten, brechen plötzlich offen aus. »Die Erkenntnis des Anderen geht mit der Selbsterkenntnis einher«, hat der ehemalige iranische Präsident Chatami einmal gesagt. Wenn wir Iran als Gesellschaft im Übergang von der Tradition zur Moderne ansehen, erscheint plötzlich auch die eigene Gesellschaft weniger modern, weniger emanzipiert und weniger säkular.

Dieses Buch geht jenen Fragen nach, die in jeder Kultur die Menschen bewegen: Macht und Religion, Sexualität und Geburt, Krieg, Gewalt und Tod. Es ist daher vor allem thematisch und nicht streng chronologisch geordnet.

Um dieses Buch zu veröffentlichen, war es nötig, die Identität meiner iranischen Freunde und Bekannten zu verschleiern. Alle Personen, die nicht öffentlich bekannt sind, tragen geänderte Namen. In einigen Fällen habe ich auch Einzelheiten der Biografien verändert, welche die Person allzu leicht erkennbar gemacht hätten.

Viele Menschen haben mich für dieses Buch – auf sehr unterschiedliche Weise – unterstützt. Großer und herzlicher Dank gilt insbesondere: allen iranischen Freunden und Bekannten, besonders N. und H. M., H. A. und S. R., M. S., P. und B. Kh., S. Kh., F. M., K. A., I. A., A. A., M. und F. T. sowie Parastou Forouhar;

meinen Kollegen von der »Frankfurter Allgemeinen Zeitung« und »Sonntagszeitung«, Viktoria Bergmann, die das Buch als Freundin lektoriert hat, sowie Rebekka Göpfert von Graf & Graf und der Verlagslektorin Tanja Rauch, Prof. Dr. Dieter K. Hossfeld, Dr. Ulrich Rüffer und Angelika McAlice;

meinen Eltern, die sich stets fraglos und gerne ihrer Enkelinnen angenommen haben, wenn ich am Schreibtisch saß;

und schließlich Clara und Marina für ihr lebhaftes Interesse an diesem Buch, das mich oft vergessen ließ, wie viel Geduld es ihnen abverlangte.

Ich danke meinem Mann. In Iran zu leben war unsere gemeinsame Idee, unser Traum, unser Projekt. Dieses Buch ist auch sein Buch.

Ankunft

Anfang September 2003

Liebe Roja, in diesen Tagen ist ein Hauch von Herbst in Teheran eingekehrt. Die Hitze ist ein bisschen erträglicher geworden, das Licht weicher, weniger gleißend, und zugleich klarer. Die Dunkelheit kommt nun schon früh. Die Kastanie lässt ihre noch grünen Blätter welk herunterhängen. Es hat nicht geregnet – seit Mai.

Manchmal, wenn ich durch den Garten spaziere, male ich mir aus, wie es wäre, für immer hier zu bleiben.

Von meinem Schreibtisch aus kann ich einen Teil des Gartens sehen, das Türkisblau des Pools, weißen und pinkfarbenen Oleander und in der Mitte des Rasens den einsamen Rosenstock, der jedes Jahr im April ein paar Dutzend duftende, gelb-rosa Blüten öffnet.

Ich hatte einen Rosenstock in Persien. So könnte eines Tages mein Buch beginnen …

Anfang Juli 1999

Vier Uhr morgens, Ankunft im Flughafen Teheran Mehrabad. Eine nächtliche Unendlichkeit lang warten die Passagiere auf ihre Koffer. Übermüdete Kinder krakeelen, ein Säugling greint, Männer rauchen. Am wenigsten freuen sich die Frauen wieder zu Hause zu sein. Ihre Garderobe passt sich hier nur allmählich und unvollständig den islamischen Kleiderregeln an, als befreie Duty Free nicht nur von den Zollvorschriften, sondern auch von den Sittenregeln der Islamischen Republik. Die Mäntel sind kurz, fast wie Jacken, viele hell, manche sogar tailliert. Die Frauen tragen hochhackige Schuhe, enge Hosen und bunt gemusterte Tücher. Die Gesichter stark und sorgfältig geschminkt, die Augenbrauen gezupft, die Fingernägel lang und säuberlich lackiert. An Halsausschnitten blinkt Schmuck auf bloßer Haut. Aufmüpfiges Haar fällt in die Stirn, wölbt als toupierte Masse die Tücher in die Höhe, fällt lang am Rücken unter Tuchenden hervor. »Der Hedschab schützt die Würde der muslimischen Frau« verheißt ein Spruchband an der Wand. Und: »Eine Frau im Hedschab ist wie eine Perle in einer Muschel.« Der Hedschab, das ist die islamische Verhüllung, die in Iran für alle Frauen in der Öffentlichkeit obligatorisch ist. Die Iranerinnen tragen zumeist Mantel und Kopftuch, ältere oder traditionelle Frauen den Tschador, ein halbkreisförmig geschnittenes Tuch, das von der Stirn bis zum Boden den ganzen Körper bedeckt. Gesichtsschleier oder die afghanische Burka, die das Gesicht hinter einem Stoffgitter verbirgt, sieht man in Iran dagegen nicht.

»Müssen Sie das auch?«, hatte mich ein paar Tage zuvor mitleidig die Verkäuferin einer Hamburger Boutique gefragt, in der ich mich mit Kopftüchern eindeckte. Ich hatte geantwortet, dass es mir nichts ausmachen würde, mich an die islamische Kleiderordnung zu halten, die in Iran für alle Frauen, auch für Ausländerinnen, verbindlich ist. Ich hätte besser sagen sollen: Ich habe beschlossen, dass es mir nichts ausmachen wird. Es ist nicht mein Land, und als Journalistin bin ich in erster Linie Beobachterin. Selbstverständlich akzeptiere ich die Regeln nicht, aber ich habe mich entschieden, in Iran zu leben, und wenn ich mich dafür an gewisse Regeln halten muss, so werde ich das in Kauf nehmen. Ich akzeptiere es, mich in einem fremden Land an dessen Regeln halten zu müssen. Zumindest werde ich es versuchen. Die Verkäuferin zeigte herzliche Anteilnahme und schenkte mir als Dreingabe eine Packung Räucherstäbchen.

Um meine Garderobe der islamischen Kleiderordnung anzupassen, ging ich in einen Laden in der Hamburger Innenstadt, der große sackartige Gewänder zu horrenden Preisen verkauft. Es ist ein schicker Laden, wo sich die verwöhnte Jugend des Hamburger Westends einen überteuerten Pseudo-Nonkonformismus leistet. Ich kam nicht auf die Idee, in ein türkisches oder pakistanisches Geschäft zu gehen. Damit begann ich schon, mich zu wehren. Ich war bereit mich anzupassen, aber doch nicht ganz. Man sollte ruhig sehen, dass ich nicht dazugehörte. Instinktiv versuchte ich, den Hedschab anders zu gestalten und ihm damit ein wenig den Charakter des Aufgezwungenen und des Fremden zu nehmen. Ich konnte so tun, als sei es eine neue Mode und der Einkauf von Kleidern, die ich eigentlich gar nicht haben wollte, ein spaßiges Ereignis. Ihr hoher Preis machte ihre Hässlichkeit ein wenig wett. Ich kaufte zwei bodenlange Teile, die – was ich für praktisch hielt – gleich auch noch Kapuzen hatten und entfernt an Mönchskutten erinnerten, dazu ein riesiges weites Ungetüm aus blickdichter, grauer Seide, dessen Ausschnitt noch kleiner genäht werden musste, weil man sonst zu viel Haut gesehen hätte.

Nach dem Einkauf traf ich mich mit Freundinnen in einem pakistanischen Restaurant. Unter den amüsierten bis befremdeten Blicken der Kellner führte ich die Kleider vor, indem ich zwischen den Restauranttischen wie auf einem Laufsteg auf und ab stolzierte, die praktischen und sittlichen Vorteile des neuen Looks anpries und die Preise hinausposaunte.

Am Flughafen ist allein die Passbeamtin in ihrer verglasten Kabine korrekt gekleidet. Sie trägt einen bodenlangen schwarzen »manteau«, dazu ein rundum geschlossenes Kopftuch, das sicherstellt, dass auch bei Bewegung kein Härchen hervorrutscht. Das Gesicht ungeschminkt, die Finger schmucklos, die Nägel kurz und ohne Lack. Die Beamtin watschelt in flachen Schuhen durch die Halle, wenn sie ihren Vorgesetzten etwas fragen geht. Die Damen, die aus Zürich kommen, stöckeln hüftenschwingend vor dem Gepäckband auf und ab. Selbst die islamische Uniform hat sie nicht gleich gemacht. Damals in der Sowjetunion, wo keine Kleiderordnung herrschte, ging es egalitärer zu.

Es sind schöne Frauen, vielleicht nicht im westlichen Sinn, sondern auf eine eigene, bisweilen sehr liebliche, bisweilen sehr herbe Weise. Eine betont weibliche Schönheit, diese Frauen wollen ihre Reize nicht verstecken, sondern streichen sie – im Rahmen des Möglichen – geradezu aggressiv heraus. Sie beachten die aufgezwungene Kleiderordnung mit Würde und einer gewissen Nachlässigkeit. Sie halten sich mit demonstrativer Verachtung gerade noch an die Regeln und versuchen zugleich, ihnen den Anschein von Normalität zu geben. Die Unterwerfung soll nicht als Unterwerfung erscheinen. Sie verwandeln die Kleidervorschriften in eine Mode: schlanke, elegante Erscheinungen in schmalen Mänteln mit Kopftuch. Das ist keine offene Rebellion, sondern ein stiller, raffinierter Kampf.

Im Flugzeug hat mich eine junge Iranerin angesprochen, die im weißrussischen Minsk Medizin studiert. Gegenüber den eigenen Landsleuten verhält sie sich distanziert und abweisend, zu mir bemüht sie sich um Kontakt. »Du hast Glück, dass du in einem anderen Land geboren bist«, sagt sie. Sie will auf keinen Fall wieder in Iran leben. Weißrussland mit dem repressivsten Regime Europas gefällt ihr viel besser. Dass sich in Iran etwas ändern könnte, glaubt sie nicht. »Bis dahin bin ich eine alte Frau.«

Eine Frau hat sich auf einem ruhenden Transportband niedergelassen und stillt unter dem Tschador verborgen ihren Säugling. Eine andere hat demonstrativ zu rauchen begonnen, auch das ein Affront gegen die Sittenregeln. Die Passagiere dämmern auf dem harten Eisen der Gepäckwagen vor sich hin, bis das Transportband ruckend anspringt. Unendlich langsam zieht der Film fremder Gepäckstücke vorüber. Irgendwann tönt aus dem Lautsprecher der elektronische Muezzin mit dem ersten Morgengebet. »Die Sonne geht auf«, sagt T.

5. Juli 1999

Von außen ist der »Pars Health Club« im wohlhabenden Norden Teherans eine Baracke. Aber hinter den rostenden Metallwänden verbirgt sich eine erstaunlich gepflegte Anlage mit einem großen Schwimmbecken, Fitnessraum, Squash Court, Sauna und Dampfbad. Heute ist es sehr leer. Ein halbes Dutzend Bademeisterinnen sind bemüht, mir behilflich zu sein, und verlangen auf Schritt und Tritt ein Trinkgeld. Es herrscht strenge Geschlechtertrennung, die Öffnungszeiten sind so verteilt, dass es für berufstätige Frauen so gut wie unmöglich ist, den Club zu nutzen. Denn Frauen haben nur bis Mittag Zutritt, danach gehört der Club den Männern. Zu den Frauenzeiten dürfen Männer das Gebäude nicht betreten. Trotzdem benutzen alle Frauen die Umkleidekabine. Selbst wenn sich vor der einzigen Kabine eine Schlange bildet, würde sich keine im Angesicht der anderen umziehen, nicht einmal im Schutze ihres Badehandtuchs. Die Duschkabinen sind blickdicht voneinander getrennt. Selbst in der Sauna behalten alle ihre Badebekleidung an. Warum, frage ich, wo es doch weit und breit keinen einzigen Mann gibt? Die Frauen kichern, »Ja, warum?«, fragen sie wie sich selbst. Dann ist es so still in der Sauna, dass nur noch das Knistern des Ofens zu hören ist. »Wahrscheinlich weil wir Muslime sind«, sagt schließlich eine.

Das einzige Bad, das auch nachmittags für Frauen geöffnet ist, liegt auf dem weitläufigen Gelände des Enghelab-Clubs, der zu Schah-Zeiten im Nordteheraner Stadtteil Schemiran angelegt wurde. Zu dem Gelände, das auf der einen Seite vom Hotel Enghelab, dem ehemaligen »Sheraton« begrenzt wird, gehören ein großer Park, Turnhallen, Tennisplätze und der größte Luxus im Land: eine eigene Schwimmhalle, die ausschließlich für Frauen zugänglich ist.

In der Sammelumkleide steht Schrank an Schrank dicht gedrängt. In den engen Gängen dazwischen versuchen die Frauen sich umzuziehen, ohne einander zu berühren. Mit raschen, verstohlenen Bewegungen entledigen sie sich ihrer vielen Hüllen, stopfen sie in den Schrank und streifen die Badeanzüge über. Es wird wenig gesprochen.

Im Schwimmbad herrscht ein geradezu sowjetisches Regime, dessen allgegenwärtige, strikte Regeln finster dreinblickende, vollständig verhüllten Aufpasserinnen überwachen. Während ihre Geschlechtsgenossinnen nur mit Badeanzug bekleidet sind, tragen sie Kopftücher und bodenlange Mäntel. Es ist verboten, in der Ecke des Beckens zu stehen und sich zu unterhalten. Es ist verboten, seine eigenen Badelatschen mitzubringen. Es ist verboten, einen Schwamm mit in die Sauna zu nehmen.

Alles ist groß und ungemütlich, die Schwimmhalle zugig, das Wasser dafür überheizt. Es gibt keine Bänke, noch nicht einmal die Möglichkeit, sein Handtuch aufzuhängen. Die Frauen schwimmen quer durch das Becken, niemand weiß, warum. Vielleicht weil fünfzig Meter zu lang sind, vielleicht, weil in Iran eben alles anders ist. Oder vielleicht, weil man in der Breite noch besser Abstand zueinander halten kann.

In der kleinen Sauna herrscht ständiges Kommen und Gehen, keine der Frauen liebt es allzu heiß, keine bleibt lange in der ohnehin nur lauwarmen Kabine. Sie achten sorgfältig darauf, dass die Tür der Sauna niemals ganz geschlossen wird, und erzählen dazu eine klaustrophobische Schauergeschichte. Kürzlich sei das Schloss eingeschnappt, die Tür nicht mehr zu öffnen gewesen und mehrere Frauen seien in der Kabine fast erstickt. Deshalb müsse unbedingt darauf geachtet werden, die Tür nicht zu schließen. Alle werden aufgefordert, die Warnung weiterzugeben.

Nach dem Saunen duschen die Frauen lau, fast als fürchteten sie, durch die Kälte zu sehr an ihre Körper erinnert zu werden. Als hätten sie Angst, sie zu spüren. Als ich mir nach dem Bad unter der Dusche den Badeanzug ausziehe, um mich abzuseifen, senken die anderen Frauen die Blicke, verstummt vor Entsetzen. »Schämen Sie sich denn gar nicht?«, herrscht mich eine Wärterin an.

Es gibt keine Berührung unter den Frauen, kein gegenseitiges Rückeneinseifen, wie es in der russischen Banja selbstverständlich ist, keine Fürsorglichkeit. Verstohlen seift eine jede sich Arme und Beine ab, huscht zu ihrem Schrank und kleidet sich rasch und halbnass wieder an.

Nichts ist unseren westlichen Fantasien vom orientalischen Bad ferner als dieses Teheraner Schwimmbad. Gibt es überhaupt einen Ort weiblicher Lust? Die Kontrolle der weiblichen Sexualität, der sich die Islamische Republik verschrieben hat, ist auch dort garantiert, wo die Frauen unter sich sind. Dies ist keine weibliche Gegenwelt zum Patriarchat da draußen. Trotz der blickdichten Abgeschiedenheit setzt sich die Männerherrschaft hier drinnen fort. Die Frauen haben sie selbst mit hereingebracht, verinnerlicht. Was sie für den eigenen Körper empfinden, ist das, was man sie dort gelehrt hat: Scham.

So versuchen sie, ihre Körper möglichst wenig wahrzunehmen, und sind gleichzeitig in einem paradoxen Streben davon besessen, immer schöner zu werden, als könnte Schönheit die Scham überwinden, als könnte durch größere Schönheit das Urteil revidiert werden, das die islamische Männlichkeit über sie gesprochen hat: dass der weibliche Körper etwas Gefährliches, die gesellschaftliche Ordnung Gefährdendes, die gesellschaftliche Gesundheit Bedrohendes ist und deshalb unbedingt verborgen bleiben muss. Die Iranerinnen beschäftigen sich fortgesetzt mit ihren beschämenden Körpern, enthaaren, verzieren, bemalen sie, lassen Nasen, Brüste und Bäuche operieren, Gesichter liften, Fett absaugen, wenden unendlich viel Zeit und Geld auf im Streben nach einer Perfektion, die sie endlich der Liebe würdig, der Liebe sicher sein ließe, die ihnen endlich erlauben würde, sich ihrer selbst nicht mehr zu schämen. Als könnten sie nicht verstehen, dass sie nicht wegen zu geringer, sondern wegen zu großer Schönheit verurteilt worden sind.

8. Juli 1999

Ich bin in Teheran, um beim »Ministerium für Islamische Kultur und Führung«, kurz Erschad, meine Akkreditierung als Journalistin zu beantragen. Das erste Gespräch mit dem für ausländische Journalisten zuständigen Abteilungsleiter, Herrn Nosrat, verläuft angenehm und ergebnislos. So lerne ich die erste Lektion in persischer Kultur: Klarheit und Eindeutigkeit, das Streben, auf den Punkt zu kommen, Fragestellungen zuzuspitzen, Entscheidungen zu beschleunigen, gar zu erzwingen, führen nicht weiter. Diese Akkreditierung wird viel Zeit, viele Tassen Tee und viele Gespräche über Gott und die Welt erfordern.

Am Abend zuvor ist die Reformzeitung »Salaam« verboten worden. Vor zwei Tagen hatte »Salaam« ein vertrauliches Dokument des iranischen Geheimdienstes veröffentlicht, in dem eine Verschärfung des Pressegesetzes vorgeschlagen wird. Danach soll die Justiz künftig leichter gegen missliebige Journalisten vorgehen können. »Salaam« hatte den Geheimdienst schon seit längerem provoziert. Die Zeitung deckte die Verwicklung des Geheimdienstes in die sogenannten Serienmorde an iranischen Intellektuellen auf und machte sie publik.

Am Tag nach dem Zeitungsverbot beginnen Studenten in einem Wohnheim der Teheraner Universität im Stadtzentrum mit einer Protestaktion. »Chatami, zeig deine Macht!«, fordern sie. Der Präsident, der mit seinen Versprechen von Reformen und Demokratisierung der Hoffnungsträger der jungen Generationen ist, soll sich für Pressefreiheit einsetzen. Er soll sich zur Wehr setzen, damit die ersten Errungenschaften seiner Öffnungspolitik nicht schon wieder rückgängig gemacht werden.

In der Nacht zum Freitag dringen Sicherheitskräfte und militante Hardliner in Zivil mit Schlagstöcken und Metallketten bewaffnet in das Studentenwohnheim ein. Sie zertrümmern Mobiliar, prügeln die Studenten und jagen sie durch die Räume. Einige werden aus dem Fenster im zweiten und dritten Stock geworfen. Es gibt mehrere Tote und Verletzte, wie viele genau, ist unklar. Hunderte von Studenten werden verhaftet. Die offiziellen Sicherheitskräfte arbeiten offen mit den inoffiziellen Schlägertrupps der Fundamentalisten zusammen. Das habe ich später auf Demonstrationen immer wieder beobachten können.

Die Studenten gehen auf die Straße. Am Samstag und Sonntag kommt es zu Massendemonstrationen in Teheran. Auch in einigen Provinzstädten, etwa in Isfahan und Täbris, demonstrieren Tausende. Das Regime reagiert zunächst nicht mit Härte, sondern mit Beschwichtigungsversuchen, in die auch Chatami und die Reformer einstimmen. Das Innenministerium distanziert sich von dem Polizeieinsatz. Das Verbot gegen die Zeitung »Salaam« wird aufgehoben. »Je aktiver und lebendiger unsere Studenten und Professoren, desto aktiver und lebendiger wird unsere Gesellschaft sein«, sagt Chatami. Und mit Blick auf seine konservativen Gegner: »Diejenigen, die unsere Gesellschaft nicht lebendig sehen wollen, wollen auch die Universität nicht lebendig sehen.«

Um die Situation zu entschärfen, stellt sich sogar der religiöse Führer Chamenei auf die Seite der Studenten. Er verurteilt das gewaltsame Vorgehen der Sicherheitskräfte. Dabei haben sie zweifellos in seinem Namen, wahrscheinlich sogar auf seinen Befehl gehandelt.

Am Sonntagabend ruft Chatami die Studenten plötzlich zur Ruhe auf und bittet sie, nicht weiter zu demonstrieren.

Am Montag wird es ruhiger, ein Großteil der Studenten gibt die Proteste auf. Einige Hundert setzen die Demonstrationen fort, es werden Slogans auch gegen die religiöse Führung laut. Aber nachdem Chatami zum Ende der Protestes aufgerufen hat, fehlt eine glaubwürdige Führung. An die Stelle der protestierenden Studenten tritt ein Mob, der Geschäfte plündert und Autos in Brand steckt, die Sicherheitskräfte greifen härter durch, es kehrt wieder Ruhe ein.

Später hat Chatami die Ereignisse dieser Tage, die als »Juliunruhen« in die Geschichte eingehen werden, als »bitterstes Ereignis in der Geschichte der Islamischen Republik« bezeichnet.

September/Oktober 1999

Als ich wieder bei Herrn Nosrat vorspreche, ist noch keine Entscheidung über meine Akkreditierung gefallen. Neben dem Erschad haben noch das Außenministerium, der Geheimdienst und eine Reihe weiterer Behörden mitzureden, ein langwieriger Entscheidungsprozess, an dessen Ende niemand verantwortlich gemacht werden kann. Das ist die zweite Lektion in persischer Kultur: »In Salzwasser einlegen, einsalzen«, lautet eine persische Redensart, die so viel meint wie: sag auf Anfragen niemals nein, lass die Leute hängen, vielleicht kannst du sie noch brauchen. Im Moment komme ich mir ziemlich eingesalzen vor. Nosrat tröstet mich mit den Worten: »Wir sind hier im Mittleren Osten. Nichts ist unmöglich.«

Bevor ich nach Teheran kam, hatte ich in Moskau gelebt. Dort lernte ich T. im Sommer 1996 während des ersten Tschetschenienkriegs kennen. Wir sahen uns in Moskau, wo ich als Journalistin arbeitete, oder in der tschetschenischen Hauptstadt Grosny, wo er als internationaler Vermittler tätig war. Als Diplomat hatte T. mehrere Jahre in der arabischen Welt gelebt und eine verdächtig romantische Einstellung zum Islam. Eines Morgens beim Rasieren im Badezimmer meiner Moskauer Wohnung fragte er mich, ob ich mir vorstellen könne, mit ihm irgendwo hinzuziehen, wo er als Diplomat und ich als Journalistin arbeiten könnten. Ich blickte ihn im Spiegel an und sagte: »Teheran«.

Nun bringt unsere Verbindung die iranischen Behörden in Schwierigkeiten. Dass ausländische Journalisten über Iran nicht allzu unliebsam berichten, versucht man normalerweise über die Vergabe von Visa zu kontrollieren. Wer sich nicht an die Regeln hält, bekommt Schwierigkeiten, wenn er seine Aufenthaltsgenehmigung verlängern oder ein neues Visum beantragen muss. Die Ehefrau eines Diplomaten aber kann man nicht so leicht hinauswerfen. Besonders heikel ist die Angelegenheit, weil T. als Schweizer Botschafter in Iran die amerikanischen Interessen vertritt. Seit der Besetzung der amerikanischen Botschaft in Teheran vor bald dreißig Jahren unterhalten die beiden Länder keine diplomatischen Beziehungen.

Die Bedenken gegen meine Akkreditierung kommen nicht aus dem Erschad, das zu dieser Zeit eine Hochburg der Reformer ist. Herr Nosrat erzählt, dass seine Frau, während er als Diplomat an der iranischen Botschaft in Belgrad arbeitete, dort als Journalistin für die staatliche Nachrichtenagentur Irna gearbeitet habe. In den Dutzenden Gesprächen, die ich für meine Akkreditierung führe, geht es niemals darum, dass ich – als Frau – berufstätig sein möchte. Es ist selbstverständlich.

»Ajatollah Chomeini vertrat die Ansicht, dass der Islam der beruflichen und der persönlichen Entwicklung von Frauen keine Hindernisse in den Weg legt, solange die Würde und Integrität beider Geschlechter gewahrt werden«, erklärt mir Massumeh Ebtekar, eine der Vorzeigefrauen der Islamischen Republik. Unter Chatami, der den Frauen im Wahlkampf große Versprechungen gemacht hatte, wurde sie zur Vizepräsidentin ernannt. Ebtekar ist zuständig für Umweltpolitik; ihre Auftritte auf internationalen Konferenzen mit ihrem nahezu perfekten amerikanischen Englisch vermitteln den Eindruck, dass in der Islamischen Republik kompetente Frauen in Macht- und Führungspositionen gelangen können.

Überhaupt nicht selbstverständlich ist dagegen meine Berufstätigkeit für die westliche Diplomatengesellschaft in Teheran, die sehr präzise Erwartungen an mein Rollenverhalten als Botschaftersgattin richtet. Meine Berufstätigkeit verstößt gegen die klassische Rollenverteilung unter Diplomaten, wo Frauen ihre Arbeit zugunsten von Mann und Familie aufgeben oder zumindest zurückstellen, die Männer wiederum darauf angewiesen sind, dass ihre Frauen mit der traditionellen Rolle zufrieden sind. Das Frauenbild der westlichen Diplomatengesellschaft ist in dieser Hinsicht traditioneller als das der offiziellen Vertreter der Islamischen Republik.

T. versucht trotzdem so zu tun, als seien wir zwei gleichberechtigte, selbständige Ehepartner. Er stellt keine Ansprüche, erwartet nicht, dass ich ihn auf Empfänge und Diners begleite. Aber das ändert nichts daran, dass ich ganz selbstverständlich über seine Funktion definiert werde.

Auf diese Schwierigkeiten reagiere ich seltsam passiv und ausweichend. Als Kind der postfeministischen Generation bin ich für diese Auseinandersetzungen schlecht gerüstet. Instinktiv lehne ich es ab, mich als Opfer, als diskriminiert anzusehen, solidarisiere ich mich weder mit den Iranerinnen noch mit den anderen Ausländerinnen, den Diplomatenfrauen. Ohne mir dessen bewusst zu sein, verhalte ich mich immer mehr wie ein Mann. Wenn es mit so vielen Nachteilen verbunden ist, eine Frau zu sein, ist dies die naheliegende Ausweichbewegung.

Ein paar Wochen später sitzt Herr Nosrat im Erschad entspannt auf der Couch, ganz strahlende Freundlichkeit. Den Grund für seine blendende Laune habe ich schon der Gerüchteküche seines Vorzimmers entnommen: Er wird zur iranischen Vertretung bei den Vereinten Nationen in New York versetzt. Und im Lande des Großen Satans zu arbeiten, ist nun einmal der heimliche Traum jedes iranischen Diplomaten. »Sie kommen wegen Ihrer Pressekarte?«, fragt er freundlich. »Es ist alles in Ordnung.«

12. Oktober 1999

Gegen Abend verlassen wir die Mauern der Residenz und gehen in einem Park spazieren. Von einem mit Steinen umfriedeten Bach durchzogen liegt ein Teehaus unter hohen Bäumen. Auf den mit Teppichen ausgelegten Bettgestellen sitzen die Teheraner im Gespräch: hier ein junges Pärchen, dort eine Gruppe Studentinnen, hier zwei Männer, dort drei reife Damen der Nordteheraner Gesellschaft, hier eine Familie, dort ein älteres Paar in angeregtem Gespräch, hier eine Gruppe junger Leute beiderlei Geschlechts. Alle Kombinationen sind denkbar, nur eine Frau allein könnte nicht hierherkommen. Der Park liegt im Dunkeln, leise sprudeln der Bach und die Gespräche. Aus dem hell erleuchteten Teehaus wird kräftiger schwarzer Tee in kleinen dickwandigen Gläsern gebracht, dazu Süßigkeiten.

Es wird herbstlich in diesen Tagen. Jeden Nachmittag harken die Gärtner Berge von Laub. Wind kommt auf, und es beginnt zu regnen. Nebenan in Pakistan wird geputscht.

18. Oktober 1999

Eine Frau stellt sich vor. Sie hat gehört, dass ich auf der Suche nach einer Übersetzerin und Assistentin bin: Roja. Sie ist anders als die schüchternen, bisweilen unterwürfigen Kandidatinnen, die ich bisher interviewt habe. Sie füllt die Terrasse mit ihrer Energie und ihrer Eloquenz. Sie ist direkt und selbstbewusst, gestikuliert beim Sprechen mit ihren sehr schönen, langfingrigen Händen, aber nicht geziert, sondern mit einer natürlichen Ausdrucksstärke. Oft ergreift sie die Führung. Bald ist nicht mehr klar, wer sich hier bei wem bewirbt.

Sie ist in meinem Alter, das zugleich feine und klare Gesicht schön, aber nicht lieblich, mit einer markanten Nase, die Formen sehr weiblich und weich, aber das Gespräch geht sie mit großer Entschlossenheit an. Sie stellt präzise Fragen zur Arbeit, zu Arbeitszeiten und Bezahlung. Sie hat mehr als fünfzehn Jahre in Paris gelebt und spricht fließend Französisch und Englisch. Sie kennt den Westen, die westliche Perspektive, weiß, welche Geschichten für westliche Medien interessant sind. Sie ist eine glühende iranische Nationalistin, links, antiamerikanisch. Bei der Arbeit mit ausländischen Journalisten hat sie ihre eigene Agenda. Sie will ein bestimmtes Bild des Landes vermitteln: Iran, das ist mehr als die Mullahs, Iran, die Kulturnation, Iran, das missverstandene Land. Ein Traum, mit dieser Frau zu arbeiten, so viele Ideen, Mut, Energie. Und zugleich ein Alptraum, so viel Launenhaftigkeit, chaotische Kreativität, überbordendes Temperament. Sie ist die einzige von allen Kandidatinnen, die ich sofort und ohne Vorbehalte einstellen würde. Am nächsten Tag ruft sie an: Ihr Mann sei dagegen, dass sie eine Vollzeitstelle antrete, sagt sie. Den Mann, der dieser Frau Vorschriften macht, möchte ich sehen! Zuerst bin ich enttäuscht. Dann wird die Absage zum Beginn einer Freundschaft.

20. Oktober 1999

Wir haben Frauen zu einem Diskussionsabend eingeladen, säkulare und religiöse, Politikerinnen und Künstlerinnen, mutige, starke, aktive Frauen. Unter ihnen sind Schirin Ebadi, die Anwältin und spätere Friedensnobelpreisträgerin, Faiseh Haschemi, die Parlamentsabgeordnete und Tochter des ehemaligen Präsidenten Rafsandschani, die Theaterregisseurin Pari Saberi, eine Architektin, eine Schriftstellerin, Professorinnen und auch Roja.

Am Eingang bei der Garderobe ist Haschemi einen Moment lang unsicher. Ist dies eine offizielle Veranstaltung? Muss sie den Tschador anbehalten? Als T. erklärt, es sei eine Vertreterin des Außenministeriums zugegen, entschließt sie sich, ihn anzubehalten.

An diesem Abend sind in unserem Wohnzimmer vom Minikleid bis zum Tschador alle Varianten der Garderobe vertreten. Die unterschiedliche Verhüllung macht für jeden sichtbar, wie die einzelnen Frauen zum Regime stehen. Aber die persische Kultur von Respekt und Höflichkeit gebietet es, freundlich aufeinander zuzugehen, unabhängig davon, ob die Frauen aus Familien von Revolutionären oder Revolutionsgegnern stammen. Sofort begrüßt die Architektin im Minikleid Faiseh Haschemi und beginnt mit ihr ein Gespräch. In der Diskussion zeigt sich, dass die Offenheit mehr ist als ein Gebot der Höflichkeit: Die gemeinsamen Interessen der Frauen sind stärker als das Trennende, das die Kleidung anzuzeigen scheint.

Als sich alle gesetzt haben, eröffnet Haschemi die Diskussion. Tochter des reichsten und wohl auch einflussreichsten Mannes in Iran, ist sie doch selbst jemand, nicht nur eines mächtigen Mannes Tochter. Als Herausgeberin der Zeitschrift »San« (Die Frau) und Parlamentsabgeordnete setzte sie sich ohne Scheu vor Tabubrüchen für die Rechte von Frauen ein. Sie ist direkt und provokant, unter dem Leopardenfellkopftuch, das unter dem Tschador hervorschaut, lodert ihr kaum gezügeltes Temperament.

Die Zahlen, die Statistiken über die Situation von Frauen seien gut, sagt Haschemi. Bildung, Gesundheit und Ernährung, überall habe es seit der Islamischen Revolution bedeutende Verbesserungen gegeben. »Aber die Frauen sind nicht glücklich. Die gesellschaftliche Kultur wird nach wie vor total von Männern dominiert. Das hat nichts mit dem Islam zu tun, sondern mit der Tradition. Die Dominanz der Männer kommt daher, dass traditionelle Verhaltensmuster als religiöse Prinzipien ausgegeben werden. Deshalb dauert der Wandel sehr lange. Gerade weil die Dominanz der Männer kulturelle Ursachen hat, ist sie so schwer zu ändern. Wir können dieses kulturelle Problem nicht mit politischen Mitteln lösen.«

Haschemi spricht ungeheuer schnell, lebhaft sprechen die schönen, schlanken, dunklen Hände mit. »Bis heute ist Iran der UN-Konvention gegen die Diskriminierung von Frauen nicht beigetreten«, sagt sie, »obwohl wir Frauen im Parlament uns sehr dafür eingesetzt haben. Manche Frauen werfen mir vor, dass ich nicht radikal genug sei oder dass ich weniger radikal vorangehe, als es meinen Überzeugungen entspricht. Aber wenn wir zu schnelle Veränderungen wollen, werden wir ein gegenteiliges Ergebnis erzielen. Ja, ich gehe langsam, auch wenn ich schnell rede.«

»Es gibt hier heute Abend zwei Gruppen von Frauen, die voreinander Angst haben«, sagt plötzlich Roja. Alle verstehen, was sie meint: Einerseits sind da die Frauen wie Haschemi, die sich politisch, gesellschaftlich oder kulturell im Rahmen des Regimes engagieren, andererseits die Frauen wie Roja, die aus säkularen Familien kommen und vor der Revolution Freiheiten genossen, die sie nun verloren haben.

»Vor der Revolution«, sagt nun wieder Haschemi, »gab es wenige privilegierte Frauen, die sich entwickeln konnten. Aber mehr als die Hälfte der Familien ließ ihre Töchter nicht auf höhere Schulen. Die Revolution hat die sozialen Bedingungen so verändert, dass diese Frauen nun am gesellschaftlichen Leben teilnehmen können.«

»Frauen wie ich wurden gezwungen, das Kopftuch zu tragen, damit viele andere Frauen aus ihren Häusern herauskommen konnten«, erwidert Roja. »Eine Minderheit der Frauen wird also seit fünfundzwanzig Jahren behindert, damit die Mehrheit sich entwickeln kann.« Sie sieht sich in der Runde um. »Es ist ein großes Ereignis, dass wir hier so miteinander reden«, sagt sie. »Wir müssen zusammenhalten, unsere Ziele sind doch die gleichen«, wirft eine Frau ein, und viele stimmen ihr zu.

Nun ergreift Schirin Ebadi das Wort. Sie trägt einen schwarzen Hosenanzug, dazu ein offenes weißes Kopftuch, das ihr dichtes dunkles Haar sehen lässt. Die großen Augen leuchten in ihrem breiten, sehr klaren Gesicht. »Die Revolution brachte in Iran den Übergang von einer modernen Diktatur zu einem traditionellen System«, sagt sie. »Der Schah glaubte nicht an Demokratie, aber an die westliche Zivilisation. Zu meiner Hochzeitsfeier in einem Teheraner Restaurant wurde meine Großmutter im Tschador nicht zugelassen. Frauen hatten damals zivile Rechte, zum Beispiel waren sie im Scheidungsrecht und im Strafrecht gleichberechtigt, aber es gab keine demokratische Partizipation. In der Islamischen Republik von heute gibt es mehr demokratische Partizipation, die politischen Rechte von Frauen sind größer, wir haben wirkliche Volksvertreter. In der Schah-Zeit bin ich nie zur Wahl gegangen, jetzt aber nehme ich teil. Aber heute fehlen den Frauen die zivilen Rechte, weil die Islamische Republik von Traditionalisten gegründet wurde, die den Frauen keine gleichen Rechte zuerkennen. Ein Mann kann sich ohne deren Einverständnis von seiner Frau scheiden lassen, bei Scheidung werden die Söhne ab dem Alter von zwei, die Töchter ab dem Alter von sieben Jahren dem Vater zugesprochen, das Blutgeld für den Mord an einer Frau ist nur halb so hoch wie das für den an einem Mann, eine Frau muss für Auslandsreisen die Erlaubnis ihres Ehemannes, Vaters oder Bruders einholen, um nur einige zu nennen. All das ist die Folge der alten, männerdominierten Kultur, nicht Folge des Islam. Die Traditionalisten verstecken sich hinter dem Islam. Wir sollten diskutieren, was Islam ist. Ich bin überzeugt, dass Menschenrechte nicht im Widerspruch zum Islam stehen.« Schirin Ebadi spricht mit tiefer, kräftiger Stimme, aufrecht auf der Sesselkante sitzend, als wollte sie jeden Moment aufspringen. Selbst in unserem Wohnzimmer spricht sie so engagiert, als hielte sie ein Plädoyer im Gerichtssaal. Wie Haschemi unterscheidet sie zwischen Tradition und Religion. Das gibt ihr die Möglichkeit, die patriarchalischen Gesellschaftsstrukturen zu kritisieren, ohne den Islam anzugreifen.

»Was wird passieren?«, fragt sie. »Einige Frauen werden in ihren Häusern begraben. Aber dank der in den vergangenen Jahren entstandenen

Nichtregierungsorganisationen können sich auch einige aus den Mauern befreien. Ich bin sicher, dass die Frauen sich zusammentun und sich ihre Rechte nehmen werden.«

»Die Türen für die Entwicklung von Frauen sind in diesem Land nicht geschlossen«, sagt die Regisseurin Pari Saberi. »Aber Frauen müssen sich viel mehr anstrengen, besser sein, um dieselben Rechte und dieselbe Anerkennung zu erlangen wie Männer. Ich habe mit meiner Arbeit bewiesen, dass ich nicht weniger kann. Seitdem werde ich von Männern akzeptiert und habe sogar mit den traditionellen Männern, mit denen ich zusammenarbeite, keine Probleme. In der iranischen Gesellschaft haben Frauen eine versteckte Macht. Sie herrschen in den Häusern. Frauen haben eine versteckte Autorität, die indirekt funktioniert. Aber wenn Männer Frauen brechen wollen, haben sie immer das Recht auf ihrer Seite.«

»Es ist sehr wichtig, dass jetzt so viele Frauen eine gute Ausbildung erhalten«, sagt die Schriftstellerin. »Selbst wenn sie keinen Arbeitsplatz finden, ändert sich etwas: Gebildete Frauen erziehen bessere Kinder.«

»Was hat sich denn in der Erziehung geändert?«, frage ich. »Werden nicht weiterhin die Jungen den Mädchen vorgezogen, gibt es nicht weiterhin sehr klare Geschlechterrollen?« Haschemi meint, dass die Kinder in den meisten Familien heute gleichberechtigt erzogen werden. Ihr Sohn zum Beispiel helfe im Haushalt mehr als die Tochter. »Und die jungen Frauen sind viel freier und viel weniger schamhaft als unsere Generation. Früher wurde zum Beispiel Menstruation als etwas Furchtbares angesehen, weil sie im Islam als unrein gilt. Heute erzählen die jungen Mädchen ihren Vätern am Telefon, dass sie gerade ihre Tage haben.«

»Die Frauen der jungen Generation sind vollkommen anders als wir«, pflichtet Roja ihr bei. »Als Journalistin habe ich oft erlebt, dass Vertreter der älteren Generation sich nur sehr vorsichtig äußern, nichts Regimekritisches sagen und am Ende doch Angst haben, ihren Namen zu nennen. Die jungen Mädchen aber geben offen Auskunft, was ihnen alles nicht passt, der Hedschab, die rechtliche Situation und so weiter, und am

Ende nennen sie noch den vollen Namen samt Adresse. Diese jungen Frauen haben keine Angst. Sie werden sich ihre Rechte nehmen.«

»Wir sind die verlorene Generation«, sagt Pari Saberi, die Regisseurin. »Als ich Kind war, bekam mein Vater vom gebratenen Huhn immer das beste Stück, wir bekamen nur die Haut. Heute bekommen meine Kinder das beste Stück und ich immer noch nur die Haut.«

Einige Tage später besuche ich Haschemi im Haus des »Solidaritätsrats für Frauensport in der islamischen Welt«. Neben ihrer Arbeit als Politikerin und Herausgeberin ist die zweifache Mutter auch noch die Begründerin des offiziellen Frauensports in der Islamischen Republik. Im Empfangszimmer ihrer Organisation hängt ein Wandrelief mit einer Fackelläuferin in islamisch korrekter Sportkleidung: weite lange Hose, ein großzügig geschnittenes Hemd, das bis über das Gesäß reicht, und natürlich Kopftuch. An den Wänden zeigen Fotos schwarz verhüllte Läuferinnen.

Haschemis Einsatz für den Frauensport war von Anfang an ein Skandal. Sie legte sich mit dem konservativen Klerus an, als sie demonstrativ in einem Teheraner Park Fahrrad fuhr. Sie bestand darauf, dass Frauensport nicht unislamisch sei.

»Es ist nur eine Minderheit, die in ihrem patriarchalischen Denken Frauensport als westlich und antiislamisch, ja als Sünde, betrachtet«, sagt Haschemi. »Aber sie können den Frauensport nicht verhindern. Wir haben gezeigt, dass Frauensport und Islam nicht unvereinbar sind.« Der Prophet Mohammed habe keine Einwände gegen den Sport gehabt, im Gegenteil. »Lehre deine Kinder Schießen, Schwimmen und Reiten«, hat er nach der Überlieferung gesagt. Und Haschemi ist überzeugt, dass er damit nicht nur die Söhne gemeint hat.

»Wir haben sehr lange gebraucht, um den Widerstand gegen Frauensport zu überwinden«, erzählt sie. »Acht Jahre lang haben wir den Weg bereitet, sind durch die Provinzen gereist und haben die einzelnen Freitagsprediger überredet.« Der Kompromiss mit dem Klerus bestand schließlich darin, dass Frauen sich an die islamische Kleiderordnung halten müssen, was die Zahl der Sportarten, in denen Iranerinnen an internationalen Wettkämpfen teilnehmen können, stark begrenzt. Außerdem darf es beim Frauensport in Iran keine männlichen Zuschauer und also auch keine Fernsehaufnahmen geben. »Wenn Frauensport vor fremden Männern ausgeübt wird und seine Übertragung im Fernsehen sexuelle Stimulierung hervorruft, ist das unmoralisch«, lautete das Urteil eines Großajatollahs.

Trotz Haschemis Enthusiasmus scheint der Frauensport in Iran immer in der Defensive, immer in der Not, zu beweisen, dass er nicht im Widerspruch zu religiösen Sittenregeln steht. Das Relief, die Fotos, die Hochglanzprospekte, sie alle zeigen weniger die Möglichkeiten des Frauensports als vielmehr seine Grenzen, die allgegenwärtige Gängelung, die Absurdität der starren Regeln. Der Frauensport in der Islamischen Republik erscheint geradezu als Sinnbild des verzweifelten Versuchs, sich nicht isolieren zu lassen, teilzunehmen an der Weltgemeinschaft und trotzdem den eigenen Regeln treu zu bleiben, ein Spagat, der sich im Tschador schlecht vollführen lässt. Der Frauensport in Iran existiert weniger im Einklang mit den islamischen Regeln als trotz der Regeln. Die Tabuisierung des weiblichen Körpers, weil er angeblich Ursache verbotener männlicher Begierde ist, und das damit verbundene Verhüllungsgebot, sind schwerlich mit dem Körpergefühl des Sports in Einklang zu bringen. »Im islamischen System ist Sport eines der wichtigsten Mittel, damit Frauen ihre heiligen Mutterpflichten besser erfüllen können, für die Gesellschaft gesunde Generationen gebären und erziehen und gleichzeitig an wichtigen sozialen Aktivitäten teilnehmen können«, heißt es in einer der Hochglanzbroschüren, die bei Haschemi ausliegen. Spaß und ein positives Körpergefühl kommen dagegen nicht vor.

Im Gespräch lässt Haschemi aber erkennen, dass es ihr um die Gesundheit von Frauen in einem viel umfassenderen Sinn geht. Gerade wegen des negativen Körpergefühls, das die Islamische Republik vielen Frauen vermittelt, aber auch wegen der äußerst geringen Freizeitmöglichkeiten für Frauen kommt dem Sport eine hohe Bedeutung zu. Haschemi sieht den Sport als Möglichkeit, der Passivität und latenten Depressivität entgegenzuwirken, die viele Iranerinnen quälen. »Sport kann jungen Frauen helfen, die Leere auszufüllen«, sagt sie. Er sei auch ein Mittel gegen Depression, Drogenabhängigkeit und die steigende Suizidgefahr bei Frauen. Mittlerweile habe auch die religiöse Führung verstanden, dass sie gerade wegen der sehr beschränkten Freizeitmöglichkeiten für Frauen den Sport fördern müsse.

Etwa ein halbes Jahr später berichte ich über den Wahlkampf zu den Parlamentswahlen aus einer kleinen Provinzstadt im Süden Irans. Beim Interview mit einem der Kandidaten ist auch seine Frau, selbstverständlich im schwarzen Tschador, anwesend. Im Gespräch wende ich mich auch an sie und frage, was ihr Mann denn ihrer Meinung nach vordringlich tun solle, wenn er gewählt würde. »Eine Sporthalle bauen«, lautet ihre Antwort.

29. Oktober 1999

Vom südlichen Stadtrand Teherans sind es nach Ghom noch hundertzwanzig Kilometer durch die Wüste. Wenn man sich Ghom nähert, ist aus der Ferne zuerst das goldene Gleißen der Kuppel über dem Grabmal der Fatimeh zu sehen. Sie war die Schwester Imam Rezas, des einzigen der zwölf schiitischen Imame, der in Iran, in Maschad unweit der afghanischen Grenze, begraben liegt. Jedes Jahr zieht das Mausoleum der Fatimeh Millionen schiitischer Pilgerer an.

Ghom ist so etwas wie die heimliche Hauptstadt der Islamischen Republik. Es ist die Stadt, von der die Revolution ihren Ausgang nahm. Von hier aus rief Chomeini mit dem berühmten »Der Schah muss weg« zum ersten Mal zum Sturz des Schahs auf: Und hier in Ghom ließ der Schah das erste große Massaker anrichten, hier feuerten seine Soldaten zum ersten Mal in die protestierende Menge. In Ghom nahm der Herrschaftsanspruch des schiitischen Klerus seinen Ausgang. Ghom ist der Ort, an dem in der Revolution Religion und Politik zusammenfanden.

Ghom ist auch das Zentrum der schiitischen Gelehrsamkeit. Hier studiert an religiösen Seminaren die geistige und politische Elite der Islamischen Republik, streiten hinter den Mauern der Medresen und Bibliotheken die gelehrtesten der schiitischen Ajatollahs über das Verhältnis von Religion und Politik. Hier lebt seit mehr als zwanzig Jahren Ajatollah Montaseri unter Hausarrest, einst designierter Nachfolger Chomeinis und heute der berühmteste Kritiker des Regimes und des religiösen Führers Chamenei. Hier ist die Keimzelle der Haghani-Schule, deren geheimbündlerische Absolventen wichtige Machtpositionen in Justiz und Politik besetzen. Aus ihren Reihen kommen die Aufrufe zur Gewalt gegen die Gegner des Regimes. Hier werden aber auch junge Kleriker in einem Computerzentrum in den neuesten Kommunikationstechniken geschult, um mit den Methoden des 21. Jahrhunderts den politischen Islam, oftmals in seiner fundamentalistischen Variante, zu propagieren.

Das Heiligtum der Fatimeh liegt umgeben von einer hohen Lehmmauer an einem ausgetrockneten Flusslauf, in dessen Bett die Pilgerbusse parken und die Souvenirhändler Gebetsketten und Rosenwasser verkaufen. In den Höfen um den Schrein herrscht reges Treiben. Das Heiligtum ist kein Ort der Sammlung, Stille und Entrückung, der Zurückgezogenheit von der Welt, sondern einer der Bewegung und Berührung, der Begegnung, des Gesprächs, von Leben und Austausch. In der Mitte des ersten Hofes ist das große Wasserbecken, Stätte der Reinigung, die hier nicht nur – wie bei uns – Metapher ist, sondern konkret. Drum herum picknicken Großfamilien auf Teppichen sitzend, Männer und Frauen wandeln in Gruppen oder Paaren im Gespräch, die Männer oft Hand in Hand. Über den Hof toben Kinder, sie schreien und rennen. Pilger schlafen auf ihren Teppichen. Ihre Gesichter verraten die Herkunft aus fremden Ländern. Es sind Hasara aus Afghanistan, zentralasiatische Tadschiken und aserbaidschanische Türken.

Die ganz mit Gold überzogene Kuppel des Mausoleums ist schlanker und zierlicher als die blaugrün gekachelten, behäbig breiten Kuppeln anderer Moscheen Irans. Das verleiht ihr etwas Zartes und Weibliches. Das Mausoleum ist besonders ein Wallfahrtsort der Frauen, die mit ihren weiblichen Sorgen und Nöten hierherkommen und den Beistand der Fatimeh erbitten. Krass heben sich ihre schwarzen Tschadore von den hellen Lehmmauern ab.

Auch ich gehöre zur schwarzen Hälfte der Welt. Seit ich aus dem Auto gestiegen bin, trage ich den Tschador, der mich in einer großzügigen Menge Stoff von der Stirn bis zu den Füßen verhüllt. Der Tschador – persisch: Zelt – ist tatsächlich ein zeltähnlicher Umhang, ein riesiges, halbkreisförmiges Tuch ohne jegliche Halterung, für dessen Tragen es großer Geschicklichkeit und Körperbeherrschung bedarf. Schon in vorislamischer Zeit war der Tschador in Iran verbreitet, allerdings nur unter den Frauen der Oberschicht: nur Frauen, die es sich leisten konnten, nicht zu arbeiten, trugen ein so unpraktisches Kleidungsstück.

Die Iranerinnen beherrschen das Tragen des Tschadors mit beneidenswerter Würde, selbst wenn sie dabei noch ein Kind im Arm und ein zweites an der Hand halten. Ich brauche beide Hände oder die Zähne, um ihn zusammenzuhalten. Die Kunst besteht darin, die riesige Stoffmasse zu bändigen und zugleich sicherzustellen, dass rundherum alles blickdicht verschlossen bleibt. Auf Treppen etwa muss man den Stoff unten zusammenraffen, um nicht zu stolpern, und gleichzeitig achtgeben, dass das Tuch oben am Kopf nicht verrutscht.

Mit den Utensilien einer Journalistin, mit Notizbuch oder gar Fotoapparat, ist der Tschador unvereinbar. Im Heiligtum halte ich ihn mit einer Hand unter dem Kinn zusammen, während ich mit der anderen Hand zu verhindern versuche, dass er beim Gehen aufweht. Zur Sicherheit trage ich unter dem Tschador noch ein zusätzliches schwarzes Kopftuch, weil sonst zu leicht Haare hervorrutschen könnten.

Auf dem Hof sorgen Wächter des Heiligtums für Ordnung, bewaffnet mit bunten Putzmobs, mit denen sie den Frauen ins Gesicht fahren, wenn dort Haare zu sehen sind. Ich werde wütend, als einer von ihnen auch mir an der Stirn herumwedelt. Gebe ich mir nicht schon genug Mühe?

Trotzdem fühle ich mich im Tschador nicht unwohl. Vielleicht ist es die Lust an der Verkleidung. Aber es gibt noch etwas anderes, das ich mir selbst nicht gern eingestehe: Die wallende, alles umhüllende Stoffmasse des Tschadors hat auch etwas Schützendes, etwas Bergendes und geradezu Gemütliches, als habe der Körper darunter einen eigenen Schutzraum. Der Tschador ist wie ein Zaubergewand, das mich unsichtbar macht. Nicht nur, dass ich nicht mehr sofort als Ausländerin zu erkennen bin, es ist angenehm, verborgen zu sein, wie ein Kind, das unter einer Decke spielt, das sich darin eine Höhle baut, in der es ganz bei sich sein kann. Später haben mir viele Iranerinnen erzählt, wie sehr sie als Kinder die Tschadore ihrer Großmütter geliebt haben, unter denen man sich so wunderbar verstecken und Geborgenheit finden konnte.

Mich irritiert dieses Gefühl. Ich denke, dass ich den Tschador ablehnen müsste, dass er ein Symbol der Unterdrückung der Frau im Islam ist, eine lästige Vorschrift, eine Zumutung. Und das ist er auch. Aber zugleich gibt es dieses angenehme Gefühl.

Die Frauen betreten das Heiligtum durch einen Seiteneingang. Schon an der Garderobe, wo die Schuhe gegen ein Pappschild mit einer Nummer abzugeben sind, herrscht Gedränge. Es ist heiß und stickig, es riecht nach Schweiß, nach ranzigem Fußschweiß und beißendem Achselschweiß, nach Zwiebelatem und Kinderpisse und über allen menschlichen Ausdünstungen, ebenso penetrant und doch machtlos – nach Rosenwasser.

Ungeduldig schieben sich Frauen und Kinder in den verwinkelten Räumen vorwärts, die zum Schrein im Zentrum der Moschee führen. Spiegelmosaiken glitzern über und über. Die ferne Stimme des Vorbeters, die aus dem Männerbereich herüberschallt, wird vom Kindergeschrei übertönt. Alles drängt, drängt in das Zentrum, hin zum Schrein, zum Sarg der Fatimeh. Panzerglas, umgeben von einem kunstvoll geschmiedeten Gitter aus Gold und Silber, schützt das Grabmal vor der anwogenden Menge. Jede versucht, möglichst nah an den Schrein zu gelangen, mit der Hand das Gitter zu erhaschen, zu umklammern, zu berühren, zu halten, um sich dann schließlich erschöpft wieder an den Rand des Raumes treiben zu lassen. Aber der einzelne Wille vermag nichts mehr. Die Tschadore verschmelzen zu einer schwarzen Masse, die zum Schrein hin und vom Schrein weg wogt.

Nur die vordersten Frauen berühren das kühle Metall mit ihren Körpern, Gesichtern, Stirnen. Hinter ihnen strecken sich aus der zähflüssigen Masse Frauenarme, recken sich, Hände greifen nach dem Metallgitter, streichen darüber. An Handgelenken blinken zierliche, goldene Armreifen. Die entblößten Hände sind im anonymen Schwarz der verhüllten Frauen individuell wie Gesichter, hell oder dunkel, schön mit schlanken Fingern, abgearbeitet oder gepflegt, schlicht oder mit Ringen geschmückt, mit abgekauten, abgebrochenen oder sorgfältig lackierten Fingernägeln, mit Nagellackresten oder Schwielen, Runzelhände oder Patschehändchen.

Eine kleine Frau versucht mit ihrem Säugling bis zum Schrein vorzudringen. Immer wieder wird sie zurückgespült, immer wieder kämpft sie sich vor. Schließlich gibt sie auf und hebt das schlafende Neugeborene über ihren Schultern in die Höhe, Hände ergreifen es, von Hand zu Hand, Arm zu Arm erreicht das Kind über der schwarzen Menge schwebend den Schrein, wird schlafend an das Metall gepresst. Die kleine Mutter hat ihr Kind aus den Augen verloren, ihre Hände greifen über den Köpfen ins Leere, rudern verzweifelt in der Luft, bis das Neugeborene seinen Weg zurückfindet, von den Händen der Menge getragen.

Das Gemurmel der Frauen antwortet dem Vorbeter. In den Nebenräumen sitzen sie auf Teppichen am Boden. Eine stillt halb unter dem Tschador verborgen ihren Säugling, während sie, in den Koran vertieft, die Verse mitmurmelt. Junge Frauen lesen alten vor, Mütter ihren Töchtern, junge Mädchen folgen gemeinsam dem Text auf Farsi, der zwischen den arabischen Zeilen des Korans geschrieben steht. Eine Frau wälzt sich schreiend und wehklagend am Boden. Eine andere hat den Tschador ganz über Gesicht und Körper gezogen und sitzt, ein schwarzer Fels, im Gewühl, die geöffneten Handflächen zur Decke gewandt.

Sie erbitten den Segen Fatimehs für ihre Kinder und Neugeborenen, die sie unter ihren Tschadoren an sich pressen. Sie flehen um einen guten Ehemann, dass er sie nicht schlagen, vielleicht sogar treu sein und mit dem Opiumrauchen aufhören möge. Sie flehen um Fruchtbarkeit oder um die Wiederherstellung ihrer verlorenen Jungfräulichkeit, oder dass er zumindest in der Hochzeitsnacht nichts merken möge.

Draußen füllt sich in der Dämmerung der Hof mit betenden Menschen. Ärmlich gekleidete Arbeiter laden von Handwagen Teppich um Teppich ab, bis schließlich der ganze Platz ausgelegt ist. Die Stimme des Vorbeters aus dem Lautsprecher tönt über Hunderte gebeugter Rücken.

Anfang November 1999

»Als ich achtzehn war, hat mein Vater mich eines Tages gefragt, ob ich bereit sei, zu heiraten. Eine Woche später war dann unsere Hochzeit.« Hussein ist stellvertretender Minister, Mitglieder seiner Familie bekleiden in Politik und Klerus hohe Ämter, Heirat verbindet sie mit der Familie des religiösen Führers Chamenei. Husseins Vater ist ein angesehener, konservativer Ajatollah in Ghom. Hussein selbst ist ein Pragmatiker, der den Reformern nahesteht.

»Unsere Eltern haben uns füreinander ausgesucht, aber wir konnten uns vor der Hochzeit einmal treffen«, sagt seine Frau Fatima. »Es wäre möglich gewesen, nein zu sagen.« Sie lachen beide. Meine Fragen haben sie kein bisschen in Verlegenheit gebracht. Die arrangierte Ehe gehört selbstverständlich zur Tradition in den Familien der politischen Elite, kein Grund für ein Gefühl der Rückständigkeit gegenüber den westlichen Gästen. Stolz erzählt Fatima, wie Chomeini ihren Traugottesdienst in Teheran zelebrierte.

Andererseits ist es Hussein unangenehm, dass bei Tisch nicht zuerst den Frauen serviert wird. Er gibt den Kellnern demonstrativ belehrende Anweisungen. Auch über den strengen Tschador seiner Frau macht er eine spöttische Bemerkung.

»Meine Frau ist säkular«, sagt er augenzwinkernd. Fatima lacht. »Sie interessiert sich für Kunst. Sie malt sogar selbst.« Fatima erzählt von ihrem Engagement für MS-Kranke, sie möchte gerne mit ähnlichen Gruppen in Deutschland in Kontakt kommen. Ihre drei Söhne werden im Ausland studieren. Der Älteste sei sehr konservativ und religiös. »Ganz der Großvater«, sagt Hussein, der Mittlere ein Tausendsassa »wie der Vater«. Und der Jüngste interessiere sich nur für Geld.

Eine Woche nach der Hochzeit ging Hussein in den Krieg, um das Land und die Revolution gegen den Irak zu verteidigen. Dreimal wurde er verwundet, elfmal operiert. Einmal lag er achtundvierzig Tage lang im Koma. Er ist kaum älter als ich.

»Wie bist du darauf gekommen, dass das islamische System reformiert werden muss?«, frage ich ihn. »Wir haben uns auf die Wurzeln der Revolution besonnen«, antwortet er. »Die Seele der Revolution war sehr kulturell und religiös. Religion ist keine Ideologie, sie ist kulturell, sie ist individuell. Sie benutzt keinen Zwang.«

13. November 1999

Bei einem Mittagessen ist der Ehrengast Giandomenico Picco, italienischer Diplomat und Beauftragter der Vereinten Nationen für den »Dialog der Zivilisationen«. Die UN haben einen Vorschlag Chatamis aufgenommen und werden das Jahr 2001 zum »Jahr des Dialogs der Zivilisationen« ausrufen. Picco soll das Programm dafür erarbeiten. T. nennt Chatamis »Dialog der Zivilisationen« eine wunderschöne Kiste, die die UN nun mit Inhalt füllen könnten. Für die UN scheint es sich mehr um eine Bombe zu handeln, die es zu entschärfen gilt.

Offenbar haben die Vereinten Nationen wenig Neigung, sich auf den Dialog, den Chatami im Sinn hatte, einzulassen. Mit großzügiger Geste schließt Picco alle allenfalls strittigen Fragen als mögliche Dialogthemen aus: Erstens die Definition von Zivilisation, zweitens die Religion und drittens einen Dialog zwischen der islamischen Welt und dem Westen. Huntingtons »Clash of Civilisations«, der für Chatami natürlich als negative Referenz und Folie diente, wird nicht zur Kenntnis genommen, als könnte man damit seine unliebsame These schon entkräften.

Chatami selbst hatte den Dialog, den er meinte, schon mit zwei Aufsätzen angestoßen, die im Spätsommer 1998 in der F. A.Z. veröffentlicht worden waren. Im ersten setzte er sich kritisch mit dem Verhältnis des Islam zu Tradition und Moderne – und damit zur »westlichen Zivilisation«, wie er sie nennt, auseinander. »Muss man«, so fragt er, »fest in der Tradition verhaftet bleiben, um nicht von der westlichen Kultur und Zivilisation verschlungen zu werden?« Zwischen dem Festhalten an der Tradition, dem Ausweg der Islamisten, und der »Gharb-Sadegi«, der uneingeschränkten Verwestlichung sucht er einen dritten Weg, der eine Kritik der Moderne und eine Kritik der Tradition einschließt. Außerdem besteht auch er darauf, Tradition und Religion voneinander zu unterscheiden. So kann er die Tradition kritisieren, ohne die Religion anzutasten.

Im zweiten, vielleicht noch wichtigeren Aufsatz liefert Chatami Ansatzpunkte für ein aufgeklärtes Verständnis des Islam. Islam und Moderne, so sein wichtigster Gedanke, sind nicht unvereinbar. Noch schärfer als zuvor beschreibt er das Dilemma der islamischen Zivilisation zwischen einer rückständigen Tradition und den Anforderungen der Gegenwart: »Eine unserer grundlegendsten Schwierigkeiten ist eben, dass unsere Kultur oder zumindest bedeutende Teile von ihr zu einer Zivilisation gehören, deren Zeit schon vor Jahrhunderten abgelaufen ist, dass unser Leben jedoch von der neuen Zivilisation beeinflusst wird, die eine zu ihr passende Kultur einfordert.«

Um den Islam mit der Moderne kompatibel zu machen, schlägt Chatami ein aufgeklärtes Religionsverständnis vor, das den Menschen und seine Möglichkeit, göttliche Wahrheit zu erkennen, in den Mittelpunkt stellt. Die Geschichte des Menschen sei eine Geschichte des Wandels der Glaubensüberzeugungen und Ideen, schreibt er. Niemand könne beanspruchen, über die absolute Wahrheit zu verfügen. Zwar sei die göttliche Wahrheit absolut, die menschliche Erkenntnis von ihr aber immer relativ, begrenzt, abhängig von Raum und Zeit. Niemand kann also von sich behaupten, im Besitz der göttlichen Wahrheit zu sein.

Chatamis Aufsätze haben eine doppelte Stoßrichtung. Er setzt sich darin sowohl mit dem Westen als auch mit seinen innenpolitischen Gegnern, den islamischen Fundamentalisten, auseinander. Einerseits will er Huntingtons »Kampf der Kulturen« einen Dialog entgegensetzen und zeigen, dass die islamische Zivilisation weder ein einheitlicher Block noch unveränderbar ist. Zugleich wendet er sich auch gegen die islamischen Fundamentalisten und ihren Anspruch, den »wahren Islam« zu vertreten, und gegen die pauschale Verteufelung westlicher Kultur, wie sie die Konservativen in Iran unter Schlagworten wie »Kulturimperialismus«, »kulturelle Invasion« oder »kulturelle Aggression« betreiben.

Geschrieben aus der »Perspektive eines suchenden Muslim«, wie er selbst sagt, im Ton oft zurückhaltend, tastend, und geprägt von intellektueller Offenheit sind die Aufsätze des iranischen Präsidenten eine Aufforderung zum Gespräch. Dabei schlägt Chatami einen Dialog auf gleicher Augenhöhe vor, geht davon aus, dass sich Vertreter der islamischen und der westlichen Welt in dem Sinne gleichberechtigt begegnen, dass die Weltbilder, mit denen sie in den Dialog hineingehen, prinzipiell als gleichwertig anerkannt werden. Unsere westliche Vorstellung, dass wir einen Entwicklungsvorsprung vor der islamischen Welt genießen und der Dialog vor allem dem Ziel dient, islamische Gesellschaften auf den Weg unserer Nachfolge zu lenken, müsste innerhalb eines solchen Dialogs zur Disposition stehen. Dasselbe gilt für die von uns angenommene universelle Gültigkeit unserer Werte.

Chatami spricht in seinen Aufsätzen von einem »Dialog der Zivilisationen« (persisch: tamadon), nicht von einem »Dialog der Kulturen« (persisch: farhang). Diese Unterscheidung dürfte er bewusst getroffen haben, weil sich der Begriff »Zivilisation« eben nicht auf Schöngeistiges und Volkstänze beschränken lässt, sondern in einem viel umfassenderen Sinne auch die soziale und politische Verfasstheit eines Gemeinwesens und die Rechtskultur meint.

Wenn Chatami einen »Dialog der Zivilisationen« vorschlägt, geht er davon aus, dass es verschiedene Zivilisationen gibt, die »westliche Zivilisation« also nur eine von mehreren ist. Damit weist er die universelle Gültigkeit, die der Westen oft für seine Werte in Anspruch nimmt, zurück.

Der deutsche Bundespräsident Herzog, der Chatami Ende April 1999 wiederum in der F.A.Z. antwortete, spricht dagegen von einem »Dialog der Kulturen«. Er stellt Chatamis Pluralismus der Zivilisationen, der Idee, dass es mehrere, voneinander getrennte und prinzipiell gleichwertige Zivilisationen gebe, das Idealbild einer »universellen Zivilisation« entgegen. Zu dieser »universellen Zivilisation« leisten, so Herzog, alle Kulturen einen Beitrag, weil sie »ein Mindestmaß an Gemeinsamkeiten aufweisen«.

In seinen Aufsätzen setzt Chatami die westliche Zivilisation mit der Moderne gleich. Er spricht von der westlichen Zivilisation in einer Weise, die die Moderne mit all ihren Errungenschaften und Katastrophen einschließt. Jürgen Habermas, dessen Denken für die iranischen Intellektuellen von großer Bedeutung ist, hat dagegen die westliche Zivilisation im Sinne von Demokratie und Menschenrechten als Antwort auf die Herausforderungen der Moderne verstanden, denen heute keineswegs mehr nur die westliche Zivilisation ausgesetzt ist. Für Habermas ist die westliche Zivilisation eine mögliche, aber nicht die einzig mögliche und nicht notwendigerweise die beste Antwort. Gerade deshalb könne die von anderen geforderte Debatte auch für den Westen fruchtbar und nützlich sein: »Insofern bedeutet die gegenwärtige Debatte für uns die große Chance, uns über unsere blinden Flecken aufklären zu lassen.«

23. November 1999

»Wir wollen Gerechtigkeit für diese Ungerechtigkeit!«, tönt die Frauenstimme aus dem Megafon vor der türkisfarbenen Kuppel der Moschee. Die Männer im Hof und unter der Kuppel fallen ein, die geballten Fäuste erhoben. Die schwarze Menge der Frauen auf der Straße jenseits des Zauns schließt sich an. Dann beginnen sie zu singen, stimmen ein Lied an von der heiligen Erde Irans und vom Opfer für das Land: »Welchen Wert hat unser Leben, wenn es um das Schicksal unseres Landes geht.« Einige Hundert Menschen haben sich an diesem Nachmittag bei der Fachrabad-Moschee in einem der zentralen Stadtbezirke Teherans eingefunden, um des Ehepaars Forouhar zu gedenken, das vor einem Jahr vom iranischen Geheimdienst ermordet wurde: die ersten Opfer der Serienmorde. Geheimdienstleute verschafften sich Zutritt zum Haus von Darius und Parvaneh Forouhar und erstachen den Politiker und seine Frau.

Zur Gedenkfeier haben sich die Familie und Freunde der Ermordeten versammelt, aber auch politische Weggenossen Forouhars, die sich wie er für einen säkularen iranischen Verfassungsstaat einsetzen. Sie alle sind nicht mehr die Jüngsten, die Zeiten, da sie politisch Einfluss hatten, liegen weit zurück.

Einige der Herren mit Krawatte und Schnauzbart, den Markenzeichen der iranischen Nationalisten, waren Mitstreiter Mossadeghs, des 1953 von der CIA gestürzten Ministerpräsidenten, oder Mitglieder der säkularen Regierung Basargan nach dem Sturz des Schahs. Nicht wenige haben Jahre und Jahrzehnte ihres Lebens im Gefängnis verbracht. Auch ein Führer der linken Tudeh-Partei ist zu der Gedenkfeier erschienen. Er habe Forouhar gut gekannt, erzählt er mir. »Ich habe siebenunddreißig Jahre meines Lebens im Gefängnis verbracht«, sagt er schmunzelnd, als erzähle er einen guten Witz, »fünfundzwanzig Jahre unter dem Schah und dann noch einmal zwölf Jahre während der Islamischen Republik. Hinter Gittern lernt man mit den Jahren die gesamte Opposition kennen.«

Parastou Forouhar, die Tochter der Ermordeten, lebt seit vielen Jahren als Künstlerin in Deutschland. Für die Gedenkfeier ist sie nach Teheran gekommen. Zusammen mit den anderen Frauen sitzt sie im Keller der Moschee, dem für die Frauen bestimmten Raum. Auf dem Bildschirm an der Stirnseite verfolgen sie die Videoübertragung der Reden aus dem Hauptraum der Moschee, wo nur die Männer zugelassen sind. Die Frauen führen leise Gespräche, sie erinnern sich der Toten, tauschen neueste politische Nachrichten und Gerüchte aus. Auf Tabletts werden Tee und Süßigkeiten gereicht. Hin und wieder verbirgt eine Frau in einer Geste der Trauer ihr Gesicht und die verweinten Augen hinter einem Schleier.

Auch Parastou hält eine Ansprache. Mit der ihr eigenen Beharrlichkeit hat sie dafür gekämpft, in der Moschee bei den Männern sprechen zu dürfen. Ihre Rede wird wiederum über Lautsprecher zu den Frauen in den Keller übertragen. »Sie haben versprochen, den Fall aufzuklären. Sie haben versprochen, die ganze Wahrheit zu sagen«, sagt sie, »und jetzt gewährt das Militärgericht noch nicht einmal unseren Anwälten, den Anwälten der Kinder der Ermordeten, Einsicht in die Akten. Aber alles deutet darauf hin, dass die Fakten, die bis jetzt bekannt wurden, nur ein Teil der Geschichte sind. Es werden immer mehr Belege dafür bekannt, dass die Verbrechen nicht nur von einer kleinen Gruppe im Geheimdienst organisiert wurden, sondern dass es sich um einen massiven organisierten Widerstand gegen den Prozess der Demokratisierung in Iran handelt. Diese Morde dürfen nicht in Vergessenheit geraten. Nur mit Unterstützung der öffentlichen Meinung können die Morde aufgeklärt werden und nur dann können die Demokraten in Iran sicher leben.«

In einer Pause kommt Parastou hinaus in eine Seitengasse neben der Moschee und beantwortet Fragen der Journalisten. Sie ist blass, ernst und engagiert. Ein paar Minuten unterhalten wir uns auf Deutsch. Parastou erzählt, dass sie Iran vor vielen Jahren verlassen hat, dass sie den politischen Kampf ihrer Eltern auf keinen Fall weiterführen wollte, dass sie nichts mit iranischer Politik zu tun haben wollte. Die lebenden Eltern ließen die Tochter ziehen. Aber die Toten haben sie nun zurückgeholt in ein Gedenken und ein Verlangen nach Aufklärung, das in Iran hochpolitisch ist. Mit dem politischen Mord an den Eltern holt sie das Schicksal ein, dem sie nach Deutschland entfliehen zu können geglaubt hatte.

Nach drei Stunden ist die Zeremonie beendet. Die Lautsprecher verstummen, aber die Menschen singen weiter. Mit Blumenkränzen und Porträts der Ermordeten ziehen sie zum Haus der Forouhars in einer der engen Gassen Südteherans.

Im Gedränge des Trauerzugs verliere ich meinen Übersetzer. Es dunkelt, ich werde fortgetrieben inmitten dieser düsteren Menschenmenge.

Die Menschen drängen durch eine schmale Gasse. Das Haus der Forouhars ist ein zweistöckiges Gebäude mit einem kleinen Hof, der nun voller Menschen ist. Dort, eingekeilt zwischen Fremden, ist es bald unmöglich, vor oder zurück zu kommen. Ich beginne, mich mit den jungen Männern neben mir zu unterhalten. Sie scheinen die Forouhars nicht näher gekannt zu haben. Sie haben auch keine genauen politischen Vorstellungen, für sie geht es hier vor allem um Protest und um Freiheit, darum, »zu lesen, zu sehen, zu hören, was wir wollen«.

Plötzlich taucht von irgendwoher Roja auf. Ihre Familie ist, wie sie erzählt, seit langem mit den Forouhars befreundet. Parastou kennt sie seit ihrer Kindheit. Roja bahnt uns einen Weg durch die Menge zum Haus. Auch drinnen herrscht großes Gedränge, sind die Räume voller Menschen, aber wer es bis hierher geschafft hat, scheint den Forouhars näherzustehen, Freunde, vielleicht Verwandte. Jemand gibt mir einen Plastikbecher mit Tee.

Ein älterer Herr schiebt mich in ein halbdunkles Zimmer und beginnt, auf mich einzureden. Ich verstehe noch nicht viel Persisch, aber mir wird klar, dass dies der Raum sein muss, in dem Dariusch Forouhar ermordet wurde. Da stehen sein Bücherregal, sein Schreibtisch und sein Stuhl. Ich sehe ihn vor mir mit seinem altmodischen Schnauzbart, wie er dort über ein Buch gebeugt sitzt, als die Mörder kommen. Elf Messerstiche brauchen sie, bis sich der Siebzigjährige nicht mehr regt. Dann drehen sie die Leiche Richtung Mekka.

Im inzwischen dunklen Hof, stimmt die Menge die alte iranische Hymne an: Ei Iran, Iran. In einer Ecke hat Parastou zwei Zypressen gepflanzt, die in Iran als Symbole des Widerstands und der Unbeugsamkeit gelten.

An diesem Abend ist zum ersten Mal seit meiner Ankunft der Schrecken des islamischen Regimes spürbar. Menschen, die für den Machterhalt und für ihre Überzeugungen morden, die Schriftsteller umbringen oder umbringen lassen, Intellektuelle, die noch nicht einmal ernstzunehmende politische Gegner sind, sondern einfach nur säkularen Überzeugungen anhängen. Dieser Abend ist eine Ermahnung, dass die Islamische Republik noch andere Gesichter hat als das des freundlichen Ajatollahs, der friedliche Reformen und den Dialog der Zivilisationen predigt.

12. Dezember 1999

Eigentlich hätte der Präsident in der vergangenen Woche kommen sollen, am Studententag, dem 7. Dezember. Alljährlich wird in Iran an diesem Tag jener drei Studenten gedacht, die bei einem Besuch Nixons während der Schah-Zeit von der Polizei ermordet wurden. In den letzten zwei Jahren war Präsident Chatami aus diesem Anlass in der Teheraner Universität im Stadtzentrum aufgetreten und hatte in aufsehenerregenden Zusammenkünften mit den Studenten debattiert. In diesem Jahr hütete er mit Grippe das Bett. Die Veranstaltung musste verschoben werden. Zudem wurde sie in die Technische Universität am östlichen Stadtrand von Teheran verlegt. Die Universität im Stadtzentrum ist seit den Studentenunruhen vom Juli ein zu heikler Ort.

Seit mehr als zwei Stunden warten sie auf ihn, etwa zweitausend Studenten füllen dicht an dicht die Basketballhalle der Universität, Kommilitonen streng von Kommilitoninnen getrennt. Rechts, unter den jungen Männern, die so eng gedrängt stehen, dass man von oben nur ihre Köpfe sieht, herrscht eine aggressive Spannung. Wenn ein Student zu drängeln beginnt, wogt die ganze Menge zur Bühne hin und droht, die Absperrung zu sprengen. Einige steigen auf die Schultern ihrer Kommilitonen, um Atem zu holen, ringen mit schmerzverzerrten Gesichtern nach Luft. Man hat nicht nur Anhänger Chatamis in die Halle gelassen, sondern auch seine Gegner, Hisbullah-Studenten, wie man sie nennt, die sich mitten in der Menge zusammengefunden haben und ein Plakat des religiösen Führers Chamenei hochhalten. Papierkugeln prasseln von allen Seiten auf sie nieder. Später werden ihnen auch Schuhe an die Köpfe fliegen.

Links, auf der Frauenseite, in der schwarzen Menge der Tschadore geht es etwas ruhiger zu. Mit Plakaten fächeln die Studentinnen sich Luft zu.

Seit zwei Stunden rufen sie ihre Slogans, fordern Freiheit für den inhaftierten Reformpolitiker Nuri, die Auflösung des Klerus-Gerichts, das ihn verurteilt hat, Freiheit für das Denken, Herrschaft des Rechts. Sie protestieren gegen ein mögliches Wahlbündnis Präsident Chatamis und seiner Anhänger mit dem ehemaligen Präsidenten Rafsandschani. Sie schwenken Plakate mit Chatami, Nuri und Chomeini und singen die alte nationalistische Hymne Irans. In der Menge hört man auch radikalere Töne, pauschale Kritik an der Islamischen Republik, Forderungen nach Trennung von Staat und Kirche: »Die Religion gehört nach Ghom!«, in das religiöse Zentrum, und nicht in die Hauptstadt Teheran.

Endlich kommt er, der Präsident, der Held, der Hoffnungsträger, der Befreier. Die Menge, die zwei Stunden in erstickender Enge auf ihn gewartet hat, drängt zu ihm hin: ausgestreckte Arme, Plakate, geballte Fäuste, zum Siegeszeichen gespreizte Finger. Aber er geht nicht auf sie zu, tritt nicht ans Rednerpult, wirft seine Arme nicht siegesgewiss in die Luft, erwidert das Zeichen nicht. Umtost von der Menge setzt er sich ruhig an den Tisch und beginnt, seine Brille zu putzen. Eine Papierserviette nach der anderen zieht er aus der bereitgestellten Pappschachtel, schneuzt sich ausgiebig die Nase, hustet, greift noch einmal zur Brille, um ein letztes Stäubchen zu entfernen. Die Menge brüllt: »Freiheit für Nuri!«

Ihm ist unbehaglich, er ist noch immer erkältet, krank, erschöpft. Er wirkt gebrechlich angesichts dieses energischen jugendlichen Drängens, ängstlich fast, eingezwängt zwischen der anstürmenden Menge junger Menschen und der Wand in seinem Rücken. Sein Raum ist immer enger geworden, obwohl die Sicherheitskräfte die Holzbänke der Turnhalle zwischen ihn und das Publikum gekeilt haben, um die Menge zurückzuhalten. Alle Türen sind geöffnet, aber sie sind zu klein: Es gibt nicht genug Atemluft in dieser Halle, in die man die Studenten gezwängt hat. Heiß ist es und stickig, und in diesem Zusammentreffen des Präsidenten mit den Studenten wird die stickige Halle zum Sinnbild des ganzen Landes, das um Atemluft ringt.

Dass er krank gewesen sei, sagt er, dass er Mühe habe zu sprechen, dass sie ihn nicht unterbrechen sollten. »Chatami, wir lieben dich!«, rufen die Studenten. Dann spricht er über Ramadan, den Fastenmonat, der gerade begonnen hat, über Sinn und Notwendigkeit des Fastens, über Reinigung und den Gehorsam gegenüber den Befehlen Gottes. Mehrere Minuten lang hat er seine Brille geputzt. Nun spricht er schon eine Ewigkeit über Ramadan. Eine Studentin wird ohnmächtig aus der Menge getragen.

Schließlich beginnt er über Iran zu sprechen, über den Schmerz von zweihundert Jahren totalitärer Herrschaft und imperialistischer Unterdrückung. Er vergleicht das Land, in dem es nie Freiheit gab, mit einem Taubstummen. »Jetzt, da er plötzlich reden kann, will er alles auf einmal sagen. Da kann es leicht zum Chaos kommen.« Das Chaos in der Halle ist kaum noch zu bändigen, immer wieder wird der Präsident von der Menge unterbrochen, zustimmend unterbrochen, so viel Zuneigung, Vertrauen, Hoffnung in jungen Gesichtern. Anfangs kann er sich kaum gegen die skandierten Zurufe durchsetzen, aber langsam entwickelt sich ein Dialog zwischen Redner und Publikum. Er beginnt mit ihnen zu sprechen, streckt die Arme aus, erreicht sie.

»Dieser Tag sollte benutzt werden, um dem Volk eine Stimme zu geben und die politische Entwicklung voranzutreiben«, sagt er. Und die

Menge erwidert: »Politischer Fortschritt ist mit Rafsandschani unmöglich!« – »Das Volk soll über die Politik entscheiden. Aber alle müssen sich an das Gesetz halten«, sagt er. »Freiheit für Nuri«, erwidert das Volk. »Wenn wir einen Rechtsstaat wollen, müssen wir dafür Opfer bringen«, entgegnet er ihnen. »Je toleranter ihr seid, desto besser für die politische Entwicklung.« Und die Menge: »Chatami, wir sind bereit!«

Die größte Zustimmung erhält seine Forderung, die »Mauer des Misstrauens« zwischen Iran und den Vereinigten Staaten einzureißen. An diesem Tag, der jahrzehntelang ein antiamerikanischer Gedenktag gewesen ist, werden die positiven Äußerungen Chatamis über Clinton begeistert bejubelt. Als die Hisbullah-Studenten zum traditionellen »Tod Amerika« anheben, brüllt die Mehrheit sie nieder: »Tod den Taliban«, werden sie von den Kommilitonen beschimpft. »Hoch lebe der religiöse Führer, hoch lebe der Islam«, versuchen es die Hisbullah-Studenten noch einmal. »Hoch lebe Iran!«, überschreit die Menge sie.

Aus den Fragen, die die Studenten dem Präsidenten stellen, klingt Ungeduld. Ja, sie lieben ihn, aber sie werden ungeduldig, Vertrauen und Hoffnung auf ihr Idol droht enttäuschtem Vertrauen und enttäuschter Hoffnung zu weichen. »Während Sie uns hier mit Ihrer Rede beglücken, sitzen unsere Kommilitonen im Gefängnis«, sagt einer. »Sie sollten sich für die Inhaftierten einsetzen. Oder sollen die Vorlesungen künftig im Evin-Gefängnis stattfinden?«

Sie verstehen, dass er seine Gegner nicht offen angreifen kann. Sie verstehen, dass seine Macht begrenzt ist. Sie verstehen, dass Veränderungen Zeit brauchen. Sie wollen vernünftig sein, sich nicht provozieren lassen, Geduld haben. »Es gibt keine Alternative zu Chatami«, sagt einer.

»Chatami, wir lieben dich!« rufen sie immer wieder. Und der Präsident erwidert: »Das ist lieb von euch.« Er scheint am Ende erleichtert, dass alles friedlich verlaufen ist. Jetzt steht er doch auf, lächelt, geht auf sie zu, streckt seine Arme aus in die Menge, die ihm zustrebt, und sagt: »Nicht ich bin eure Hoffnung, sondern ihr seid meine Hoffnung.«

Öl und Brot

Das hier war das unverfälschte Persien –
in einer eigentümlichen Mischung
aus Romantik und Moderne.

Vita Sackville-West,
Zwölf Tage in den Bakhtiari-Bergen

Vor meinem Arbeitsplatz rauscht der Bach so laut, dass ich ihn bei geschlossenem Fenster hören kann. Mit Darband, dem Dorf, in dem ich ein Büro angemietet habe, verbinden die Teheraner nicht Arbeit, sondern Wanderausflüge und Kebabrestaurants unter freiem Himmel. Aus meinem Zimmer mit den zwei Fenstern geht der Blick links die Berge hinauf, die hier schon steil ansteigen. Rechts schweift er hinunter über die Stadt, bleibt aber meist bereits bei der ersten Reihe moderner Luxushochhäuser im Teheraner Dunst stecken. Nur an den seltenen klaren Tagen nach den Regenwaschungen reicht er über die Stadt und die Ebene hinweg bis zu der Hügelkette im Süden, deren dunkle Kanten und Falten dann scharf zu erkennen sind.

Dies sind die schönsten Tage in Teheran. Wenn tags zuvor der Seewind Wolken vom Kaspischen Meer über das Albors-Gebirge getrieben und Regen gebracht hat, ist der Himmel gereinigt. Man kann dann wieder bis ganz oben hinauf in das Blau blicken. Die Berge sind näher gerückt. Sie sind nicht mehr ein in Dunst gehüllter Wall, der der Atemluft im Wege steht, sondern die weißstrahlende Krönung der Stadt.

Darband ist, wie viele andere Dörfer im Norden der Stadt, von dem Moloch Teheran einverleibt worden und doch ein Dorf geblieben. Bei Einbruch der Dunkelheit erklingt von der kleinen Moschee auf der anderen Seite des Baches der Gesang des Muezzins, und es ist mir gleich, dass er nur vom Tonband kommt. Sein lockender Gesang über dem rauschenden Bach – kaum angekommen, weiß ich schon, was ich einmal vermissen werde.

Von Anfang an hat T. und mich der Wunsch verbunden, im Ausland zu leben und uns einer fremden Gesellschaft zu nähern. Für T. ist das in erster Linie eine intellektuelle Auseinandersetzung. Er verwendet viel Zeit für die Lektüre von Büchern und politischen Berichten. Wir lassen einen Rechtsprofessor zu uns nach Hause kommen, der uns die Feinheiten der iranischen Verfassung erklärt, und gründen einen Zirkel von politischen Intellektuellen, mit denen wir alle paar Wochen beim Diner über die Zukunft des Landes diskutieren.

Mir reicht das nicht. Ich will auch noch hinaus in das Land, in die Teehäuser, auf die Märkte, in die Häuser und Wohnungen. Ich kann noch nicht genug Persisch, um mich allein auf den Weg zu machen und zu recherchieren. Also frage ich Roja, ob sie mich in die südwestiranische Provinz Chusistan begleitet. Sie willigt ein, obwohl ich ihr weniger bezahlen kann als amerikanische Fernsehsender, für die sie sonst als Assistentin arbeitet. Ich suche eigentlich nicht nur eine Übersetzerin, sondern eine Freundin.

Roja fragt, welche Geschichte ich in Chusistan recherchieren will. Sie ist es offenbar gewohnt, dass westliche Journalisten immer sehr genau wissen, was sie in Iran suchen. In Chusistan gibt es ihres Wissens nur die Geschichte der Marsch-Araber, eines Nomadenstamms, dem die Entwässerungspolitik Saddam Husseins in den Sümpfen des Mündungsdeltas von Euphrat und Tigris auch auf iranischer Seite die Lebensgrundlage entzogen hat. Roja hat diese Geschichte gemeinsam mit amerikanischen Journalisten recherchiert. Mich interessieren die Marsch-Araber nicht. Wahrscheinlich habe ich im Vergleich zu amerikanischen Fernsehjournalisten nur vage Vorstellungen davon, was ich suche.

Chusistan ist die Ölprovinz Irans, Öl und Krieg sind ihre Reizworte. Keine Provinz trägt so viel zum Bruttosozialprodukt des Landes bei, keine hat im Krieg gegen den Irak 1980 bis 1988 einen so hohen Blutzoll gezahlt. Die Provinz ist mehrheitlich von Arabern bewohnt. Die Perser sind hier in der Minderheit. Ich frage mich, ob es auch in Chusistan, wie im iranischen Kurdistan, ethnische Spannungen gibt. Könnte die ethnische Frage in Iran, wie in der Sowjetunion, zum Katalysator von Umwälzungen werden?

Roja findet diese Idee abwegig. Zwischen Arabern und Persern gebe es keine Spannungen, sagt sie. »In Iran werden ethnische Minderheiten nicht unterdrückt wie in der Sowjetunion. Sie fühlen sich als Iraner.« Im Krieg gegen den Irak hätten die iranischen Araber loyal auf der Seite der Islamischen Republik gekämpft. »Die Perser leben seit Jahrhunderten mit Arabern, Kurden, Türken, Turkmenen, Armeniern und wer weiß wem noch zusammen, ohne dass es jemals zu nennenswerten ethnischen Auseinandersetzungen gekommen ist.«

In Rojas Wohnzimmer hängt wie eine Ikone ein Foto, das ihren Vater zusammen mit dem ehemaligen Ministerpräsidenten Mohammed Mossadegh, dem Helden der iranischen Nationalbewegung, zeigt. Auf dem Foto sitzt Mossadegh, der häufig kränkelte, aufrecht im Bett, ein alter Mann im gestreiften Pyjama, weißhaarig und hager, während Rojas Vater neben ihm auf der Bettkante Platz genommen hat. Er blickt in die Kamera, sichtlich stolz, mit dem großen alten Mann abgelichtet zu werden.

Rojas Vater, ein Journalist und politischer Kommentator, gehörte der Nationalen Front Mossadeghs an. Als Gegner des Schahs war er lange vor der Revolution gezwungen, Iran zu verlassen.

Roja geht von ihrem zwölften Lebensjahr an in Paris zur Schule. Ihre Heimat sieht sie erst mit Ende zwanzig wieder, viele Jahre nach der Revolution, als sie nach Iran reist, um eine Erbschaftsangelegenheit zu regeln. In ihrer Heimatstadt Schiras lernt sie einen Mann kennen, der ihr einen Heiratsantrag macht. Sie willigt ein und entschließt sich, nach Iran zurückzukehren.

Zunächst lebt sie in Schiras bei den Verwandten ihres Mannes. Bald wird die Tochter Gilda geboren. Roja beginnt künstlerisch zu arbeiten und entwirft Stoffmuster, aber sie ist immer auch politisch. Um, wie ihr Vater, als Journalistin zu arbeiten, ist sie – wie er – zu regimekritisch. Sie arbeitet ausländischen Journalisten zu und versucht auf diese Weise, das Bild Irans im Ausland zu beeinflussen.

Mit einer Neigung zur Verklärung wird die Regierungszeit Mossadeghs heute von vielen Iranern als die große verpasste Chance der iranischen Geschichte angesehen. Der Putsch gegen ihn wurde von den Briten betrieben, vom Schah unterstützt und von der CIA organisiert, nachdem Mossadegh die iranische Ölindustrie verstaatlicht und damit dem Zugriff der Briten entzogen hatte. Für die demokratischen und säkularen Nationalisten ist Mossadegh bis heute die große Symbolfigur der iranischen Geschichte, der tragische Held, der den nationalen Kampf für Demokratie und Unabhängigkeit ebenso verkörpert wie das Unrecht, das westliche Ausländer an Iran begangen haben. Hätten sich damals Briten und Amerikaner nicht eingemischt, sondern die zarte Pflanze der iranischen Demokratie gedeihen lassen, so die Überzeugung, hätte sich Iran friedlich zu einer konstitutionellen Monarchie und damit zum ersten demokratischen Staat des Mittleren Ostens entwickeln können.

Unsere Freunde sind sich einig, dass Nationalismus etwas Positives ist. »Die nationale Bewegung«, erläutert einer, »ging mit der Verfassungsbewegung zu Beginn des 20. Jahrhunderts Hand in Hand. Nationalismus und Demokratie gehören in Iran zusammen. Spätestens zu Mossadeghs Zeit bedeutete Nationalismus dann auch Antikolonialismus, das Streben nach nationaler Souveränität und Unabhängigkeit.«

Der Nationalismus, so sagt einer der Intellektuellen beim Diner, ist in Iran sehr eng mit der Modernisierung verbunden. »Bis etwa Mitte des 19. Jahrhunderts war die iranische Identität eins mit der religiösen Identität des Schiismus. Dann entstand langsam der Nationalismus als Versuch, eine moderne iranische Identität zu begründen. Es ist Nationalismus auf der Suche nach einem modernen Staat und modernen Lebensformen.«

Die Intellektuellen sind – wie Roja – der Ansicht, dass sich die ethnischen Minderheiten in Iran, die insgesamt mehr als die Hälfte der Bevölkerung stellen, als Iraner fühlen. Unter Nationalismus verstehen sie einen iranischen Nationalismus, der alle in Iran lebenden Ethnien einschließt, und nicht einen persischen Nationalismus, der sich gegen ethnische Minderheiten richtet.

»Die Araber sind auch Iraner, aber ihre Kultur steht auf einer niedrigeren Stufe«, sagt der Taxifahrer, der uns in Ahwas, der Hauptstadt Chusistans, vom Flughafen ins Hotel bringt.

Er zitiert ein Gedicht: »Die iranische Nation ist mächtig und klug, aber leider hat sie verschiedene Farben.«

Vom Hotelfenster in Ahwas geht der Blick über einen breiten Fluss, den Karun, der versetzt mit baumbewachsenen Inseln und Sandbänken die Stadt durchzieht. Es dämmert schon, als wir uns zu einem Erkundungsgang in die Stadt aufmachen. Palmen biegen sich im Frühlingswind, der nach Meer riecht. Überall blüht und grünt es. Rojas Mobiltelefon klingelt. Es ist ihr Ehemann. Sie antwortet ihm mit zärtlicher Stimme und singt ihm einen bekannten Schlager vor: »an den Ufern des Karun«.

An den Ufern des Karun flanieren junge Leute, Familien, Paare, vor allem aber Gruppen junger Männer. Bald füllen sie die Straßen der Innenstadt: Dutzende, Hunderte, Tausende junger Männer, die durch die Straßen streunen und Ausschau halten nach etwas Abwechslung, irgendetwas, ein paar Haaren, die unter einem Kopftuch hervorschauen, einer kleinen Schlägerei, einer blonden Ausländerin.

Eine ganze Traube von ihnen ist an der großen Brücke stehen geblieben. Die Attraktion des Abends sind ein paar Tollkühne, die vom Geländer der Brücke aus in den Fluss springen. Je nachdem, wie hoch sie klettern, steigen das Risiko und der Applaus, zehn Meter sind es mindestens. Es ist eine doppelte Mutprobe, ein doppelter Nervenkitzel: den Sprung zu wagen und sich von der Polizei nicht erwischen zu lassen.

Als wir weitergehen, sehen wir uns bald von einem Schwarm von Männern verfolgt, lauter selbsternannte Beschützer, die uns ihrer Ergebenheit und der um uns herum lauernden Gefahren versichern. Sie folgen uns auf Schritt und Tritt und streiten dabei so laut, dass wir uns nicht mehr unterhalten können. Sie drängeln sich gegenseitig ab, jeder will der Oberbeschützer sein. Als wir in eine Seitengasse einbiegen, sind wir plötzlich ganz von ihnen umringt. Sie sind sehr nahe, auf Tuchfühlung, denn es gibt ja viel Tuch um uns herum, sie fühlen es, näher, immer näher, immer dreister. Ich greife nach meiner Fototasche, merke aber bald, dass gar nicht sie das Objekt der Begierde ist. Selbst meine bodenlange Verhüllung schützt nicht vor grober Handgreiflichkeit.

Wir sind eingekeilt in eine sich immer mehr verdichtende Menge von Männern, um uns herum aufgeregtes Arabisch, grinsende Zurufe, Hände, Blicke, Schultern, Körper. Weit und breit ist außer uns keine einzige Frau zu sehen, zu spät bemerken wir, dass wir uns in einen Teil der Stadt verirrt haben, wo es nur Mechanikerwerkstätten und Motoradersatzteile gibt.

Die geballte Frustration der Jugend einer Provinzstadt liegt in der Luft, einer Stadt, in der es keine Unterhaltung, keine Arbeit und keine zugänglichen Frauen gibt: ohne Arbeit kein Geld, ohne Geld keine Heirat, ohne Heirat kein Sex. »Habt ihr keine Mütter und Schwestern?«, höre ich Roja fluchen. Was meint sie damit? – denke ich. Dann geht alles sehr schnell. Zwei Polizisten drängen sich durch die Masse der Männer hindurch. Murrend geben die Männer den Weg frei und schauen zu, wie ein Polizist uns aus der Menge eskortiert.

Roja ist hocherfreut, dass sie heute eine Hose aus dickem hartem Militärdrillich angezogen hat. »Die haben nicht viel zu fassen bekommen«, stellt sie zufrieden fest, als wir bald darauf durch den Basar schlendern.

»Was wir erlebt haben, ist doch Wasser auf die Mühlen der Islamisten«, sage ich. »Wenn man Frauen und Männer nicht voneinander trennt, führt das zu Sittenverfall, Schamlosigkeit und zum Verlust der öffentlichen Ordnung. Um die Frauen und die Moral zu schützen, muss es Geschlechtertrennung geben. Am besten bleiben die Frauen zu Hause.«

Zwei Stunden später erleben wir, dass es auch ganz anders gehen kann: vollendete Höflichkeit und schüchterne Zurückhaltung. Zum Abendessen sind wir mit drei örtlichen Intellektuellen verabredet, deren Telefonnummer mir ein Freund in Teheran gegeben hat: Herr Husseini, Herausgeber der Wochenzeitung »Sobh-e Karun« (Morgen des Karun), Herr Alawi, Herausgeber der Reformzeitung »Moscharekat« (Partizipation), und Herr Kermani, ein Anwalt und Rechtsdozent, der an der Universität von Ahwas eine Vorlesung über Presserecht hält. Sie erwarten uns in der Hotellobby. Herr Husseini organisiert ein Taxi, das uns zu einem Restaurant bringen soll. Als wir in das Auto einsteigen, herrscht plötzlich Verwirrung. Es gibt eine kurze Diskussion zwischen den dreien, deren Inhalt ich nicht verstehe. Schließlich bitten sie Roja und mich, auf dem Rücksitz Platz zu nehmen. Sie selbst quetschen sich zu dritt neben den Fahrer auf den Beifahrersitz. Diese Sitzordnung ist offenbar gerade noch mit dem Schamgefühl zu vereinbaren, das sie bei uns voraussetzen.

Das Restaurant, das die drei ausgewählt haben, ist groß, von grellem Neonlicht erhellt und fast leer. Roja und ich nehmen an einer Seite des Tisches Platz, die drei Herren uns gegenüber. Sie sind alle drei keine Araber, sondern Perser, und lassen zum islamischen System eine kritische Distanz erkennen. Herr Husseini ist ein sympathischer, nachdenklicher Intellektueller. »Iran ist ein Drittweltland«, sagt er, »das politische Niveau der Bevölkerung in der Provinz ist noch sehr niedrig, die demokratische Erfahrung gering. Bei Wahlen stimmen die Leute eher nach der Stammeszugehörigkeit der Kandidaten als nach politischen Programmen.« Er erzählt von einem Kandidaten bei den vergangenen Parlamentswahlen, dessen Großvater ein lokaler Scheich mit hohem religiösem Ansehen gewesen sei. »Der Kandidat hat den Leuten gedroht, dass sie in Hunde verwandelt werden, wenn sie für seinen Gegner stimmen. Und siehe da, ein paar Tage später wurde tatsächlich ein toter Hund auf dem Dorfplatz gefunden.« Wir lachen. »Sie lachen«, sagt Herr Husseini, »aber die Leute hier glauben an so etwas.«

»Um Chusistan zu verstehen«, fährt er fort, »muss man vor allem zwei Faktoren im Auge haben: den Ölreichtum und den Krieg gegen den Irak, von dem Chusistan von allen iranischen Provinzen am stärksten betroffen war. Die wirtschaftlichen Verluste des Krieges wurden nie wieder ausgeglichen, und so gehört Chusistan heute trotz seines Ölreichtums zu den ärmsten und am wenigsten entwickelten Provinzen Irans. Die Hafen- und Industriestädte Chorramschahr und Abadan, die im Krieg neun Jahre lang an vorderster Front lagen, wurden bis heute nicht wieder aufgebaut. Chorramschahr verlor die Bedeutung, die es als einziger iranischer Golfhafen mit Eisenbahnanschluss vor dem Krieg gehabt hatte. Die Raffinerie von Abadan, einst die größte der Welt, erlangte nie wieder ihre führende Position. Viele der Fachkräfte kehrten nie wieder zurück.«

»Sind die Menschen hier nicht besonders unzufrieden, weil die Öleinnahmen sämtlich an den Zentralstaat gehen?«, frage ich.

»Die Menschen hier sehen, dass Chusistan durch sein Öl einerseits einen sehr hohen Anteil am Bruttosozialprodukt Irans hat, gleichzeitig aber zu den wirtschaftlich rückständigsten Provinzen des Landes gehört. Wir haben zum Beispiel die vierthöchste Arbeitslosigkeit unter allen iranischen Provinzen. Diese Diskrepanz führt zunehmend zu Unzufriedenheit. Die Region erwartet mehr Aufmerksamkeit und wird immer ungeduldiger.«

»Ist das nicht ein guter Nährboden für ethnische Spannungen? Richtet sich die Unzufriedenheit der arabischen Bevölkerung nicht auch gegen die von Persern dominierte Zentralmacht?«

»Nein, das Öl wird als nationales Eigentum angesehen«, sagt er, »was sollte ungerecht daran sein, wenn von den Öleinnahmen in der Nachbarprovinz ein Damm gebaut wird, der dann dort den Menschen zugutekommt? Wir denken national.«

Etwa eine Stunde lang befragen wir die drei über die Region. Da richtet plötzlich Herr Husseini eine Frage an mich: »Warum«, fragt er, »hat die deutsche Philosophie in den vergangenen Jahrzehnten so an Format verloren? Was kommt nach Habermas?« Welche zeitgenössischen deutschen Philosophen könne ich ihm empfehlen? »Und wie steht es mit dem deutschen Kino?«, fragt Herr Kermani. »Hat es seit Faßbinder bedeutende Regisseure hervorgebracht?« – »Und wie hat Deutschland die Wiedervereinigung verarbeitet?«, möchte Herr Alawi wissen.

Am nächsten Tag fahren wir von Ahwas aus in die Kleinstadt Haftgel, unweit derer der Engländer William Knox D'Arcy 1908 das erste Öl Irans entdeckt hatte. Die Briten machten aus Haftgel, das damals eine Ansammlung von Lehmhütten war, eine Ölarbeitersiedlung. Reihe um Reihe errichteten sie für ihre britischen Arbeiter nette englische Arbeiterreihenhäuser aus hellem Wüstenstein statt wie zu Hause aus rotem Backstein. Sie bauten Straßen und eine Schule und stellten mitten auf die Straßenkreuzung eine große Uhr mit je einem Zifferblatt in jede Himmelsrichtung. Die iranischen Hilfsarbeiter lebten in den Slums am Ortsrand. Als Mossadegh die Ölindustrie verstaatlichte und die britischen Arbeiter bald darauf abzogen, nahmen Iraner die Häuschen in Besitz.

»Kommen Sie nicht hierher. Die Leute haben Angst und werden nicht mit Ihnen reden«, hatte man uns am Telefon gewarnt. »Man wird Sie auch gar nicht in die Stadt lassen, die Straße wird kontrolliert.«

Die Straße führt von der Kreisstadt Romhormus über die Ausläufer des Sagros-Gebirges nach Norden. Es gilt, einen Pass zu überqueren. Lastwagen stauen sich auf der engen Anfahrt. Hinter der Abzweigung nach Haftgel wird es ruhig, über Kilometer liegt die Straße verlassen. Niemand kontrolliert. In Haftgel besitzen nicht viele ein Auto.

Sie besitzen auch sonst nicht viel, die zwanzigtausend Einwohner der Kleinstadt. Auf dem verwahrlosten Marktplatz lungern die arbeitslosen Männer herum, Kinder in abgerissenen Kleidern streunen durch die Gassen, Bettler liegen an den Straßenecken, junge Männer bieten Zigaretten feil. Es gibt eine Schule ohne Bücher, ein Krankenhaus ohne medizinische Geräte und ein Sportstadion voller Sondereinsatzpolizei. Der Bürgermeister ist vor drei Jahren – angeblich nach einer Affäre mit seiner Sekretärin – verschwunden. Der Freitagsprediger machte sich im Jahr darauf aus dem Staub.

Was Haftgel besitzt, gehört ihm nicht: Aus seinem steinigen Boden werden am Tag fünfzigtausend Barrel schwarzen Goldes gefördert. Nachts leuchten die Flammen der Ölfeuer hell in den Himmel.

Vor einigen Monaten schlug in Haftgel dumpfe Unzufriedenheit in lauten Protest um. Mehrere Tausend demonstrierten. »Warum kümmert sich niemand um unsere Probleme?« Sie forderten, dass künftig ein Teil der Öl-Einnahmen in der Region bleiben solle. Eine Stadt, die sich vom Staat im Stich gelassen fühlt, erhob sich. Hier ging es nicht um Streitigkeiten zwischen Reformern und Konservativen, hier ging es um Brot und Arbeit.

Die Staatsmacht in Romhormus antwortete mit Verhaftungen. Die Menge in Haftgel setzte daraufhin die Polizeiwache und andere Verwaltungsgebäude in Brand. Es war nicht der Mob, der sich erhob. Der Protest wurde von der örtlichen Bildungsschicht angeführt, von Lehrern und Beamten, Händlern vom Basar, dem Imam der Moschee und den örtlichen Basitschi, einer islamischen Freiwilligenmiliz, die üblicherweise Unruhen nicht anführt, sondern niederschlägt. In Haftgel setzte sich der örtliche Führer der Basitschi mit dem Ehrentitel Fidel Castro an die Spitze des Protests. Jene, die das System eigentlich repräsentieren und stützen, führten den Protest selbst an.

Die Staatsmacht beschloss, hart durchzugreifen. Sie schickte Sonderpolizei nach Haftgel. Die Verhaftungen nahmen zu. Seither haben die Leute Angst, aber sie reden trotzdem. Sie reden, obwohl uns ein Geheimdienstmann wie ein Schatten folgt, seit wir in Haftgel aus dem Auto gestiegen sind. Sie haben nichts zu verlieren außer ihrer Wut. »Sie sind nachts gekommen, haben die Leute aus dem Schlaf gerissen und verhaftet«, sagt ein Händler, »was soll das denn? Davon geht es uns doch nicht besser.« Ein anderer sagt: »Natürlich haben wir die letzten Wahlen boykottiert.« – »Wie konnten sie es überhaupt wagen, uns Wahlurnen hierher zu schicken nach allem, was passiert ist?« Hasserfüllt starrt er unseren Schatten an, der in wenigen Metern Abstand stehen geblieben ist.

Auf dem Basar sind wir bald von einer Menschentraube umgeben, viele wollen ihrem Ärger Luft machen, Schaulustige kommen hinzu, Männer überschreien sich gegenseitig, jeder will uns etwas erzählen. Dann entwickeln sich Streitgespräche unter den Männern. Nun schreien sie sich gegenseitig an, ich versuche zu verstehen, worum es geht. Ich habe Roja aus den Augen verloren, die selbst zu diskutieren begonnen hat und dabei von der Menge in eine andere Richtung abgedrängt worden ist. »Wir müssen unsere Story im Auge behalten«, rufe ich ihr über die Köpfe hinweg zu. »Wir müssen hier raus!«, schreit sie zurück. Schon rückt Miliz an. Plötzlich sehe ich unseren Fahrer, der sich einen Weg durch die Menge bahnt. »Los zurück ins Auto.« Als wir abfahren, trommeln aufgeregte Menschen auf die Windschutzscheibe. »Sie haben uns nur deshalb nicht verhaftet, weil wir Frauen sind«, sagt Roja. Manchmal ist das hier also auch von Vorteil.

Die alte Holztür der Moschee ist mit einem schweren Eisenschloss verriegelt. Umständlich und würdevoll öffnet es der Moscheediener und gibt den Weg in den Innenhof des Gotteshauses frei. Das theatralische Ritual wird nur für uns, die Gäste aus der Fremde, zelebriert. Die Einheimischen betreten die Moschee von der Seite, wo eine ganze Wand weggebrochen ist, was Tür, Schloss und Wächter überflüssig gemacht hat. Der Torwächter ist ein einfacher Mann, aber er hat in den vergangenen Monaten viel über Politik erfahren und nachgedacht. Wir setzen uns auf den billigen Teppich der Moschee, und während der Schatten an der Tür Stellung bezogen hat, erzählt uns der Moscheewächter noch einmal die ganze Geschichte von Haftgel, langsam und mit vielen schmückenden Einzelheiten wie ein orientalischer Märchenerzähler. Am Ende bleiben Traurigkeit und Verbitterung. Schuld an der Misere sei die Verwaltung, die den ursprünglich friedlichen Protest in die Gewalt getrieben habe. »Was haben unsere Brüder, die jetzt im Gefängnis sitzen, Schlechtes getan? Ihr einziges Verbrechen ist, dass sie sich für das Volk eingesetzt haben. Wir unterstützen doch die Revolution, den religiösen Führer, den Präsidenten. Wir haben doch die Revolution mit unserem Blut bezahlt und wollen sie bewahren.«

»Wir ergreifen Maßnahmen, die den Leuten helfen«, sagt der Gebietsvorsteher in Romhormus. Er selbst, ein Perser, ist erst vor einem halben Jahr aus einer anderen Provinz hierher versetzt worden. Er ist jung, Ende dreißig, kein Unmensch, sondern ein vernünftiger und engagierter Verwaltungsbeamter, auf den mittleren Stufen seiner Karriere, wo man die ungeliebten Provinzposten nicht ablehnen kann. Welche Maßnahmen helfen den Leuten? »Wir verfolgen die Randalierer«, sagt er. Im Verlaufe des Gespräches lässt er sich dazu bewegen, über die Ursachen der Unruhen zu sprechen, über die Benachteiligung der Region durch den Krieg, die Arbeitslosigkeit der Jugend, den niedrigen Bildungsstand. »Wir können die Probleme nicht leugnen.« Aber es fehle einfach das Geld, um diese Schwierigkeiten anzugehen. Selbst wenn er es für richtig hielte, einen Teil der Öl-Einnahmen in der Region zu belassen, sagt der Gebietsvorsteher, »ich habe das nicht zu entscheiden. Das Öl ist ein nationales Gut, es gehört der ganzen Nation.«

Nachdem wir die Ausläufer des Sagros-Gebirges verlassen haben, führt uns die Rückfahrt durch eine Ebene. Im Westen, in Richtung der irakischen Grenze, geht über der Wüste feuerrot die Sonne unter. Im Osten leuchten Ölfeuer im gleichen Gelbrotorange. »Hier siehst du«, sagt Roja, »warum Iran vor der Verbreitung des Islam das Land der Zoroastrer, der Feueranbeter, war.« Bis heute ist die zoroastrische Kultur in Iran lebendig. Roja erinnert sich an ihre Kindheit, als ihre Eltern regelrechte Pilgerfahrten zu den Ölfeldern unternahmen. Die Ölfeuer, die damals technisch noch schwer unter Kontrolle zu bringen waren, waren beliebte Ausflugsziele. Man hielt dort Feste ab mit Musik und Tanz.

Roja beginnt, sich mit unserem Fahrer zu unterhalten, der uns aus der Menschenmenge gerettet hat. Er ist in unserem Alter und hat vor der irakischen Invasion 1990 in Kuweit gearbeitet, eine Zeit, auf die er heute sehnsuchtsvoll als die besten Jahre seines Lebens zurückblickt. Er hat damals gut verdient und die – im Vergleich zur Islamischen Republik – beachtlichen Freiheiten des gesellschaftlichen Lebens in Kuweit genossen: Musik, Kino, Alkohol, Diskotheken. Zurück in der trüben Wirklichkeit seines Taxifahrerdaseins in Ahwas, hat er diese Jahre immer weiter verklärt. Er gerät ins Schwärmen. Roja missfällt das. Zuerst indirekt, dann immer offener, beginnt sie, ihn zu kritisieren und anzugreifen. Wie kann er das Leben in einem primitiven arabischen Scheichtum Iran, der Wiege der Zivilisation, vorziehen? Wie kann er sich nach den billigen, verwestlichten Vergnügungen zurücksehnen, die er dort genossen hat? Wieso kann er der korrupten Oligarchie in Kuweit mehr abgewinnen als der islamischen Halbdemokratie in Iran? In Rojas Augen ist der junge Mann nichts Geringeres als ein Verräter. Und es sind Leute wie er – und nicht die Mullahs und die hilflosen lokalen Behördenvertreter, wie jener, den wir gerade interviewt haben –, die Iran in den Ruin treiben. Das erklärt sie ihm mit der geballten Kraft ihrer vernichtenden Eloquenz.

»Siehst du«, sagt Roja später zu mir, »es gibt hier keine ethnische Frage.« Ganz überzeugt hat sie mich nicht. Ich habe auf dieser Reise fast nur mit

Persern gesprochen: Die Intellektuellen, die Verwaltungsbeamten – sie alle waren Perser. Von den Arabern habe ich Wut und Hilflosigkeit gespürt. Arbeit, Brot und Bildung sind die wichtigen Themen für die Menschen hier, und jeder, der Veränderungen verspricht, egal ob Chatami oder Ahmadineschad, er wird gewählt werden. Kulturelle Freiheiten, die Reform des islamischen Systems, all die Fragen, die im fernen Teheran und in den Gelehrtenstuben von Ghom so brennend diskutiert werden, sind hier in der Provinz unwichtig. Die Frage: »Wer sind wir? Wer wollen wir sein?«, ist weniger wichtig als die Frage: »Warum sind wir so arm?« Frustration und Unzufriedenheit schwelen dicht unter der Oberfläche, brechen immer wieder aus und werden gewaltsam unterdrückt. Leicht ließen sich in dieser Atmosphäre ethnische Spannungen anheizen, auch wenn sie jetzt noch nicht offen zutage liegen.

Im Frühjahr 2005 protestieren in Ahwas Hunderte von Arabern gegen die Regierung in Teheran. Es kommt zu gewalttätigen Auseinandersetzungen mit der Polizei und zu Plünderungen. Im Sommer fordert eine Serie von Bombenanschlägen, zu der sich arabische Separatisten bekennen, Tote und Verletzte. Die Regierung reagiert mit äußerster Härte. Hunderte werden verhaftet, die Bombenattentäter zum Tod verurteilt und öffentlich gehängt.

Sein und Schein

Ein Scheich sagte zu einer Dirne:
»Du bist betrunken und jeden Augenblick
in einer anderen Schlinge!«
Sie erwiderte: »O Scheich, ich bin, was du sagt,
bist du, was du scheinst?«

Omar Chajam

Wenn man in Russland jemanden nach dem Weg fragt, darf man nie mit einer Antwort rechnen. Ein Russe, der zeit seines Lebens in Nummer sieben gewohnt hat, wird mit großer Wahrscheinlichkeit leugnen, jemals etwas von Nummer sieben gehört zu haben, und dazu das unfreundlichste Gesicht der Welt machen. Wenn man dagegen in Iran nach dem Weg fragt, kann man sicher sein, eine freundliche Auskunft zu erhalten. Ein Iraner wird lächelnd und im Brustton der Überzeugung den Weg erklären, selbst dann, wenn er noch nie etwas von Nummer sieben gehört hat. Denn schließlich geht es nicht um die Nummer sieben, sondern um die Freundlichkeit. Wie könnte er den Fremden ohne eine Auskunft fortschicken? Die Iraner sind Stilisten. Das Entscheidende ist nicht der Inhalt, sondern die Form.

Im Persischunterricht lerne ich den semantischen Reichtum dieser Sprache um das Wortfeld von »Lüge«, »Verstellung« und »List« kennen. Die Perser kennen für »Betrug« etwa so viele Worte wie die Eskimos für »Schnee«. Aber alle diese Worte klingen viel gnädiger, viel weniger abwertend und tadelnd als im Deutschen. Es handelt sich um ein gewöhnliches und akzeptiertes Verhalten. Bald erscheint auch mir »Lüge« als ein entsetzlich plumpes, moralinsaures Wort für die unendlichen Schattierungen, die es bei der mangelnden Übereinstimmung von Bezeichnung und Wirklichkeit geben kann.

Einmal entlasse ich eine Assistentin, weil sie mehrfach hinter meinem Rücken gegen meine Anweisungen gehandelt hat und ihr Tun, als ich sie zur Rede stelle, leugnet. Sie reagiert auf die Entlassung mit vollkommenem Unverständnis. Innerhalb ihrer eigenen Kultur hat sie sich durchaus keines schweren Vergehens schuldig gemacht.

Die Bereitschaft der Iraner, es mit der Wahrheit nicht so genau zu nehmen, ist oft mit dem schiitischen Konzept der Verstellung, der »taghijeh« erklärt worden. Für die schiitischen Gläubigen ist die Verstellung erlaubt, einschließlich der Verleugnung des eigenen Glaubens, wenn sie dem Schutz des Glaubens oder der religiösen Gemeinschaft dient. Sie ist sogar ein religiöses Gebot.

Aber die Motive der Iraner, die Unwahrheit zu sagen, beschränken sich keineswegs auf den Schutz der Religion. Darüber hinaus kennt das Persische den Begriff der Interessenslüge (dorugh-e maslahati), was etwa mit »Lüge für einen guten Zweck« übersetzt werden kann und damit einen gänzlich anderen Ansatz erkennen lässt als das Wort Notlüge. Man lügt nicht ausnahmsweise in einer Notlage, sondern, wenn es einen Vorteil verspricht, etwa, um sich und anderen Unannehmlichkeiten zu ersparen oder um eine Konfrontation zu vermeiden, bisweilen auch einfach aus Lust am Fabulieren oder, besonders häufig, aus Höflichkeit oder dem Wunsch, zu schmeicheln.

»Da ich schon einige Jahre in Iran gelebt hatte, war ich Komplimente gewöhnt«, schreibt der Amerikaner Terence O'Donell in seinem Memoirenbuch über Iran. »Sie hatten wenig mit der Wahrheit zu tun, aber der Wunsch der Iraner, zu gefallen, war vollkommen aufrichtig, und ich war dahin gekommen, diese großzügigen, gedrechselten Lügen zu schätzen.«

Denn diese Komplimente sind eben keine Lügen, sondern eher Euphemismen, vielleicht auch Wünsche, jedenfalls Freundlichkeiten, bei denen dem Wahrheitsgehalt des Gesagten keine große Bedeutung zukommt.

»Für die meisten Iraner«, schreibt O'Donell, »ist Wahrheit eine Angelegenheit von Stimmung und Wunsch und Traum, nicht eine Sache objektiver Fakten.« Sie kämen nicht auf die Idee, die scheinbar »objektiven Fakten« für die Wirklichkeit zu halten. Wenn man gewohnt ist, die Wahrheit hinter dem Schleier zu verbergen, wird das Verborgene die eigentliche Wahrheit, auf die das Sichtbare nur verweist. Wenn ständig indirekt und andeutend gesprochen wird, bezeichnet das Gesagte auch nie direkt die Wirklichkeit. Und im Grunde genommen halten die Iraner uns für naiv, weil wir glauben, dass das, was wir sehen, die Realität, und zwar die ganze Realität sei, und weil wir davon ausgehen, dass Menschen die Wahrheit sagen. Sie dagegen sind ständig auf der Suche nach der wahren Wahrheit hinter der sichtbaren Wirklichkeit, sie entdecken überall Verschwörungen, geheime Absichten, verdeckte Zusammenhänge. Sie sind misstrauisch und begegnen allem klar Ausgesprochenen mit Argwohn.

Das gilt vor allem für die Politik. Und nicht immer kann man ihnen widersprechen. »Du glaubst doch nicht wirklich, dass Bush den Mittleren Osten demokratisieren wollte«, sagen meine Freunde. Sie sind überzeugt, dass es Washington nur um Macht und Öl geht. Aber wenn der amerikanische Präsident gesagt hätte: »Wir wollen Macht und Öl«, hätten sie das mit Sicherheit auch nicht geglaubt, sondern hinter seinen Worten nur wieder andere, perfidere Motive gewittert.

Roja bezeichnet die persische Höflichkeit, den »Taruf«, der es verbietet, unangenehme Wahrheiten auszusprechen, als »Hedschab der Zunge«. Dieser »Hedschab der Zunge« ist für Ausländer eine große Herausforderung. Oft können wir die Andeutungen nicht verstehen. Oder die Interpretationsspielräume des Gesagten sind so groß, dass wir uns gar nicht zurechtfinden und unser Bedürfnis, »zu wissen, woran wir sind«, ständig frustriert wird.

Die Iraner selbst stehen dem »Taruf« durchaus kritisch gegenüber. »Unser Taruf«, sagen sie, »ist etwas Schreckliches. Wir sind niemals aufrichtig. Wir sind so heuchlerisch. dass wir auch immer lügen müssen.« Aber ist diese Selbstanklage nicht wieder nur ein Versteckspiel, ein Hedschab, eine Höflichkeit, die man der Fremden angedeihen lässt, weil man glaubt, das höre sie gerne? Und wissen die Iraner es überhaupt selbst? »Westliche Menschen«, schreibt der iranische Schriftsteller Amir-Hassan Cheheltan, »beschränken sich darauf, unser Äußeres zu erkunden, vermutlich, um auf diese Weise unser Innenleben zu entdecken. Das fällt sogar uns selber schwer, so sehr haben wir uns angewöhnt, uns zu verbergen.«

Die Iraner verstehen ihre Neigung, vieles unausgesprochen und im Unklaren zu lassen, als eine in Jahrhunderten oder sogar Jahrtausenden der Fremdherrschaft entwickelte Technik. Sie ermöglichte es unter Türken, Mongolen und Arabern, unter westlichen Kolonialherren und auch iranischen Tyrannen das Eigene zu bewahren. Schon vor tausend Jahren hatten die persischen Dichter eine Mehrdeutigkeit perfektioniert, die der Historiker Mottahedeh als einen der »großen inneren Räume« bezeichnet hat, »in denen die persische Seele mindestens ein halbes Jahrtausend lang geatmet hat«.

Vielleicht wird aus diesem Grund das Auseinanderklaffen von religiösem Anspruch und gesellschaftlicher Wirklichkeit in der Islamischen Republik von den Iranern als weniger gravierend wahrgenommen, als wir es erwarten würden. Sie haben eine erstaunliche Bereitschaft, in Widersprüchen zu leben, von denen wir erwarten, dass sie sich in Konflikten entladen müssten. Sie denken nicht cartesianisch scharf und ausschließend, sondern weich und einschließend, nicht »entweder – oder«, sondern »sowohl – als auch«. Vielleicht ermöglicht ihnen diese Denkweise, auf die Verwerfungen des Modernisierungsprozesses, auf die Gleichzeitigkeit von Moderne und Tradition flexibler zu reagieren, als wir es uns vorstellen.

Die westliche Vorstellung, dass in Iran ein religiöses Unterdrückungssystem einer an sich zu Moderne und Demokratie bereiten Gesellschaft aufgezwungen wird, ignoriert diesen affirmativen Umgang mit Widersprüchen. Denn die religiöse Ideologie ist zwar aufgezwungen, zugleich kommt sie aber aus der Gesellschaft und wird von ihr mitgetragen. Bestes Beispiel ist die Sexualmoral: Sie ist tief in der Gesellschaft verwurzelt und geht zugleich an der gesellschaftlichen Wirklichkeit vorbei.

Auf die Widersprüche zwischen der unaufhaltsamen Modernisierung der Gesellschaft und den moralischen Dogmen des religiösen Systems reagieren die unterschiedlichen politischen Lager auf unterschiedliche Weise. Die Konservativen neigen dazu, die Wirklichkeit zu leugnen. Die Fundamentalisten versuchen, sie gewaltsam zu ändern. Und die Reformer hoffen, dass sie das System der Wirklichkeit anpassen können.

Die Pragmatiker innerhalb des Systems versuchen die Kluft zwischen Anspruch und Wirklichkeit häufig durch einen Kunstgriff zu überbrücken: Sie benennen die Wirklichkeit, die sich nicht ändern lassen will, einfach um, sodass die Widersprüche zum religiösen Gesetz gemildert werden. So werden etwa Homosexuelle in der Islamischen Republik in den späten achtziger Jahren eine Zeit lang als Geistesgestörte eingestuft, weil man so von ihrer Verfolgung – auf Homosexualität steht in Iran die Todesstrafe – absehen kann. Als »Geistesgestörte« können sie toleriert werden. Was uns als eine Diskriminierung erscheint, ist gleichzeitig ein absurdes Manöver, um die Homosexualität zu entkriminalisieren.

Ähnliche Strategien werden während meiner Zeit im Iran auch in Bezug auf die Prostitution diskutiert. In den Jahren der Reformbewegung wird Prostitution, die seit der Revolution in Iran streng verboten und tabuisiert ist, plötzlich zu einem auch in der Presse offen diskutierten Thema. Dabei werden die Begriffe »Prostitution« und »moralische Korruption« oft synonym verwendet und bezeichnen in der Regel jeglichen außerehelichen Geschlechtsverkehr, weil nach dem Islam Sexualität nur innerhalb der Ehe gestattet ist. Die entscheidende moralische Trennlinie verläuft nicht zwischen käuflicher und nichtkäuflicher Liebe, sondern zwischen ehelicher und nichtehelicher.

Es tauchen Statistiken über ein erschreckendes Ausmaß von Prostitution auf, und Umfragen ergeben, dass sogar im traditionell geprägten

Süden Teherans ein Großteil der Jugendlichen mit sechzehn bereits sexuelle Kontakte gehabt hat. »Viele Jungen und Mädchen«, erzählt mir eine Krankenschwester, die in der gynäkologischen Abteilung eines großen Teheraner Krankenhauses arbeitet, »akzeptieren freie sexuelle Beziehungen. Sie begegnen einander im Café oder auf der Straße, tauschen Telefonnummern aus, und wenn sie sich dann sehen, haben sie miteinander Sex.« Das Profil ihrer Patienten, sagt sie, habe sich in den vergangenen zehn Jahren sehr verändert. »Früher kamen vor allem verheiratete Frauen zu uns, jetzt haben wir viele junge Mädchen, die mit Problemen kommen, die offensichtlich die Folge von sexuellen Beziehungen sind, die in unserem Land als illegal gelten.« Die meisten von ihnen würden sich überhaupt nicht schämen zuzugeben, dass sie außerehelichen Geschlechtsverkehr haben. »Sie sagen: Wir haben sexuelle Bedürfnisse, die hat Gott uns gegeben, also müssen wir sie befriedigen.« Die Frauen kämen aus allen gesellschaftlichen Schichten und nicht nur aus liberaleren Kreisen Nordteherans.

»Sex ist in diesem Land die einzige Freiheit«, erklärt mir eine junge Frau. Für viele junge Leute ist ein ausschweifendes Sexualleben vor allem eines: Protest gegen die Sittenregeln des Regimes. Mit ihrer sexuellen Freizügigkeit begehren sie gegen die allgegenwärtige Drangsalierung auf. Sie rebellieren gegen das moralische Korsett, das ihnen die Luft zum Atmen nimmt. Dass manche von ihnen mehr mit ihren Abenteuern prahlen, als dass sie sie wirklich erleben, unterstreicht gerade den provokativen, ostentativen Charakter. Es ist der Regelverstoß, der erregt, und der Triumph, dem Regime zuwiderzuhandeln, der befriedigt.

Diese Rebellion ist viel mehr als ein pubertäres Aufbegehren, sie ist im wahrsten Sinne des Wortes eine sexuelle Revolution. Die Jugendlichen sind bereit, im Kampf gegen die herrschende Ordnung Opfer zu bringen. Wenn sie erwischt, verhaftet, bestraft, ausgepeitscht werden, tragen sie das wie Auszeichnungen vor sich her: Wir sind Helden, wir sind Märtyrer. Aber der tatsächliche Preis, den sie bezahlen, ist viel höher: Hinter diesem Sex aus Verzweiflung tut sich ein Abgrund emotionaler Leere auf. Wenn das Intimste politisiert wird, gibt es keine sicheren Rückzugsräume mehr. Wenn die Liebe zum Schlachtfeld wird, bleiben verwundete Seelen zurück.

Die Überlegungen der Politik zielen vor allem darauf, die sexuellen Kontakte zu legalisieren und zu kontrollieren. Ein Vorschlag ist die Einrichtung von staatlich betriebenen »Keuschheitshäusern« unter der Kontrolle der Justiz, bei denen sich Prostituierte mit ihren Freiern, aber auch studentische Liebespaare melden sollen. Sie erhalten dort medizinische Betreuung, Verhütungsmittel, den Segen eines Mullahs für die sogenannte Zeitehe, die Sighe, und die Räumlichkeiten zum Vollzug derselben. Die Sighe, eine Besonderheit des schiitischen Islam, wurde ursprünglich erdacht, um Pilgern auf ihren Reisen die Befriedigung ihrer körperlichen Bedürfnisse zu gestatten. Sie erlaubt es einem Paar, sich für einen beliebigen Zeitraum zwischen einer Stunde und neunundneunzig Jahren trauen zu lassen.

Ich vereinbare ein Interview mit der Parlamentsabgeordneten Dschamileh Kadivar, die gemeinsam mit anderen Parlamentarierinnen eine Initiative begründet hat, um Prostituierten zu helfen. Im Interview benutzen wir nie das Wort Prostitution, sondern sprechen von »Straßenfrauen« oder »besonderen Frauen«.

Ich treffe Kadivar in den Räumen der Menschenrechtskommission des Parlaments, deren Mitglied sie ist. Bei der Kommission können Bürger schriftlich Beschwerde gegen Menschenrechtsverletzungen einreichen, monatlich gehen etwa tausend Briefe ein. In dem drei Meter hohen Zimmer stapeln sich die Beschwerden bis unter die Decke. Wir sitzen auf einfachen Holzstühlen, eingemauert von den Aktenbergen.

Kadivar ist in vieler Hinsicht eine erfolgreiche Frau: Mit ihren achtunddreissig Jahren ist sie vierfache Mutter, Parlamentsabgeordnete und Universitätsdozentin. Dabei wirkt sie eher wie eine iranische Studentin mit ihrem offenen, ungeschminkten Gesicht und dem Kapuzentuch, unter dem keine Haarsträhne hervorschaut. Sie trägt keinen Tschador, sondern einen schwarzen Umhang über einem hellen Mantel und eine helle Hose und, was in Iran ungewöhnlich ist, einen Ehering.

Obwohl das Privatleben von Politikern üblicherweise tabu ist, fanden sich in der Presse der vergangenen Tage viele Gerüchte über Frauengeschichten von Kadivars Ehemann, Chatamis erstem Kulturminister Ataollah Mohadscherani, der wegen seiner liberalen Kulturpolitik populär ist. Wahrscheinlich wurde die Geschichte lanciert, um den Ambitionen Mohadscheranis auf das Präsidentenamt ein Ende zu bereiten. Frau Kadivar hat die Gerüchte über die Untreue ihres Mannes öffentlich dementiert. Ich frage sie nicht danach. Aber in unserem Gespräch über Sexualmoral, Ehe und Zeitehe scheint es so etwas wie einen Subtext zu geben, der auch auf ihre private Situation verweist. Zweimal während des Gesprächs führt sie eine scharfe Polemik gegen Männer, die Verhältnisse außerhalb der Familie unterhalten. Sighe, die Zeitehe, werde von verheirateten Männern missbraucht, sagt sie. Sie sei nicht für reiche, verheiratete Männer gedacht, die nur ihre physischen Bedürfnisse befriedigen wollten. Und: »Wir müssen die Einstellung der Männer ändern, jener Männer, die reich sind, eine Familie haben und trotzdem ihren Gelüsten nachgehen.«

Kadivar hat geheiratet, als sie sechzehn Jahre alt war. »Drei Männer haben mich zu dem gemacht, was ich bin«, sagt sie, »mein Ehemann, mein Vater und mein Bruder.« Die Kindheit verbrachte sie in Schiras, wo der Vater, ein pensionierter Lehrer, seine Kinder zu »guten Muslimen und Intellektuellen« erzog, während ihre Mutter in Teheran studierte, »ein Tabubruch in Iran, für den unsere Familie scharf kritisiert wurde«. Kadivars Bruder ist der Reformkleriker Mohsen Kadivar.

»Es gibt zwei Arten von Straßenfrauen«, sagt Frau Kadivar. »Die erste Gruppe tut es aufgrund wirtschaftlicher Probleme. Diese Frauen kommen oft aus kaputten Familien, sind geschieden oder haben einen drogenabhängigen Ehemann. Die zweite Gruppe hat keine wirtschaftlichen Probleme, sondern moralische Probleme. Die Frauenfraktion des Parlaments bemüht sich, etwas für die erste Gruppe zu tun. Wir wollen diesen Frauen helfen, zu einem normalen Leben zurückzukehren.«

»Es ist noch nicht lange her«, sage ich, »da wurde in der Islamischen Republik überhaupt nicht zugegeben, dass es so etwas wie Straßenfrauen gibt.«

»Ja, im islamischen System hat man versucht, das Problem zu leugnen. Aber die Wirklichkeit sieht anders aus.«

»Wie sieht es mit der zweiten Gruppe von Frauen aus, von der Sie gesprochen haben, mit denjenigen, die es ohne materielle Not tun?«, frage ich.

»In unserer Gesellschaft sind, vor allem seit dem Ende des Krieges gegen den Irak, islamische und moralische Werte verblasst. Familiäre Beziehungen sind nicht mehr stabil, Gegenwerte haben sich ausgebreitet. Vor allem sind die religiösen Überzeugungen schwächer geworden. Der Hauptgrund für diese zweite Gruppe sind persönliche Defizite und Charakterprobleme. Sie tun das aus extremer Dekadenz. Dagegen können nur die Sicherheitskräfte vorgehen.«

»Gibt es nicht auch berechtigte Bedürfnisse der jungen Generation, die innerhalb der strengen Regeln des islamischen Systems nicht befriedigt werden können?«

»Seit der Revolution hat sich in den Beziehungen zwischen den Geschlechtern viel verändert. In den letzten Jahren hat sich der Kontakt zwischen Jungen und Mädchen verändert, vor allem wegen der Ansichten, die durch die neuen Medien wie Internet und Satellitenfernsehen verbreitet werden. Das führt aber nicht zwangsläufig zu unmoralischem Verhalten. Wir alle wollen eine gesunde Gesellschaft und stabile Familien.«

»Mir scheint, dass es eine große Kluft zwischen den Generationen gibt. Die Eltern wissen oftmals nicht, was ihre Kinder tun. Manchmal scheint die ältere Generation das gar nicht wissen zu wollen.«

»Wir sind eine traditionelle Gesellschaft, in die moderne Werte eingedrungen sind. Deshalb sind solche Verwerfungen unvermeidbar. Die jungen Menschen wollen mehr Rechte und Freiheiten. Ihre Haltung zu Kontakten zwischen Jungen und Mädchen ist anders. Das kann die Politik natürlich nicht tolerieren.«

»Wie kann man die Sittenregeln des Islam mit den Bedürfnissen der jungen Generation vereinbaren?«

»Dafür hat der Islam die Zeitehe, Sighe, vorgeschlagen. Sighe ist eine Strategie, um die Gesellschaft gesund zu halten.«

»Würden Sie es akzeptieren, wenn Ihre Tochter eine Sighe einginge?«

Kadivar lacht. »Niemals«, sagt sie, »Sighe ist für uns nicht akzeptabel.«

»Was würden Sie Ihrer Tochter raten, wenn sie einen Freund haben will?«

»Sie soll heiraten. Ich habe selbst früh geheiratet, und das ist eine gute Sache.«

Der Bruder eines ranghohen Politikers, nennen wir ihn Ahmadi, lädt uns zum Abendessen ein. Seine Familie gehört seit der Revolution zum inneren Machtzirkel der Islamischen Republik. Ahmadi bittet uns ins »Milano« unweit der Schariati-Straße, ein durchschnittliches italienisches Restaurant, wo die Pasta von Persern gekocht wird. In Moskau hätte man sich bei einem solchen Anlass im Separee eines der grotesk überteuerten Etablissements wiedergefunden, in denen die obere Mittelschicht der Politik und Mafia verkehrt. In Iran würde man solche Treffen eher in einem Privathaus erwarten. Aber Ahmadi hat keine Hemmungen, seine Geschäfte in aller Öffentlichkeit zu besprechen.

Als wir das Restaurant betreten, sitzt er mit seiner Entourage bereits um einen runden Tisch in der Mitte des Gastraums, ein halbes Dutzend Männer, alle mit Krawatte, und zwei Frauen. Die Männer werden als Cousins und Mitarbeiter vorgestellt, die Frauen als Mina und ihre Mutter.

Ahmadi ist Anfang sechzig, untersetzt, mit kleinen, stechenden Augen. Mina trägt ein loses, buntes Kopftuch, das sie so weit zurückfallen lässt, dass man sehen kann, wie die Blondierung ihres dunklen Haares am Scheitel herauswächst. Sie ist stark geschminkt, spricht laut und engagiert und entblößt dabei hinter den vollen Lippen kräftige, weit auseinanderstehende Zähne. Ihre Mutter sieht im Pelzmantel, den sie während des ganzen Essens offen über die Schultern hängen lässt, und mit funkelnden Klunkern an den kräftigen Fingern wie verkleidet aus. »Ihr solltet einmal bei ihr vorbeischauen«, sagt Mina. »Sie liest Kaffeesatz.«

Von Anfang an organisiert Mina mit lauter Lebhaftigkeit das Gespräch, sie fällt Ahmadi und allen anderen ins Wort, kommandiert die Kellner, bestimmt die Themen. Sie duzt mich. Als ich sie frage, ob sie Ahmadis Frau sei, lacht sie laut heraus. »Seine Frau trägt einen Tschador, unter dem kein Härchen hervorguckt! Nicht wahr, Ahmadi?« Er überhört das. »Nicht wahr, Ahmadi?«

Er kümmere sich ums Geschäft, sagt Ahmadi, während seine Brüder in der Politik seien. Es ist von landwirtschaftlichen Produkten die Rede, von Bartergeschäften, von Flugzeugteilen, von Geld. Während wir essen, kommen hin und wieder Mitarbeiter aus den draußen wartenden Autos herein, der eine bringt ein Bündel Flugtickets, ein anderer erstattet über die neuesten Entwicklungen in einem aktuellen Deal Bericht, alle mit Krawatte und Visage. Sie fragen T., wie sie ihr Geld in der Schweiz waschen können. Sie fördern einen Wertbrief einer Firma aus der italienischen Schweiz zutage, die Wach- und Sicherheitsdienste und die Eintreibung von Schulden im Angebot hat. Das Emblem im Briefkopf: zwei Revolver.

»Kommt uns doch mal besuchen«, sagt Ahmadi. »Ja, kommt doch nächstes Wochenende nach Karadsch«, pflichtet Mina ihm bei, »dort haben wir ein großes Haus. Hier kann man ja nichts trinken, aber dort gibt es alles, Wein, Musik, Videos, alles. Das Haus gehört auch Ahmadi, nicht wahr?«

Bevor wir gehen, schlägt Minas Laune plötzlich um. Jetzt wirkt sie mürrisch, fast depressiv. »Es gibt zu wenig Freiheit hier«, sagt sie, »und alles ist so unsicher. In diesem Land ist man niemals sicher. Ahmadi zum Beispiel, ist heute schwach. Aber dann beschließt er, mich umbringen zu lassen, und schon bin ich tot. Nicht wahr, Ahmadi?«

Ich frage einen iranischen Bekannten, ob er es für möglich hält, eine Prostituierte zu finden, die mit mir sprechen würde. Er ist sicher, dass das nicht schwierig sein wird. Über einen Bekannten, der ein Café betreibt, stellt er den Kontakt her. Die Frau sagt zu, unter der Bedingung, dass ich für den Verdienstausfall aufkomme. Zum vereinbarten Termin erscheint sie nicht. Sie zögert, hat offenbar doch Angst. Wir verabreden uns ein weiteres Mal, und dieses Mal kommt sie. An einem Nachmittag sitzen wir in meinem Büro und trinken Tee. Sie sagt, dass sie Banafsche heißt, zu Deutsch: Veilchen.

Vor zwei Jahren ließ sie sich das erste Mal auf der Straße ansprechen. Es ist eine mittlerweile alltägliche Szene in Teheran: Ein Auto hält in der Nähe einer jungen Frau. Der Mann am Steuer lässt das Autofenster herunter, spricht sie an, macht ihr ein Angebot, sie verhandeln, werden sie sich einig, steigt sie ein. Banafsche hatte Glück, wie sie selbst sagt. Ihr erster Kunde war ein »anständiger Typ«. Seither besucht sie ihn regelmäßig in seiner Wohnung. Durch seine Empfehlung erwarb sie einen festen Kundenkreis. Der Kontakt wird per Mobiltelefon aufgenommen, drei bis vier Termine pro Tag, für jeweils etwa zwanzig Euro. Den Job als Sekretärin, mit dem sie auf ein Zehntel ihres jetzigen Verdiensts kam, hat sie aufgegeben.

»Ich tue das aus Not.« Die dreiundzwanzig Jahre alte Banafsche ist eine ganz normale junge Frau aus einfachen Verhältnissen. Jeans, dezent gefärbte Haare, einfacher Silberschmuck, ein hübsches Gesicht: ein schlichtes Mädchen aus der Provinz. Nach dem frühen Tod des Vaters musste die Mütter ihre fünf Töchter mit der Witwenrente durchbringen. Mit fünfzehn wurde Banafsche gegen ihren Willen verheiratet. Ihr Ehemann war drogenabhängig. Vergeblich hoffte sie, dass ihr Mann das Opium aufgeben würde, als vor fünf Jahren der Sohn geboren wurde. Schließlich gelang es ihr, eine Scheidung zu erwirken, was Frauen in Iran nur in Ausnahmefällen möglich ist: wenn der Mann kriminell oder drogenabhängig ist. Sie bezahlte viel Geld, damit er auf das Sorgerecht für den Sohn verzichtete, das nach islamischem Recht dem Vater zusteht. Seither sorgt sie allein für sich und das Kind.

Nun kann sie ihm ein gutes Leben bieten. Aber für sie ist es kein gutes Leben, sie versucht zu sparen, sie möchte aufhören. »Ich lebe in ständiger Angst. Angst vor der Polizei, Angst, dass meine Mutter etwas erfährt, Angst vor Männern.« Immer wieder versichert sie, dass es ihr keinen Spaß mache. »Ich fühle nichts.« Sie schäme sich vor ihrem Sohn. Und wenn ihre Mutter erfahren würde, was sie tut, könnte sie nie wieder nach Hause kommen. »Meine Mutter ist sehr religiös. Sie glaubt, ich arbeite in einer Firma.«

Nachdem wir uns eine Weile unterhalten haben, beginnt Banafsche, auch mir Fragen zu stellen. Sie interessiert sich für mein Verhältnis zu Männern, ob ich vor der Ehe Verhältnisse mit Männern gehabt habe, wie es mit der ehelichen Treue aussieht. »Ich mag alte Musik«, sagt sie, »weil ich dazu weinen kann. Am liebsten bin ich allein zu Hause.« Sie sei unglücklich über ihr Leben, wegen ihrer Familie und wegen der Religion. »Ich bin Muslimin. Im vergangenen Jahr bin ich nach Maschad zum Schrein von Imam Resa gepilgert, um Abbitte zu leisten.«

Neda ist ein zierliches junges Mädchen von Anfang zwanzig – Typ Kindfrau – mit blond gefärbten Haaren. Sie hat einen guten Job in einer Firma. Das Wochenende verbringt sie mit einer Gruppe von Freunden. Mit zwei der Jungen hat sie intime Beziehungen. Einen von ihnen nennt sie »mein Bruder«. »Er unterstützt mich«, sagt Neda. Er macht ihr Geschenke, kauft ihr Kleidung oder Schmuck – »ich mag gerne chic und reich aussehen« –, nimmt sie mit auf Reisen und zum Skifahren, er organisiert Alkohol und Partydrogen und lässt sie die Annehmlichkeiten seiner Luxuswohnung nutzen. »Warum sollte ich nicht etwas bekommen, wenn ich mit diesen Jungen schlafe und ihnen eine Freude mache?«, sagt Neda. »Ich mache sie glücklich und sie machen mich glücklich. Das ist der Deal.« Neda ist stolz darauf, frei zu sein, wie sie es nennt. Das Wichtigste sei, dass es keine Verpflichtungen gibt. »Verpflichtungen sind altmodisch.« Sie ist finanziell unabhängig und hat sich aus dem engen sozialen und moralischen Rahmen der Familie befreit. Ihre Eltern wissen nicht, wie sie das Wochenende verbringt. Sie denken, sie sei mit ihren Freundinnen unterwegs. Und wenn sie ein besonders wertvolles Geschenk bekommt, sagt sie, es sei ein Bonus von ihrer Firma. Sie findet die Jungen auf Partys, durch Freunde, und manchmal lernt sie sie auf der Straße kennen. Hin und wieder gibt es Ärger mit der Sittenpolizei, aber mit Bestechung lässt sich das regeln. Dass sie gegen die moralischen Vorstellungen des Islam verstößt, beunruhigt sie nicht. »Wir haben Spaß, und daran ist nichts Schlechtes.«

Einige Wochen nach meinen Gesprächen mit Frau Kadivar und Banafsche erscheint mein Artikel über Prostitution in Iran in der »Frankfurter Allgemeinen Sonntagszeitung«. Bald darauf veröffentlicht die konservative Zeitung »Keyhan« eine kleine Notiz, in der es heißt, ich verbreite lügenhafte und falsche Berichte über die Islamische Republik. Ich erhalte einen Anruf aus dem Kulturministerium. Der Abteilungsleiter bittet mich zu einem Gespräch. Aus der Gerüchteküche erfahre ich, dass man mir die Arbeitserlaubnis entziehen will.

Als Roja das hört, ist sie sehr amüsiert. »Dann wirst du also im Erschad über Prostitution diskutieren«, sagt sie. Sie selbst hat wegen ihrer Arbeit für ausländische Journalisten häufig mit dem Erschad zu tun. Einmal habe auch sie sich mit dem Abteilungsleiter über Sex unterhalten. »Natürlich konnte er dieses Wort nicht in den Mund nehmen. Also hat er es ›die Sache‹ oder ›das Problem‹ genannt. Und ich natürlich auch. Wir waren darauf gekommen, weil ich im Gespräch das Wort ›Feministin‹ benutzt hatte. Plötzlich wurde er mutig und fragte, ob der Feminismus im Westen wirklich dazu geführt habe, dass jede Frau mit vielen Männern und oft ... Ich habe sehr viel Mühe darauf verwendet, ihm zu erklären, dass die Frauen im Westen Spaß an ›dem Problem‹ haben.«

Als ich das Zimmer des Abteilungsleiters betrete, begrüßt er mich so zuvorkommend wie immer. Er ist ganz Höflichkeit, wie es mir gehe, dem werten Gatten, er lässt Tee bringen. Eine halbe Stunde lang unterhalten wir uns über dies und das, über Amerika, den bevorstehenden Krieg, ob es für Journalisten möglich sein wird, in den Irak zu reisen. Er bittet mich, ihm künftig meine Artikel per Mail zukommen zu lassen. Ich bin erleichtert, weil ich daraus schließe, dass ich weiterhin arbeiten darf.

Als mein Gesprächspartner immer noch keine Anstalten macht, auf den Grund meiner Einbestellung zu sprechen zu kommen, helfe ich ihm schließlich, zum Thema zu kommen.

Die Zeitung »Keyhan« habe mich angegriffen, sage ich.

»Was ist denn Ihre Meinung dazu?«, fragt er.

»Es ist ja nicht das erste Mal, dass ›Keyhan‹ meine Berichterstattung kritisiert.«

»Aber der Artikel, den Sie über dieses Thema geschrieben haben, war sehr negativ. Man gewinnt da den Eindruck, dass in Iran alle Frauen, nun ja, alle Frauen auf der Straße arbeiten.«

»Dass dieses Phänomen in Iran zugenommen hat, wird doch auch in der iranischen Presse diskutiert.«

»Aber bei uns ist es viel weniger schlimm als im Westen. Ich war zum Beispiel vor einiger Zeit in Italien, und da habe ich gesehen, wie diese Frauen dort an der Straße stehen. Hier in Iran, was soll ich sagen, hier haben sie wenigstens einen Tschador an.«

Er sieht mich an: »Ihr Artikel hat großen Anstoß erregt, vor allem Ihre Gespräche mit diesen Frauen haben ein Tabu verletzt. Man glaubt, dass

Sie das Bild der Islamischen Republik beschmutzen wollten.« Er lächelt. »Sie wissen doch, dass wir nichts gegen Ihre Berichterstattung einzuwenden haben. Aber es wäre besser, wenn Ihre Berichterstattung ausgewogener wäre.« Herr Assefi, der Sprecher des Außenministeriums, fährt er fort, habe ihn angerufen. Er wolle nicht, dass ich weiterhin arbeite.

Es scheint also doch ernst zu sein. Aber wenn von vornherein klar war, dass ich nicht mehr arbeiten darf, warum die langen Belehrungen, warum die Mail-Adresse, an die ich meine Artikel schicken soll? Wieder einmal überfordert mich der »Hedschab der Zunge«. Ich verstehe nicht, ob ich nun weiterarbeiten darf oder nicht.

»Vielleicht wäre es gut, wenn Sie einmal mit Herrn Assefi sprechen«, schlägt der Abteilungsleiter vor.

Ich stimme ihm zu und vermeide die Frage, ob ich meine Pressekarte abgeben muss. Wenn er mir das Schreiben verbieten will, soll er sie selbst zurückverlangen. Und wenn er keine Klarheit herstellt, kann ich die Unklarheit zu meinen Gunsten auslegen. Er fragt nicht.

»Wenn Sie mit Herrn Assefi sprechen«, sagt er beim Abschied, »dann sagen Sie ihm, dass ich Ihnen gesagt habe, dass ich nicht will, dass Sie weiterhin arbeiten.«

In den kommenden Tagen rufe ich mehrfach im Büro von Assefi an, aber er ist nicht zu sprechen. Die beginnenden Neujahrsferien bieten die Möglichkeit, die Angelegenheit zu verschleppen. Aber kaum sind die Ferien zu Ende, bestellt man mich erneut ins Erschad. Ich möge meine Pressekarte zurückgeben. Das heißt: Arbeitsverbot.

Ein paar Tage später sitze ich wieder bei meinem Abteilungsleiter im Erschad. Das Gespräch ist ein äußerst freundlicher Austausch der bekannten Positionen, sogar ein wenig freundlicher als beim letzten Mal. »Wir wollen eine faire Berichterstattung, die die Wirklichkeit in Iran darstellt und der Verbesserung der Beziehungen zwischen Iran und Deutschland dient«, sagt er. Weil sowieso alles verloren scheint, frage ich diesmal direkt, ob ich weiterhin arbeiten dürfe. Überraschenderweise lautet die

Antwort: Ja. Die Gründe bleiben unklar. Vielleicht fürchten sie, dass es keinen guten Eindruck macht, einer Korrespondentin der F.A.Z. die Arbeitserlaubnis zu entziehen. Vielleicht wollen sie mich nur einschüchtern, oder vielleicht sind sie einfach zu höflich, ein Verbot auszusprechen.

Als der Termin mit dem Außenamtssprecher Assefi dann doch irgendwann zustande kommt, geht es schon gar nicht mehr um meine Pressekarte. Jedenfalls nicht direkt. »Der Westen versteht uns einfach nicht«, klagt Assefi, als wir bei einer Tasse Tee in seinem Zimmer sitzen. »Nehmen Sie zum Beispiel die Steinigung von Ehebrecherinnen: Die Europäische Union hat von uns verlangt, dass wir den Vollzug der Steinigungen während des Menschenrechtsdialogs, den wir miteinander führen, aussetzen. Wir haben dem als Geste des guten Willens zugestimmt. Die Europäische Union glaubt, dass ihre Forderung im Sinne der verurteilten Frauen ist. Aber ist sie das wirklich? Glauben Sie mir, in Wirklichkeit wäre die Abschaffung der Steinigung den Frauen gar nicht recht. Die Alternative zur Steinigung ist nämlich das Erhängen durch den Strang. Und wie Sie wissen, hat die Verurteilte bei der Steinigung eine Überlebenschance.«

Vor meinem inneren Auge sehe ich eine Frau mit einem weißen Sack über dem Kopf, die bis zur Brust in die Erde eingegraben ist und mit faustgroßen Steinen beworfen wird. Langsam beginnt der Sack, sich rot zu färben. Die Steine sind groß genug, um die Frau zu töten, je mehr davon den Kopf treffen, aber nicht groß genug, um sie sofort zu töten. Verzweifelt versucht die Frau, sich aus der Erde zu befreien. Wenn es ihr gelingt, gilt sie als unschuldig und wird freigelassen. Das ist sehr selten der Fall.

»Sie wollen sagen, dass die Frauen darum bitten, gesteinigt zu werden?«, frage ich.

»Nicht wahr«, entgegnet Assefi triumphierend, »das kann man sich im Westen nicht vorstellen! Das sollten Sie einmal in Ihren Artikeln erklären.«

Enthüllen und Verschweigen

Es wird keine Revolution
in der Revolution geben.

Jürgen Habermas
in Teheran

»Möge das neue Jahr ein Jahr ohne Gewalt werden, ein friedliches Jahr, in dem der Verstand über den Geist der Gewalt herrscht«, sagt der Redner. »So möge es sein. Gegrüßt sei der Prophet!«, antwortet die Menge. Mehr als tausend Menschen haben sich am Morgen von Norus, dem iranischen Neujahrsfest, auf dem Gelände des Sina-Krankenhauses in Teheran versammelt. Sie haben die Neujahrsfeier, die traditionell im Privaten, in den Familien und bei Verwandten begangen wird, auf die Straße verlegt, um eine Gedenkfeier abzuhalten für den Schwerverletzten, der oben im dritten Stock des Krankenhauses mit dem Tod ringt. In der Nacht hat er schweres Fieber gehabt. Die Sonne scheint aus strahlendblauem Himmel, die Bäume zeigen erstes Zartgrün, die Menschen haben Blumen mitgebracht. Alles spricht vom Neubeginn des Lebens. Es ist der 20. März des Jahres 2000.

»Alles Gute zum neuen Jahr, Said!«, steht auf einem Spruchband. Einige Tage zuvor ist der siebenundvierzig Jahre alte Said Hadscharian, einer der wichtigsten Köpfe der iranischen Reformbewegung, Opfer eines Mordanschlags geworden. Sein Zustand sei stabil und bessere sich langsam, sagen die Ärzte. Die Menge betet für ihn.

An Warnungen hatte es nicht gefehlt. Eine fundamentalistische Zeitung hatte Hadscharian gedroht: »Wir werden bis zum Tod gegen säkulare Ansichten kämpfen. Was Hadscharian getan hat, hat Hass gegen ihn hervorgerufen. Wer das Schwert des Hasses zieht, wird durch dieses Schwert fallen.« Nun steckt eine Kugel in Hadscharians Kopf.

Hadscharian hat ans Licht gezerrt, was im Dunkeln hätte bleiben sollen. Seine Zeitung »Sobh-e Emrus« (Der heutige Morgen) hat einen Enthüllungsjournalismus begründet, der den unerbittlichen Widerstand derer hervorruft, die lieber im Verborgenen bleiben. Hadscharians Zeitung fordert, dass die Morde an den Forouhars, Parastous Eltern, und an anderen Intellektuellen aufgeklärt werden. Aufgrund seiner eigenen Vergangenheit im Geheimdienst hat er Zugang zu Informationen. Bald werden die Täter, Geheimdienstleute, verhaftet. Aber die Reformer geben sich nicht zufrieden. Sie wollen, dass auch die Drahtzieher, die Auftraggeber der Morde öffentlich gemacht und zur Verantwortung gezogen werden. Sie sind überzeugt, dass sie viel weiter oben in der Politik zu suchen sind.

Auf den Mordanschlag gegen Hadscharian folgen die Verhaftungen von Reformjournalisten und das Verbot der Reformpresse. Der Versuch, Öffentlichkeit herzustellen und dadurch Reformen durchsetzen zu können, ist beendet. Präsident Chatami leistet keinen erkennbaren Widerstand. Er verhält sich abwartend und hüllt sich in Schweigen. Sein Schweigen verhindert, dass der Konflikt offen ausbricht. Die Reformer wollen nicht, dass die Auseinandersetzung offen ausgetragen wird.

»Im schiitischen Klerus gibt es eine lange Tradition der ›Kunst des Schweigens‹«, sagt ein Freund. Der Widerstand Ajatollah Schariatmadaris gegen das Schah-Regime etwa habe im Wesentlichen aus kunstvollem Schweigen bestanden. Einmal habe er auf die Frage, was er vom Schah fordere, nach langem Schweigen geantwortet: »Dass sich die Regierung an die Gesetze hält.«

Chatami akzeptiert die Niederlage, er kämpft nicht, er mobilisiert seine Anhänger nicht. Demonstrativ stellt er der Gewalt der Fundamentalisten seine Sanftmut entgegen. »Ich unterliege, aber ich bin der Vertreter des wahren Islam« – mit dieser Haltung greift Chatami den Opfermythos der Schiiten auf, der Minderheitsströmung des Islam. Es ist ein Rollenspiel, das in Iran jeder versteht: Die Fundamentalisten werden zu Feinden des wahren Islam.

Schweigen verlangt die Fähigkeit, warten zu können. Es braucht ein anderes Zeitverständnis. Der Präsident glaubt nicht an schnelle Lösungen. Er weiß, dass er seine Ziele in seiner Amtszeit nicht erreichen kann. Aber er denkt nicht in Wahlperioden. Er möchte in den Augen Gottes und der Geschichte das Richtige getan haben.

Aber nicht alle haben so viel Zeit. »Ich habe dieses Geschwätz so satt«, sagt Roja. »Immer sollen wir die kleinen Schritte anerkennen. Aber ich habe nur dieses eine Leben.« Und eine Reformjournalistin witzelt: »Unsere Reformpolitik besteht darin, dass wir auf eine bessere Zukunft in hundert Jahren warten.«

Die Iraner spüren, dass die Haltung des Präsidenten auch etwas Weibliches hat. Sie geben ihm den Spitznamen Fariba, einen weiblichen Vornamen, der von dem Verb *farib*, zu Deutsch: täuschen oder trügen, abgeleitet ist. Man verbindet damit eine verführerische, schmeichlerische und heuchlerische Frau. Wenn Chatami spricht, so bedeutet der Spitzname, versucht er, mit schönen Worten zu umgarnen, sagt aber nicht, was er denkt.

Wieder einmal zeigt sich, wie eng in der persischen Kultur Verführung und Täuschung zusammengedacht werden und dass mit der Täuschung kein moralisch negatives Urteil verbunden wird. Anderenfalls wäre es nicht ein durchaus beliebter Mädchenname.

Schweigen ist eine Form des Widerstands, es ist aber auch weniger gefährlich als Sprechen. Wer sich nicht zum Schweigen bringen lässt, landet im Gefängnis wie der Journalist Akbar Gandschi. Er wird verfolgt, obwohl er seine Enthüllungen in einen Geheimcode übersetzt und die involvierten Politiker nicht mit Namen benennt. In aufsehenerregenden Artikeln und Büchern legt er die Verbrechen und Verwicklungen des Machtsystems der Islamischen Republik offen, kennzeichnet aber die wichtigsten Akteure mit Chiffren wie »roter Kardinal« und »schwarzer Kardinal«. Trotzdem wird Gandschi zu sechs Jahren Gefängnis verurteilt. Aber er spricht weiter, sogar noch offener, radikaler. Er überschreitet die rote Linie, die in der Islamischen Republik die »Eigenen« von den »Nicht-Eigenen« trennt. Er wagt sich an das große Tabu der Islamischen Republik: Er stellt das Velajat-e Faghih, das religiöse Herrschaftsprinzip der Islamischen Republik, in Frage.

Mit dem Velajat-e Faghih werden in der iranischen Verfassung religiöse Herrschaft und Demokratie zusammengehalten. Denn in der Person des obersten religiösen Rechtsgelehrten oder religiösen Führers sollen – so verlangt es die Verfassung – religiöse Autorität und populäre Zustimmung in eins fallen. Die Macht des religiösen Führers ist zugleich von oben, von Gott, und von unten, vom Volk legitimiert. So war es unter Chomeini, für den diese Verfassung geschrieben wurde. »Religiöse Führerschaft«, so sagt ein Kleriker, »war damals nicht Exekutivgewalt, sondern Herrschaft über die Herzen.« Unter Chomeinis Nachfolger Chamenei wird die Probe aufs Exempel nicht mehr gemacht. Die Übereinstimmung seiner Führerschaft mit dem Volkswillen ist nur noch Postulat.

Die Auseinandersetzung der Reformer mit den Konservativen ist ein Streit um das Erbe der Revolution. Die Konservativen wollen die Revolution bewahren, indem sie Veränderungen verhindern. Die Reformer wollen die Revolution bewahren, indem sie sich auf die Ideale ihrer Revolution zurückbesinnen. Sie sind Reformatoren auf der Suche nach einem Zurück zur reinen Lehre.

Chomeini ist in diesem Erbschaftsstreit der Übervater, und jeder behauptet, sein Lieblingssohn gewesen zu sein. Er ist den Reformern ebenso unantastbar und heilig wie einst Lenin der sowjetischen Perestroika, mit der Gorbatschow die Sowjetunion reformieren und bewahren wollte.

Haben also Reformer und Konservative das gleiche Ziel, den Erhalt des islamischen Systems?

Die Frage lässt sich nie wirklich beantworten. Wenn sich aber eine Frage nicht beantworten lässt, so heißt das meistens, dass es der iranischen politischen Kultur nicht angemessen ist, sie zu stellen. Hier gibt es keine so scharfen Trennungen, keine so eindeutigen Zugehörigkeiten.

Reformer und Konservative sind durch die gemeinsame Revolution verbunden, viele von ihnen haben zusammen im Krieg gekämpft, und oft gibt es verwandtschaftliche Bande über die politischen Lager hinweg.

Wichtiger als die Frage, wer Reformer und wer Konservativer ist, ist die Frage, wer zum System gehört und wer die rote Linie überschritten hat. Wer das Velajat-e Faghih offen in Frage stellt, gehört nicht mehr zu den »Eigenen«. Er wird verfolgt, verhaftet, ins Ausland getrieben, zum Schweigen gebracht. Die Unterdrückung lässt manche den Ausweg der Täuschung wählen: Sie geben vor, auf dem Boden des Systems zu stehen, obwohl sie es eigentlich verändern möchten. Viele Reformer sind in dieser Hinsicht nicht klar zu verorten. Viele reden im Ausland anders als zu Hause, sagen gegenüber ausländischen Journalisten anderes als gegenüber einheimischen. Vielleicht stellen ausländische Journalisten auch andere Fragen. Sicher ist, dass die Reformer Konsequenz scheuen. Im Unklaren zu lassen hat praktische Vorteile, vor allem aber entspricht es einer Kultur, die scharfe Konfrontation zu vermeiden sucht, einer Kultur, die Flexibilität und Biegsamkeit schätzt und vor Zuspitzungen zurückschreckt. »Ich bin wie Wasser, das unter der Tür hindurchfließt«, hat die Nobelpreisträgerin Schirin Ebadi einmal gesagt.

Akbar Gandschi stellt das Velajat-e Faghih in Frage und wird verstoßen. Als er im Gefängnis einen Hungerstreik beginnt, erhält er von den anderen Reformern keine Unterstützung. »Er ist zu radikal«, sagen sie. »Auf diesem Weg kann man in Iran nichts erreichen.«

Überhaupt leisten die Reformer, wann immer einer von ihnen verhaftet wird, einander keine erkennbare Unterstützung. Es scheint keine gemeinsame Sache und keine Solidarität zu geben. Viele politische Journalisten, die anfangs die Reformbewegung anführen, lassen sich, als die Repressionen gegen die Presse beginnen, ohne großen Widerstand zum Schweigen bringen.

»Die Reformer sind Teil des Systems. Sie waren Exekutoren. Wie glaubwürdig können sie sein?«, fragt Kaveh Golestan bei einer Diskussion in unserem Haus. Kaveh ist ein bedächtiger, immer freundlicher Intellektueller, der für verschiedene westliche Medien als Fotograf arbeitet. – Im Frühjahr 2003 wird er im Nordirak ums Leben kommen, als er am Straßenrand auf eine Mine tritt. – »Die Iraner«, sagt Kaveh, »wollen wissen, wo die Reformer wirklich stehen. Sie wollen, dass sie zu ihrer Vergangenheit Stellung beziehen.« Dieselben Leute, die heute Gewalt verurteilen, waren nach der Revolution selbst an Morden beteiligt; diejenigen, die heute liberale Zeitungen herausgeben, waren früher verantwortlich für die Zensur. Hadscharian baute nach der Revolution den Geheimdienst auf und war in den achtziger Jahren stellvertretender Geheimdienstminister. Hamid-Resa Dschalajpur, einer der führenden Reformjournalisten, war an der brutalen Niederschlagung der Aufstände in Kurdistan beteiligt. Massumeh Ebtekar, die Vizepräsidentin, und Mohsen Mirdamadi, der Vorsitzende des Außenpolitischen Ausschusses im Reformparlament, führten die Besetzung der amerikanischen Botschaft an. Sogar Gandschi gehörte zum Sicherheitsdienst der Revolutionswächter.

Die Reformer sind Opfer der eigenen Saat der Gewalt, von der sie sich nicht distanzieren. Ihre Umkehr ist nicht glaubwürdig. »Die Reformer sind Opportunisten«, sagt Kaveh. »Chatami ist ein Heiliger, aber seine Bewegung ist zweifelhaft.«

»Ihre Revolution bleibt ihnen wichtiger als ihre Moral«, sagt ein anderer Intellektueller. »Es gibt zwei Wege, Fehler einzugestehen. Man kann sagen: Ich hatte unrecht. Oder man kann sagen: Jetzt ist etwas anderes richtig. Die Reformer haben den zweiten Weg gewählt.«

Der gute Reformer

Ich trage die schwarzen Gewänder zum Zeichen der Trauer um das verlorene Ideal, ein Ideal, das bei der Suche nach einer unreifen Hoffnung verlorengegangen ist.

Nizami, Die sieben Prinzessinnen

»Gibt es einen Reformpolitiker, den du für moralisch integer hältst?«, fragt mich Parastou, die Tochter des in den Serienmorden getöteten Ehepaars Forouhar. »Ich habe einmal einem von ihnen vertraut«, erzählt sie, »einem Parlamentarier der zweiten Reihe, einem kleinen Mann, der im Krieg einen Arm verloren hatte. ›Wir sind Verbündete‹, hat er gesagt, ›wir müssen zusammenarbeiten, wir haben dieselben Ziele.‹ Ich habe mich einlullen lassen. Da war der leere Ärmel seines Hemdes. Zu wissen, dass er acht Jahre lang für unser Land gekämpft hat, das hat mich irgendwie hilflos gemacht. Eine Weile habe ich wirklich gedacht, wir hätten dieselben Ziele. Ich habe ihm vertraut. Aber dann hat er mich enttäuscht. Immer wieder hat er versucht, mich zu überreden, dass ich den Mördern meiner Eltern vergeben und aufhören soll, die vollständige Aufklärung der Morde zu verlangen.«

Als Antwort auf Parastous Frage habe ich ihr von Resa erzählt, einem Parlamentsabgeordneten der Reformfraktion. Wir haben ihn und seine Frau Sahra kurz nach der Geburt unserer älteren Tochter bei einem Abendessen in Teheran kennengelernt. Sahra, die gerade einen Jungen zur Welt gebracht hat, bemüht sich sehr, mit mir ins Gespräch zu kommen und trotz ihres strengen, schwarzen Tschadors ist die Mutterschaft sofort ein verbindendes Thema. Resa lädt uns zu einem Besuch in seinen Wahlkreis ein, und ein halbes Jahr später, als wir unser zweites Kind erwarten, kommt die gemeinsame Reise zustande.

Als wir uns im Flugzeug treffen, stellt sich heraus, dass Resas Familie größer ist als erwartet. Naiv anzunehmen, er und Sahra hätten nur ein Kind, weil sie bisher nur eines erwähnt haben. Ali, der so alt ist wie die einjährige Clara, hat noch zwei ältere Geschwister. Wir haben uns auf ein gemeinsames Wochenende zweier Kleinfamilien eingestellt und drei Geschenke für Resa, Sahra und Ali eingepackt, dazu für Clara einen Buggy, den Hartschalenautositz und einen zusammenklappbaren Kindertischsitz, den man an der Tischkante befestigen kann. Im letzten Moment haben wir uns dagegen entschieden, auch noch das Reisebett mitzunehmen.

Das Flugzeug startet. Niemand kümmert sich darum, ob die Kinder angeschnallt sind. Ali turnt auf dem Schoß seines Vaters herum. Sahra, die in der Reihe vor mir sitzt, dreht sich zu mir um. »Mögest du nicht müde werden«, begrüßt sie mich mit dem iranischen Gruß, der so gut zu meinem Siebenmonatsbauch passt. »Wie geht es dir?«

»Mir geht es gut, danke«, antworte ich. »Wie geht es dir? Wie geht es Ali?«

Sie rückt den Tschador über dem Kopftuch zurecht und versucht, sich bequemer hinzusetzen. Ich beuge mich über den Bauch nach vorne, sodass wir uns durch den Spalt zwischen den Sitzen unterhalten können.

Es stellt sich heraus, dass wir sehr unterschiedliche Sorgen haben. Sahra ist beunruhigt, weil Ali zu klein für sein Alter ist. Sie stillt immer noch, so wie es der Koran vorschreibt. Zwei Jahre lang sollen Kinder nach Meinung des Propheten gestillt werden.

»Schläft Ali nachts durch?«, frage ich dagegen. Seit Claras Geburt sind wir davon besessen, einen regelmäßigen Schlafrhythmus zu etablieren.

»Durchschlafen?« Sahra versteht gar nicht, was ich meine. »Manchmal trinkt er, manchmal schläft er, ich weiß es nicht so genau.«

Vor dem Flughafen warten auf uns zwei Autos mit Fahrern. Resa und Sahra überlassen uns das größere und bequemere Auto, weil es nur dort auf dem Rücksitz Anschnallgurte gibt und wir Clara unbedingt in den Hartschalensitz setzen wollen. Ihre drei Kinder turnen während der langen Überlandfahrt auf dem Rücksitz herum. Resa und Sahra sind erstaunt über unsere Kinderausrüstung. »Was ist das?«, fragt Sahra, als wir den Kindertischsitz im Kofferraum verstauen.

Auch unseren Buggy hält Sahra für überflüssig. Ali wird abwechselnd vom Vater oder von der Mutter getragen. Als Clara das sieht, möchte sie auch nicht mehr in der Karre sitzen.

Auf dem Weg in Resas Wahlkreis besuchen wir zuerst eine archäologische Stätte. Während wir an den jahrtausendealten Felsreliefen vorbeischlendern, beginnen Resa und T. ein Gespräch über Politik. Sie gehen voraus, T. schmal und zierlich mit seiner Intellektuellenbrille, Resa, kaum größer, aber kräftig, und mit seinen vierzig Jahren noch immer jugendlich. Wie so viele seiner Generation hat Resa im Krieg bei den Revolutionswächtern, den Pasdaran, gekämpft. Nach dem Krieg verließ er die Revolutionswächter, um in die Politik zu gehen. Er schloss sich den Reformern an und wurde im Frühjahr 2000 ins Parlament gewählt. Im Wahlkampf ging er auf Distanz zu seiner Vergangenheit und übte öffentlich Kritik an der Einmischung der Pasdaran in die Politik. Man spürt, dass es ihm um sein Land geht, nicht um Karriere oder Geld. Er trägt das typische Outfit der Reformer: Stoffhose, ein Hemd mit Stehkragen, einen kurz gestutzten Bart.

Politik ist in der Ehe von Resa und Sahra nicht nur Männersache. Sahra, mit ihrer lauten Stimme und derselben sympathischen Direktheit wie Resa, ist in ihrem Urteil, zumal im politischen, oft noch klarer und schärfer als er. Sie drängt sich nicht ins Gespräch, aber wenn man sie fragt, hält sie mit ihren Ansichten nicht hinterm Berg.

»Arbeitest du?«, frage ich Sahra.

»Ich arbeite für Resa«, sagt sie. »Ich lese die Zeitungen und stelle für ihn eine Presseschau zusammen. Er sagt, niemand kann das so gut wie ich.«

»Und was bist du von Beruf?«

»Hebamme, früher habe ich in einem Krankenhaus gearbeitet, aber im Moment ist das mit den drei Kindern nicht möglich.«

»Würdest du gerne wieder in deinem Beruf arbeiten?«

»Ja, so Gott will, eines Tages schon. Gott beschütze Ali, aber eigentlich wollten wir gar kein drittes Kind. Unsere Wohnung ist zu klein, ich habe so viel zu tun, und Resa hat überhaupt keine Zeit für die Familie.«

Zum Mittagessen halten wir im Neubaugebiet einer Provinzstadt, wo ein Bekannter von Resa wohnt. Das Leben in der Wohnung spielt sich auf Teppichen am Boden ab, an den Wänden stehen als Rückenlehnen große, feste Kissen. Zum Essen wird das Tischtuch, die Sofreh, auf dem Fußboden ausgebreitet. Langsam verstehen wir, warum Sahra unseren Kindertischsitz mit solchem Unverständnis beäugt hat. Wir werden auf dieser Reise kein einziges Mal an einem Tisch essen.

Das Leben am Boden ist nicht eben bequem für eine Schwangere, aber paradiesisch für Clara. Endlich sind einmal alle auf ihrer Ebene. Die Kinder tollen mit ihr herum, sie stürzen sich auf ihr mitgebrachtes Spielzeug. Sie selbst haben überhaupt keines dabei. Es gibt keine Kinderausrüstung und keine Kinderwelt getrennt von jener der Erwachsenen. Die Kinder sind immer dabei, sie essen und schlafen irgendwann, irgendwo. Wenn sie müde sind, rollen sie sich in einer Ecke zusammen.

Nach dem Essen ziehen wir Frauen uns in einen Nebenraum zurück. Ich lege mich etwas hin, Sahra stillt Ali, der daraufhin einschläft. Die Frau des Gastgebers setzt sich zu uns und nimmt das Kopftuch ab. »Du kannst das auch abmachen«, sagt sie zu mir. Welche Erleichterung. Sahra lockert ihr Kopftuch, behält es aber auf. Die Männer sind zu nahe, einer von ihnen könnte ohne Vorwarnung den Raum betreten. Die größeren Kinder toben herum, kommen immer wieder hereingelaufen, Clara krabbelt hinterdrein. Sahra passt auf, dass die Tür immer wieder geschlossen wird.

Wenn sich einer der Männer dem Zimmer nähert, setzt er die Füße laut auf und räuspert sich vernehmlich, um uns zu warnen, damit wir die Kopftücher aufsetzen. Nur T., der dieses Verhalten noch nicht verinnerlicht hat, betritt einmal ohne Vorwarnung das Zimmer.

Die Gastgeberin ist ohne Kopftuch mit ihrem feschen Kurzhaarschnitt eine ganz andere Person. Sie ist Ende dreißig und arbeitet als Sportlehrerin. Ihr kleiner Sohn setzt sich zu uns. Sie schaut erst ihn an, dann meinen Bauch.

»Mögest du nicht müde werden«, sagt sie. »Wie geht es dir?«

»Danke, gut«, sage ich. »Es ist natürlich anstrengend.«

»Ich bin auch bald nach seiner Geburt wieder schwanger geworden«, sagt sie, »aber ich habe das Kind wegmachen lassen.«

»Was?«, frage ich, weil ich die persische Redewendung nicht verstanden habe.

»Abortion«, sagt Sahra.

»Ist das nicht verboten?«, frage ich.

»Bei schwerer gesundheitlicher Gefährdung der Mutter ist es legal«, sagt die Gastgeberin, »aber ich habe keinen Arzt gefunden, der mir das bestätigen wollte. Also ging ich zu dieser Frau.«

»Welcher Frau?«

»Einer sehr bösen Frau. Jeder kennt sie, jeder weiß, dass sie das macht. Es kostet sechzigtausend Tuman (etwa sechzig Euro). Sie hat ein langes Gerät, mit dem sie die Nabelschnur durchtrennt. Ohne Narkose, es tat grauenhaft weh.«

Als wir nichts sagen, fährt sie fort: »Sie ist wirklich eine ganz schlimme Frau. Nach zwei Tagen kam dann das Kind raus. Ich habe es die Toilette heruntergespült.«

Sie schweigt eine Weile. Auch Sahra sagt nichts.

»Wie lange warst du schon schwanger?«, frage ich.

»Es war gegen Ende des dritten Monats. Das Baby war winzig, aber es war schon alles dran, die Arme, die Beine, ein großer Kopf mit geschlossenen, verklebten Augen. Es war wieder ein Junge.«

»Was du gemacht hast, ist sehr gefährlich«, sagt Sahra. »Du hättest einen antiseptischen Schock bekommen können oder eine Infektion. Oder das Kind hätte überlebt und wäre behindert gewesen.«

»Ja, ich hatte schreckliche Angst vor einer Infektion. Hinterher habe ich einen Aids-Test gemacht, aber er war, Gott sei Dank, negativ.«

»Als ich im Krankenhaus gearbeitet habe, kamen viele Frauen zu mir und wollten, dass ich eine Abtreibung vornehme. Aber ich habe das nie gemacht. Selbst wenn die Frauen schon fünf oder sechs Kinder hatten, habe ich ihnen noch nicht einmal die Adressen meiner Kolleginnen gegeben, von denen ich wusste, dass sie Abtreibungen machen. Ich habe immer gesagt: »Vorher kann ich euch helfen. Aber wenn es passiert ist, nicht mehr.« Ich selbst habe mich nach Alis Geburt sterilisieren lassen.«

»Ich habe etwas ganz Schlimmes getan«, sagt die Gastgeberin, aber es klingt nicht so, als würde sie es bereuen. Im Gegenteil scheint sie erleichtert und zufrieden. »Ich wollte nicht noch ein Kind. Die erste Schwangerschaft war so anstrengend, die Übelkeit, die Schwere. Ich wollte auch endlich wieder arbeiten.«

»Was hat denn dein Mann dazu gesagt?«, frage ich.

»Dem war es egal.«

In Resas Wahlkreis kommen wir in einer Villa am Stadtrand unter, die mitten in einem großen Garten mit Obst- und Walnussbäumen liegt. Wir setzen uns auf eine schattige Terrasse in der Nähe eines großen Wasserbeckens. Man bringt uns Tee, Walnüsse, Früchte und frisch aufgeschnittene Melonen. Frauen und Kinder sitzen auf Teppichen, einige von ihnen lehnen sich an die Wand eines Küchenhauses, wo gerade Suppe gekocht wird. Die Kinder tollen auf dem Rand des Wasserbeckens herum. Es ist überhaupt nicht gesichert und mehr als einen Meter tief. T. passt sehr auf Clara auf. Er ist nervös und wundert sich, dass niemand auf die Kinder achtet, obwohl sicher keines von ihnen schwimmen kann. »Ist das nicht gefährlich?«, fragt er. »Doch, es ist gefährlich«, sagen die Frauen und wenden sich wieder ihren Gesprächen zu.

Resa stellt uns den Hausherrn als Freund und politischen Weggefährten vor, einen älteren Herrn, glattrasiert, der etwas Englisch spricht. Resa hat uns nicht in seinem Elternhaus untergebracht, sondern – wie wir mit der Zeit verstehen – bei den örtlichen säkularen Intellektuellen.

Als es kühler wird, begleitet uns der Bruder des Gastgebers zu einem Spaziergang durch den Walnusshain.

»Resa ist ein großartiger Parlamentsabgeordneter«, sagt er. »Wir sind sehr froh, dass er unseren Wahlkreis repräsentiert. Er ist sehr beliebt hier, weil er sich wirklich für die Region einsetzt.«

»Was haben denn die Leute hier für Probleme?«, frage ich.

»Das Problem der Leute ist die politische Führung«, antwortet er.

Ich bin erstaunt: »Aber Sie sind doch so begeistert von Resa. Gehört er etwa nicht zur politischen Führung?«

Er beachtet meinen Einwand nicht.

»Unter der vorherigen Regierung war alles besser«, sagt er.

»Welcher vorherigen Regierung? Unter Rafsandschani?«, frage ich erstaunt.

Er lacht. »Nein, unter dem Schah, meine ich.«

»Und warum haben Sie dann die Revolution gemacht?«

»Wir?«, fragt er entgeistert. »Wir haben die Revolution doch nicht gemacht!«

»Ich dachte, Sie seien ein politischer Weggefährte von Resa?«

Er zieht es vor, die Frage nicht zu beantworten.

Später sind wir bei Resas Wahlkampfleiter eingeladen. Er ist Betreiber des örtlichen Kinos und beklagt sich offen über die Zensur. »Mit den Filmen, die von der Zensur zugelassen werden, kann man kein Kino betreiben. Wie will man heutzutage ohne amerikanische Filme auskommen?« Er kritisiert ohne Scheu die Revolution und die Islamische Republik und gibt zwischen den Zeilen zu erkennen, dass er noch viel weitreichendere Reformen für notwendig hält als Resa. Wie unsere Gastgeber ist auch Resas Wahlkampfleiter ein Gegner der Islamischen Republik. Resa, der ehemalige Pasdar und religiöse Reformer, hat sich mit den Säkularisten in seinem Wahlkreis verbündet. »Ich hätte nie geglaubt, dass ich einmal mit einem ehemaligen Revolutionswächter zusammenarbeiten würde«, sagt Resas Bürochef. »Ich hätte nicht einmal geglaubt, dass ich jemals mit einem reden würde.« Nach der Revolution hat er sich zwanzig Jahre lang aus der Politik zurückgezogen. »Ich habe jahrelang eigentlich nur Setar gespielt«, sagt er. Das Instrument, eine Art Laute, hängt an der Wand in der Wohnung.

Seine Frau trägt ein durchsichtiges Kopftuch, es ist klar, dass sie nur aus Rücksicht auf Resa und Sahra überhaupt eines aufgesetzt hat. Immer wieder lässt sie es herunterfallen, um es dann umständlich wieder zu richten. Sahra, gehüllt in ihre drei schwarzen Lagen, entgeht die Provokation nicht.

»Unsere Reformen brauchen Zeit, und sie müssen im Rahmen der Verfassung durchgeführt werden«, sagt Resa, als wir etwas später wieder auf den Teppichen am Wasserbecken sitzen und Tee trinken. Er rechnet sich selbst den gemäßigten Reformern zu. Die Gesellschaft sei nicht reif für radikalere Reformen. Man dürfe die Verfassung nicht in Frage stellen. »Wir haben schon einiges erreicht, eine wichtige öffentliche Debatte, ein größeres Verständnis für Demokratie und Rechtstaatlichkeit.«

Gegen neun Uhr abends wollen wir Clara ins Bett legen. Seit einiger Zeit warten wir darauf, dass uns jemand unser Zimmer zeigt, aber die Gastgeber machen keine Anstalten. Schließlich fragen wir. »Legt sie irgendwo hin«, lautet die Antwort.

»Und in welchem Zimmer sollen wir schlafen?«

»Nehmt euch irgendein Zimmer, welches ihr wollt.«

Von dem großen, nur mit Teppichen ausgelegten Wohnraum gehen mehrere Zimmer ab, die nur mit Milchglastüren abgetrennt sind. Wir legen Clara in eines der Zimmer auf eine Matratze, aber die Unruhe im Nebenraum, wo sich zwei Dutzend Leute zum Abendessen versammeln, das Kommen und Gehen, das Licht durch die Milchglasfenster lassen sie nur schwer einschlafen. Für uns westliche Individualisten ist es anstrengend, ständig so nah mit so vielen Leuten zusammen zu sein. Anstelle des Wochenendes zweier Kleinfamilien verbringen wir die Tage in großen Gesellschaften, keine Mahlzeit unter fünfzehn bis zwanzig Personen.

Unsere Freunde scheinen gar keine Privatsphäre zu brauchen. Hier gibt es für den Einzelnen keinen privaten Raum, und offenbar auch nicht das Bedürfnis nach Alleinsein. Wir dagegen vermissen Abgrenzung. Ich würde mich gerne einmal wirklich zurückziehen, auch, um das Kopftuch für einen Moment abzunehmen. Das ganze Wochenende drinnen wie draußen im Kopftuch und in langem Gewand ist anstrengend. Die Verhüllung steht in seltsamem Widerspruch zu der ständigen Nähe und fehlenden Diskretion. Wir sind es gewohnt, über tatsächliche Rückzugsräume Distanz herzustellen, aber hier wird der Bereich des anderen durch Kleidung und Verhalten markiert, durch den Hedschab, durch Höflichkeit und Zurückhaltung.

Unsere Nacht ist kurz und unruhig. Resa, Sahra und die Kinder, die es gewohnt sind, irgendwann irgendwie zu schlafen, scheinen dagegen bestens erholt. Als wir aufstehen, haben sie schon gebetet. Sie halten sich streng an die fünf täglichen Gebete.

Zum Frühstück gibt es frisches Brot, Obst, Honig und Walnüsse. Resa sitzt barfuß vor der Sofreh, den Rücken gegen Kissen gelehnt. Er reißt sich vom Brot ab, tunkt es in Honig, legt eine Walnuss darauf und beißt hinein. Ali spielt daneben mit seinem Mobiltelefon.

»Warum hast du uns nicht zu deiner Familie, in dein Elternhaus gebracht?«, frage ich Resa

»Ich bin in einem Dorf hier in der Nähe geboren, es hat höchstens dreihundert Einwohner. Mein Vater war ein einfacher Bauer.«

Er beginnt, einen Apfel zu zerteilen.

»Ich habe fünf Brüder und zwei Schwestern. In unserem Dorf gab es eine Grundschule. Danach bin ich auf die höhere Schule in der Kreisstadt gegangen.«

»Hast du die Revolution unterstützt?«

»Ja, schon, aber ich war nicht sehr aktiv. Wir waren alle unter dem Einfluss der revolutionären Atmosphäre, dem Einfluss Chomeinis.«

»Ich möchte gerne mit dir über den Krieg reden«, sage ich.

»Warum?«, fragt Resa.

»Die meisten meiner iranischen Freunde in Nordteheran, waren nicht im Krieg. Du bist einer der wenigen, mit denen ich offen sprechen kann.«

Resa sagt nichts. Ich bin bereit, aufdringlich zu sein.

»Wurdest du in den Krieg eingezogen?«, frage ich.

»Nein, ich habe mich 1981 freiwillig an die Front gemeldet, obwohl ich gerade einen Studienplatz bekommen hatte. Ich war vom ersten Tag an Basitsch.«

»Warum?«

»Weil der Irak uns angegriffen hat. Und es gab religiöse Gründe.«

»Was hast du gemacht im Krieg?«

»Ich war bei der Infanterie, anfangs als einfacher Soldat, dann als Kommandeur einer Einheit von hundert Leuten, dann Kommandeur einer Einheit von vierhundert Leuten, schließlich befehligte ich tausend bis tausendfünfhundert Soldaten. Dann war ich zuständig für Logistik.«

»Warst du die ganze Zeit an der Front?«

»Ja.«

Sahra ist zu uns gekommen. »Warum willst du das wissen?«, fragt sie. Ich versuche, es ihr zu erklären.

»Kanntet ihr euch damals schon?«, frage ich.

»Nein.«

Ich weiß nicht, wie ich Resa zum Sprechen bringen, die sachliche Distanz durchbrechen kann, die er zwischen sich und seine Erinnerungen gebracht hat.

»Hattest du Angst?«, frage ich.

»Wenn wir in eine Schlacht gingen, wurden von dreihundert Leuten im Durchschnitt ein Drittel verletzt und zwanzig getötet«, antwortet er.

»Woher kam eure Motivation? Ihr wart doch schlecht ausgerüstet und den Irakern militärisch unterlegen.«

»Wir lebten im August in Südiran bei fünfzig Grad im Schatten in Zelten. Das Wasser in den Tanks war so heiß, dass wir uns damit nicht mehr waschen konnten. Zu essen gab es oft nur trockenes Brot. Für die Schlacht ›Kerbela 4‹ sind wir im Winter durch einen eiskalten Fluss geschwommen. Wenn wir nicht geglaubt hätten, dass wir für eine heilige Sache kämpfen, hätten wir höchstens ein paar Monate durchgehalten. Wir waren überzeugt, dass Gott will, dass wir kämpfen.«

»Habt ihr niemals über die politischen Hintergründe des Krieges nachgedacht? Nach der Rückeroberung von Chorramschahr 1983 war ja das ganze iranische Territorium von den Irakern befreit. Dachtet ihr nicht, dass der Krieg jetzt eigentlich zu Ende sein müsste?«

»Nein, daran haben wir nicht gedacht.«

»Habt ihr nicht darüber diskutiert?«

»Nein.«

»Wolltet ihr nicht, dass der Krieg zu Ende geht?«

»Wir haben für eine wirkliche Niederlage Saddams gekämpft. Als wir die Nachricht vom Waffenstillstand hörten, waren wir sehr unglücklich. Viele von uns haben geweint. Es war wohl so, dass wir uns an den Krieg gewöhnt hatten, er war unser Leben geworden. Vielleicht kann man sogar sagen, dass wir den Krieg genossen haben, dass er eine Süße hatte.«

»Was war mit den Kindersoldaten, den fünfzehn- oder sechzehnjährigen Jungen, die mit euch gekämpft haben. Erschien euch das gerechtfertigt, weil es für eine heilige Sache war?«

»Bei uns gab es keine Kindersoldaten. Wir haben niemandem, der unter siebzehn oder achtzehn war, ein Gewehr gegeben, wir haben sie nicht an die Front gelassen. Wenn sie sich absolut nicht zurückschicken ließen, haben wir sie höchstens in der Etappe eingesetzt.«

»Aber was ist mit den Jungen im Märtyrermuseum, die dort als Helden verehrt werden, ihre Fotos, das sind doch alles Kindergesichter!«

»Die Eltern haben dem Museum oft alte Fotos, meistens vom Schulabgang, zur Verfügung gestellt. Als sie dann an die Front kamen, waren sie tatsächlich schon viel älter.«

»Und was ist mit Hussein Fahmide, der zum Nationalhelden wurde, weil er sich mit dreizehn Jahren mit einem Gürtel aus Handgranaten vor einen Panzer geworfen hat?«

»Das war eine Ausnahme.«

Resa spricht nur aus Höflichkeit mit mir über den Krieg. Er hat ihn nicht völlig verdrängt, aber er erinnert sich auch nicht mehr an ihn. Die Geschichte des Krieges ist wie ein vollendetes Gemälde, an dem nichts mehr verändert werden kann. Eine Revision ist nicht möglich. Was aus heutiger Sicht nicht akzeptabel erscheint, hat es nicht gegeben. Das Gemälde hängt an der Wand, aber Resa schaut es nie an.

»Was bedeutet dieses Jahrzehnt deines Lebens für dich?«, frage ich. »Denkst du daran, erinnerst du dich, hast du Alpträume?«

»Nein, ich habe keine Alpträume«, sagt Resa.

»Doch, hat er«, sagt Sahra.

Nach dem Krieg besucht Resa die Militärhochschule der Revolutionswächter in Teheran. Er lernt Sahra kennen, die gerade ihre Ausbildung zur Hebamme macht, sie heiraten. Nebenbei studiert er an der freien Universität politische Wissenschaften. 1995 verlässt er die Revolutionswächter, obwohl er dort einen guten Posten hat. »Wir hatten nichts mehr zu tun«, sagt er. Er findet eine Anstellung, aber sein eigentliches Ziel ist die Politik. Seine erste Kandidatur für die Madschlis scheitert, er verliert sehr knapp gegen den langjährigen konservativen Amtsinhaber. »Da ist nicht alles mit rechten Dingen zugegangen«, sagt Sahra.

Als sich nach der Wahl Chatamis zum Präsidenten das politische Klima ändert, wird Resa im Frühjahr 2000 gewählt. Im Wahlkampf greift er die Revolutionswächter an. »Ich bin dagegen, dass sich die Pasdaran in die Politik und in wirtschaftliche Angelegenheiten einmischen«, sagt er heute.

»Sie sollten Abstand zur Regierung halten und sich generell aus nichtmilitärischen Angelegenheiten heraushalten. Aber ich bin nicht gegen die Revolutionswächter. Sie waren von Beginn der Revolution an sehr nützlich, sowohl in der Verteidigung als auch im allgemeinen Dienst. Sie bauten Brücken, Staudämme, Autobahnen. Wenn die Pasdaran nicht gewesen wären, hätte Iran den Krieg verloren. In der öffentlichen Meinung waren es die Revolutionswächter, nicht die Armee, die gekämpft hat.«

»Wer kontrolliert die Pasdaran?«, frage ich.

»Sie unterstehen dem religiösen Führer.«

»Aber immer wieder hat man den Eindruck, dass bestimmte Kräfte auf eigene Faust handeln.«

»Nein«, sagt Resa, »das ist undenkbar.«

»Zum Beispiel haben die Pasdaran Al-Qaida-Mitgliedern geholfen, nach Iran oder über Iran ins Ausland zu fliehen.«

»Ja, die Pasdaran sind darin verwickelt.«

»Aber das heißt doch, dass das Ganze zumindest mit Billigung des religiösen Führers geschieht. Also haben die Amerikaner doch recht, wenn sie Iran beschuldigen, Al Qaida Unterschlupf zu gewähren.«

»Nein, das stimmt nicht.« Resa seufzt. Harte westliche Logik prallt wieder einmal auf weiche iranische Realität. Ich fürchte schon, dass er nichts mehr sagen wird. Aber er setzt noch einmal an.

»Die Pasdaran haben ihre eigenen Vorstellungen davon, was es heißt, die Revolution zu bewahren«, sagt er. Die Ausführung von Befehlen werde da oft Interpretationssache. »Wenn der religiöse Führer von der Notwendigkeit spricht, die Revolution zu schützen, setzen sie das auf ihre Weise um.«

In den darauffolgenden Jahren sehen wir Resa und seine Familie immer wieder. Einmal besuchen wir sie zu Hause in Teheran in ihrer einfachen Dreizimmerwohnung unweit eines der großen Highways. Wenn schwere LKWs vorbeifahren, wackelt das Haus. Sahra gibt ihren Beruf auf, weil sie wegen der drei Kinder keinen Schichtdienst im Krankenhaus machen kann und in einer Privatpraxis keine Anstellung findet. Sie will, dass Resa die politische Arbeit aufgibt und sich mehr um die Familie kümmert. Gegen Ende der Legislaturperiode wird Resa zusehends niedergeschlagen und müde. Er versteht, dass die Reformen weit hinter seinen Erwartungen zurückbleiben, spricht das aber nie offen aus. »Ich bin müde«, sagte er einmal. »Ich habe acht Jahre im Krieg gekämpft und jetzt noch einmal so viele Jahre in der Politik. Es kostet so viel Kraft.«

Er will trotzdem noch einmal kandidieren, aber der Wächterrat kommt Sahra zur Hilfe: Resa wird, obwohl er für die vorangegangenen Wahlen zugelassen worden war, vom Wächterrat disqualifiziert, weil seine Ansichten angeblich nicht verfassungskonform sind. Obwohl selbst disqualifiziert, geht er zur Wahl und stimmt für die wenigen verbliebenen Reformkandidaten. Die Wahl zu boykottieren und damit Protest gegen ein System zu manifestieren, dass Politiker wie ihn von den Wahlen ausschließt, erscheint ihm sinnlos. Er bleibt sich treu, er ist regimetreuer, als das Regime glaubt.

Später gibt er mit anderen Reformern eine Zeitung heraus. Sie erscheint zweimal im Monat und wird nur unter Mitgliedern und Sympathisanten seiner Partei vertrieben, weil sie keine offizielle Genehmigung zur Publikation erhalten. Er beginnt wieder, bei der Bank zu arbeiten.

Bei ihrem letzten Besuch vor unserer Abreise bleiben Resa und Sahra lange. Bis zum späten Abend sitzen wir auf der Terrasse und unterhalten uns. Kurz vor Mitternacht bitten die beiden darum, ins Nebenzimmer gehen zu dürfen. Sie haben ihr Gebet noch nicht verrichtet. T. holt seinen Kompass, um die Ausrichtung nach Mekka zu bestimmen. Dann lassen wir die beiden allein.

»Das war ein großer Freundschaftsbeweis«, sagt Parastou. »Wenn religiöse Muslime im Haus eines Ungläubigen beten, heißt das, dass sie euch wirklich als Freunde ansehen.«

Spiel und Revolte

Als ich in Schahrake-Gharb ankomme, ist gerade Halbzeit. Aus den weit geöffneten Fenstern der Hochhäuser dröhnt laute Musik, die neuesten iranischen Pop-Schnulzen aus Los Angeles. Männer und Frauen tanzen auf den Balkonen der Appartements. Iran führt eins zu null. Ich stelle das Auto sicherheitshalber in die Tiefgarage. Auf dem Platz ist es noch ruhig. Aber die Polizei hat schon damit begonnen, die Zufahrtsstraßen mit Betonquadern abzusperren.

Schahrake-Gharb ist eine Hochhaussiedlung im Westen Teherans, ein städteplanerisches Prestigeobjekt der späten Schah-Zeit, das nie ganz fertiggestellt wurde. Es war die Zeit, als Teheran in die Höhe wuchs. Die durch den Ölboom entstandene Mittelschicht, darunter viele Staatsbedienstete und Angestellte von Staatsunternehmen, zogen hinaus aus den engen traditionellen Stadtvierteln. Aus Nachbarschaften, wo jeder jeden kennt, aber zumindest die Frauen weitgehend unsichtbar bleiben, zogen sie in die gläsernen Hochhauswohnungen, wo man einander ins Wohnzimmer gucken kann, ohne sich zu kennen.

Vor drei Tagen, beim letzten Qualifikationsspiel für die Fußballweltmeisterschaft, soll es hier auf dem Platz zu massiven Ausschreitungen gekommen sein. Seit der WM von 1998 bedeuten Länderspiele für die Teheraner Jugend eine Gelegenheit, sich zu amüsieren und Radau zu machen. Die bald ausgelassenen, bald aggressiven Krawalle sind weniger eine Form politischen Protests als ein Dampfablassen, ein Frustauslassen, ein pubertärer Regelverstoß. Man streckt dem Regime die Zunge heraus, legt den Verkehr der Hauptstadt lahm, amüsiert sich und geht dann wieder nach Hause.

Wie in Deutschland am Freitagabend vor dem Besuch der Disco, sitzen die jungen Perserinnen an den Fußballabenden zu Hause vor den Spiegeln und machen sich schön. In der Halbzeitpause werden noch einmal die Augenbrauen nachgezogen und die Lippenlinie korrigiert, damit man sich gleich nach dem Schlusspfiff ins Getümmel stürzen kann. Und jedes Mal geht es etwas wilder zu. Im Norden Teherans, wo das religiöse Regime die wenigsten Anhänger hat, strömen nach den Spielen die Jugendlichen auf die Straßen. Zu lauter Musik aus Autoradios wird gefeiert und getanzt. Junge Frauen nehmen ihre Kopftücher vom Kopf und ihre Lover an die Hand.

Die drei sechsundzwanzigstöckigen Türme von Schahrake-Gharb sind nach persischen Dichtern benannt: Chajam, Rumi und Hafez. Die alte Dame wohnt in »Chajam«. Die Eingangshalle im Erdgeschoss des Hochhauses empfängt wie die Lobby eines guten Hotels: durch große gläserne Schwingtüren tritt man in gedämpftes Licht, Boden und Wände sind mit Granit ausgekleidet, eine Polstergruppe umgeben von Zimmerpalmen lädt zum Verweilen ein.

Der kleine Herr, der hinter der imposanten Holztheke sitzt und die Haustelefone verwaltet, ist ein Held. Als vor zwei Tagen die Polizei in das Gebäude stürmte, um die Wohnungen nach Satellitenschüsseln zu durchsuchen, stellte er sich ihr entgegen und verlangte eine Durchsuchungserlaubnis. Es gelang ihm, die Polizei so lange aufzuhalten, bis die Bewohner ihre Satellitenschüsseln versteckt hatten. Dafür ließ er sich zusammenschlagen und als »Aristokrat« beschimpfen.

Aus dem holzgetäfelten Lift tritt eine iranische Kleinfamilie in Ausgehmontur: der Mann mit Krawatte, der kleine Junge in Jeansjacke. Die aufwendig geschminkte Frau trägt ihr Kopftuch noch in der Hand, erst wenn das Auto die Tiefgarage verlässt, wird sie es aufsetzen.

Am Spiegel im Lift hängt ein Mitteilungsblatt der Hausverwaltung: »Erklärung. Weil Chajam das nächste Gebäude zum Platz ist, kam es am Montag, als sich eine Gruppe junger Leute auf dem Platz versammelt hatte, zu Zwischenfällen mit den Sicherheitskräften. Auch soll eine Gruppe von Einwohnern dieses Hauses Feuerwerkskörper in die feiernde Menge auf dem Platz geworfen haben. Dadurch wurde die Sondereinsatzpolizei provoziert, drang in das Haus ein und durchsuchte bis zwei Uhr morgens die Wohnungen.

Um eine Wiederholung dieser Vorgänge zu verhindern, bitten wir die Bewohner, vor allem die Jugendlichen:

1. Nicht an Versammlungen im Zusammenhang mit Fußballspielen teilzunehmen.

2. In den Fußballnächten frühzeitig nach Hause zu kommen und sich auszuruhen.

3. Keine Feuerwerkskörper und andere Gegenstände vom Balkon auf die Straße zu werfen.

4. Das Tuten großer Hörner oder die Produktion von abnormem Lärm zu vermeiden.

5. Wir bitten Eltern, ihre Kinder zu beaufsichtigen.

Vielen Dank! Die Hausverwaltung.«

Als ich im achtzehnten Stock aus dem Lift steige, springt mir das Hündchen entgegen. Die alte Dame spricht ein wenig Französisch, sie hat sechzehn Jahre in Paris gelebt. Dort hat sie ihr Leben vertan, wie ich erfahre, noch bevor wir uns gesetzt haben.

Sie bringt auf einem Silbertablett kristallene Weingläser mit Kirschsaft.

»Setzen Sie sich, setzen Sie sich«, sagt sie zu mir, und zum Hündchen: »Sitz.«

Der Balkon weist direkt zum Platz hin. Es gibt wenig Verkehr. Zwei Busse halten an der Haltestelle vor dem Haus. »Die sind für die Verhafteten«, sagt die alte Dame. Aber die Bustüren öffnen sich. Männer und Frauen mit Aktentaschen und Einkaufstüten steigen aus, andere steigen ein. Die Busse fahren wieder ab.

Auf den Balkonen ist Ruhe eingekehrt, die zweite Halbzeit hat begonnen.

Die alte Dame rückt mit missbilligendem Gesichtsausdruck ihre Haare zurecht. Sie war heute beim Friseur, aber die Blondierung bekommt ihren Haaren nicht. Sie steht auf, geht hinaus und kommt mit einer Schale Obst zurück. Sie schält mit raschen, groben Bewegungen eine Gurke, schneidet ein paar Stücke auf meinen Teller und gibt das Endstück dem Hündchen.

»Essen Sie, essen Sie«, sagt sie zu mir, und zum Hündchen: »Iss.«

Sie hat die Wohnung vor fünf Jahren gekauft, als sie aus Paris zurückkehrte. Vor der Revolution wohnte die Familie besser, damals gehörte ihnen eine große Villa im feinen Norden Teherans. »Aber dann haben wir das ganze Geld in Paris durchgebracht.« Die Tochter lebt in Texas und kommt nie zu Besuch, und über den Sohn, der mit seiner Familie in Nordteheran wohnt, spricht sie auch nicht gern.

Sie bringt Tee in kleinen Gläsern und süßes Gebäck. Zwei Stückchen auf meinen Teller, eines für das Hündchen. »Essen Sie, essen Sie. Iss.«

Nach dem letzten Spiel haben sie auf dem Platz bis drei Uhr früh randaliert. Sie haben die Straßenlaternen eingeworfen und die Ampeln demoliert. Die alte Dame konnte alles genau sehen. Die Polizei habe Tränengas eingesetzt und mit Schlagstöcken auf die Jugendlichen eingeprügelt. Die Nachbarn mussten ihren Sohn im Krankenhaus abholen. Was sie genau gerufen haben, daran kann sie sich nicht mehr erinnern. Aber es war auch politisch. Diese jungen Leute haben die Nase voll. Und das Exilfernsehen aus Los Angeles ruft sie zum Randalieren auf.

Sie bringt Pistazien und geröstete Sonnenblumenkerne. Aus Hunderten geöffneter Balkontüren dringt ein lautes Stöhnen. Das hätte das Zwei-zu-null sein können.

Die alte Dame hält nicht viel vom Exilfernsehen aus Los Angeles, ein billig gemachtes Programm mit groben Beschimpfungen gegen die Regierung. Sie hält auch nichts von der Regierung; aber vom Sohn des letzten Schahs, den das Exilfernsehen aus Los Angeles wieder auf den Thron heben will, hält sie schon gar nichts.

Ihre Wohnung hat die Polizei nicht durchsucht. Wenn sie gekommen wären, hätte die alte Dame Ärger bekommen. Sicher hätten sie die Satellitenschüssel unter dem Bett gefunden. Die alte Dame hat Alkohol in der Wohnung und dann noch das Hündchen.

Das Spiel ist zu Ende. Auf dem Platz beginnt das Hupkonzert. Feuerwerkskörper knallen. Die Polizei sperrt den Kreisverkehr mit zwei quergestellten Polizeiautos. Ich erhebe mich, um mich zu verabschieden, ich will noch bei einer Familie im fünfzehnten Stock vorbeischauen. »Sitz«, befiehlt die alte Dame dem Hündchen, und im gleichen Tonfall zu mir: »Setzen Sie sich, setzen Sie sich.«

Im fünfzehnten Stock haben Mutter und Tochter das Fußballspiel ohne großes Interesse verfolgt. In der Wohnzimmerecke läuft noch immer der Fernseher, das, was ihnen geblieben ist, nachdem sie die Schüssel versteckt haben: das iranische Staatsfernsehen.

Erst als ich komme, ziehen sie die schweren Vorhänge beiseite und öffnen die Balkontür. Ja, beim letzten Mal sei einiges los gewesen, sagen sie. Ja, vielleicht werde es heute wieder Randale geben. »Aber wir interessieren uns nicht für Politik.«

Die Tochter, schlank, vollbusig, sexy, trägt Jeans und ein eng anliegendes rosafarbenes T-Shirt mit dem Aufdruck »I love you«. Die Mutter, nicht mehr ganz so schlank, eine weiße Hose und einen schwarzen Pullover mit tiefem Ausschnitt. Sie sehen einander sehr ähnlich: derselbe Schmollmund mit den leicht heruntergezogenen Mundwinkeln, derselbe gelangweilte Blick hinter halb geschlossenen Augenlidern, dieselben säuberlich gezupften Brauen, dieselbe tiefe Stimme, derselbe genervte Unterton. Nur anstelle der mütterlichen Hakennase trägt die Tochter ein zierliches Näschen im Gesicht. Der Schönheitschirurg hat gute Arbeit geleistet.

Die Mutter ist seit Schah-Zeiten Sekretärin bei der Staatlichen Ölgesellschaft. Sie hat ihren Job über all die Jahre behalten. »Aber es ist natürlich nicht mehr dasselbe.« Sie hat die Tochter im Andenken an die guten alten Zeiten großgezogen.

»Unsere Eltern hatten es viel besser als wir«, weiß die Tochter. Sie spricht mehr über die Segnungen der Schah-Zeit als über die Gegenwart. Sie studiert, offenbar ohne großes Interesse, Ingenieurwissenschaften. Jetzt hat sie sich entschlossen zu heiraten. In zwei Wochen wird die Feier stattfinden, ich sei herzlich eingeladen.

»Wir waren heute unterwegs, um die Wohnungseinrichtung für das Paar einzukaufen«, sagt die Mutter. »Alles ist unglaublich teuer. Sie glauben nicht, was allein das Ehebett kostet. So eine Hochzeit verschlingt Unsummen von Geld.«

Die Tochter schweigt.

»Ihr werdet gleich in eine eigene Wohnung ziehen?«, frage ich.

»Der Vater meines Verlobten stellt sie uns zur Verfügung.«

»Die Wohnungseinrichtung müssen die Eltern der Braut finanzieren«, sagt die Mutter. »Stellen Sie sich vor, schon einen Kühlschrank bekommt man heute nicht mehr unter dreihundert Dollar.«

Ich stehe auf und gehe auf den Balkon, um zu sehen, was sich unten auf dem Platz tut. Gruppen von jungen Männern ziehen um das Rondell, sie schwenken die iranische Fahne, auf manchen Fahnen fehlt das Symbol der Islamischen Republik. Sie singen die Hymne der Nationalisten, die seit der Revolution verboten ist.

Überall sind Sicherheitskräfte. Sie tragen schwarze, weiße und khakifarbene Uniformen, einige sind auch in Zivil. Sie sind mit Schlagstöcken bewaffnet, aber die meisten Stöcke hängen am Gürtel. Die Sicherheitskräfte halten Abstand zu den Jugendlichen. Sie begrenzen ihr Aktionsfeld, aber geben doch genügend Spielraum, um eine Konfrontation zu vermeiden.

Hin und wieder kommen auf Motorrädern bärtige Basitschi, die inoffiziellen Schlägertrupps der Fundamentalisten, und rasen in die Menge. Meist sitzen sie zu zweit auf den Maschinen. Der Hintermann, mit einem Schlagstock bewaffnet, schlägt wahllos zu. »Tod den Taliban!«, rufen die Jugendlichen. Es knallt und raucht. Die selbstgebastelten Knallkörper erreichen schon fast die Sprengkraft von Handgranaten. Wenn die Zusammenstöße zu heftig werden, greifen die Sicherheitskräfte ein und verjagen die Motorräder. Die Order lautet offensichtlich, auf jeden Fall eine Eskalation zu vermeiden, nur kein Chaos, keine Schwerverletzten, keine Toten.

Es ist nach elf Uhr abends. Ich bin müde und möchte nach Hause.

Ich gehe wieder hinein und setze mich zur Tochter auf das Sofa. Die Mutter bringt eingekochte Bohnen. Das sei das Einzige, was sie im Haus haben, sagt sie ohne erkennbares Bedauern.

»Freust du dich, zu heiraten?«, frage ich.

»Nicht besonders«, sagt die Tochter. »Aber ich bin achtundzwanzig, da wird es langsam Zeit. Viele meiner Freundinnen heiraten jetzt.«

Sie schweigt einen Moment.

»Eigentlich gefällt mir mein Leben besser, wie es jetzt ist: Ich gehe aus, ich habe meine Freiheiten.«

»Weiß dein Verlobter, wie du bis jetzt gelebt hast?«, frage ich.

»Gott bewahre! Er ist aus einer ziemlich konservativen Familie, Basaris. Sie haben Geld. Ich werde mein Leben sehr ändern müssen. Vielleicht muss ich zu Hause bleiben, Haushalt, höchstens mal eine Party … Immerhin hat er versprochen, dass ich mein Studium beenden kann.«

»Vor der Heirat versprechen sie viel, hinterher halten sie es nicht«, sagt die Mutter.

Nach Mitternacht haben sich die Jugendlichen müde randaliert. Das ist für die Sicherheitskräfte der Zeitpunkt für das Tränengas. Sie wollen die Sache zu Ende bringen. Mit großem Widerstand ist nicht mehr zu rechnen. Es bedarf nur noch geringer Anstrengung, und der Platz beginnt sich zu leeren. Bald sind die Sicherheitskräfte in der Überzahl. Gezielt beginnen sie, die Verbliebenen zu spalten, sie drängen einzelne Gruppen an den Rand und verhaften diejenigen, die noch Widerstand leisten. Sie schieben die Verhafteten in Einsatzwagen am Rande des Platzes, wo noch weitere Hundertschaften mit Schilden und Schlagstöcken bereitstehen. Sie werden wohl nicht mehr zum Einsatz kommen. Am Ende gibt es mit dem harten Kern noch eine kleine Schlägerei. Aber da sind die Zufahrtsstraßen schon wieder geöffnet. Auf dem Rondell rollt wieder der Verkehr.

Hinter Mauern

Die Mauern begannen sich zu bewegen.
Die Mauern begannen zu reden.
Die alten Mauern haben eben
ihre ersten Schritte gemacht.

Tahire Saffarzade

Bald nach Einbruch der Dunkelheit beginnt der Lärm. Der Bagger röhrt in der Baugrube wie ein gefangenes Tier, er rast in dem engen Raum hin und her. Er stößt gegen die hohen Wände und rammt seine Krallen in das Erdreich. Aufjaulend setzt er zurück, setzt wieder vor, wendet, setzt erneut an.

Gegen Morgen beginnt es zu regnen, ein Gewitter geht nieder. Donner übertönt den Bagger, der Regen bringt ihn zur Vernunft, endlich steht er still. Heute Nacht können sie nicht mehr weiterarbeiten. Es kühlt ab.

Als ich wieder aufwache, ist es schon Vormittag. Lärm dringt vom Schulhof nebenan herüber wie aus einer gigantischen Voliere: ein unaufhörliches Schnattern, Kreischen, Piepsen, Schreien. Einzelne Worte, die tieferen Stimmen der älteren Jungen, die ihren Lieblingsplatz direkt neben unserer Mauer haben: Wortfetzen, Witzfetzen, Obszönitäten, Lachen. Über allem, laut, klar, schneidend und sehr nah, Rojas Stimme, die in den Telefonhörer keift. Sie hat den Schuldirektor zu fassen bekommen.

»Wenn Sie ein kultivierter Mensch sind, aber ich sehe, dass Sie kein kultivierter Mensch sind, ich höre es an Ihrer Art zu sprechen, aber wenn Sie ein kultivierter Mensch wären, wie Sie es als Schuldirektor sein sollten, dann würden Sie den Schülern untersagen, so zu lärmen.«

Sie hat den Telefonhörer zwischen Ohr und Schulter festgeklemmt und läuft in der Küche hin und her. Sie räumt den Frühstückstisch ab und stellt das Geschirr, das Nasrin gestern abgewaschen hat, in die Schränke.

»Was soll das heißen, beruhige dich. Wie kommen Sie dazu, mich zu duzen. Im Persischen gibt es, wie Sie als Schuldirektor wissen sollten, aber heutzutage kann ja jeder Analphabet Schuldirektor werden, im Persischen also gibt es eine Form, in der gebildete Menschen Fremde ansprechen, und die lautet: Sie. Sie – haben Sie verstanden? Und es ist Ihre Aufgabe, Ihren Schülern anständiges Persisch beizubringen. Woher kennen diese Jungen überhaupt solche Wörter? Wenn das nicht unverzüglich aufhört, werde ich zur Schulbehörde gehen und ihnen sagen, dass es hier einen Schuldirektor gibt, der seinen Schülern noch nicht einmal anständiges Persisch beibringen kann.«

Zwei Sekunden lang herrscht Stille, bis sie merkt, dass er eingehängt hat. Dann schnaubt sie und knallt die Schranktür zu. »Warum bin ich damals nicht in Paris geblieben? Was habe ich verloren in diesem Land, in dem der letzte Gemüsehändler Schuldirektor wird, nur weil er sich nicht rasiert? Und warum nehmen die Männer, die etwas ändern könnten, alles hin?« – »Da kann man nichts machen, das ist eben Iran«, sagt mein Mann. Und ich selbst kann nichts machen, weil man in diesem Land, verdammt noch mal, einen Penis braucht, um irgendetwas zu erreichen.

Draußen ist es still geworden, die Pause ist zu Ende.

Roja gibt ein paar Löffel getrockneter blauer Blüten in die Teekanne und brüht sie auf. Sie hat eine unglaubliche Lebensenergie, sagt ihr Meditationslehrer. Wenn ich von dem Tee trinke, schlafe ich auf der Stelle ein. Sie wird etwas ruhiger und zündet sich eine Zigarette an.

»In diesem Land bringen sie dich dazu, so zu sein, wie du gar nicht bist«, sagt sie.

Das Telefon klingelt. Roja nimmt ab. »Sie haben sich verwählt«, sagt sie und legt den Hörer wieder auf den Küchentisch. Sie setzt sich hin.

»Vor ein paar Wochen hat meine Schwiegermutter ihren Mann hier einquartiert, weil sie für zwei Monate nach Amerika wollte. Mich hat sie nicht einmal gefragt. So einfach ist das, mein Haus ist eben nicht mein

Haus. Aber dieses Mal habe ich mich gewehrt. Ich habe sie angerufen und ihr gesagt, dass sie ihren Mann abholen soll.«

Das Telefon klingelt erneut. Es ist Rojas Mann. Er erinnert sie daran, dass Gilda, ihre Tochter, heute Nachmittag Tennisstunde hat.

»Seit dieser Geschichte spricht er kaum noch mit mir, so etwas kann man hier einfach nicht machen, ich bin ein Monster. Dabei, wenn sie mich selbst gefragt hätte, hätte ich nicht nein gesagt. Ich bin eigentlich gar nicht so.« Sie schneidet Tomaten in Scheiben, belegt sie mit Schafskäse und streut frische Kräuter darüber.

»Soll ich mich wirklich mit allem abfinden?«, fragt sie. »Als wir im letzten Winter oben in den Bergen zum Skilaufen waren, haben sie plötzlich den Lift abgestellt. Es gab einen Streit zwischen den Leuten im Dorf, die viel konservativer sind, und den jungen Leuten von der Teheraner Schickeria. Die Bärtigen wollten ihnen eine Lektion erteilen. Gilda war auch da oben. Die Kinder hingen eine Stunde lang in der Luft. Sie bekamen Angst, sie versuchten, durch das Kabinenfenster nach draußen zu klettern, sie zappelten herum, es war einfach gefährlich. Ich bin zu den Bärtigen hingegangen und habe mich beschwert. Ich habe ihnen gesagt, dass das unverantwortlich sei, dass sie ihren Streit anderswo austragen sollen, dass ich mich beschweren werde. Schließlich haben sie den Lift wieder angestellt, aber ich wollte, dass jemand verantwortlich gemacht wird. Ich habe keine Ruhe gegeben. Gilda ist mit ihrem Vater nach Hause gefahren. Es war ihnen peinlich, was ich für eine Szene gemacht habe. ›Ich will nicht, dass du das machst‹, hat Gilda hinterher gesagt. ›Ich will eine normale Mutter haben.‹ Ich möchte ihr Zivilcourage beibringen und sie sagt, sie will eine normale Mutter.« Sie seufzt. »Wahrscheinlich rege ich mich einfach zu sehr auf.«

Es klingelt an der Tür. Es ist Nasrin; sie kommt, um sauberzumachen und die Wäsche zu bügeln. Sie hängt ihren Mantel an die Garderobe und behält das Kopftuch auf. Ihre Augen sind rotgeweint.

»Was ist los?«, fragt Roja.

Das Telefon klingelt, Roja nimmt ab und geht mit dem Hörer auf die Terrasse. Nasrin beginnt, den Boden zu wischen.

»Was ist los?«, frage ich.

Sie hört mit dem Wischen auf, mustert mich erstaunt, überlegt kurz und fragt: »Bist du verheiratet?«

»Ja.«

»Und wie alt ist dein Mann?«

»Er ist siebzehn Jahre älter als ich.«

»Das ist schlecht«, sagt sie und wendet sich wieder dem Fußboden zu. Sie wischt langsam, mit Bewegungen, die mit einem Minimum an Energieaufwand ein Maximum an Fläche erreichen. »Haben Sie sich mit Ihrem Mann gestritten?«, frage ich.

»Nein, wir streiten uns nicht«, antwortet sie. »Aber wenn sie älter sind, sind sie zu nichts zu gebrauchen.«

»Was soll er denn machen?«, frage ich.

Sie wischt eine Weile schweigend, dann hält sie inne, zieht einen Stuhl zu sich heran, setzt sich auf die Kante und ordnet ihr Kopftuch. Die hervorgerutschten Haare sind von grauen Strähnen durchzogen. Es ist schwer, Nasrins Alter zu schätzen. Ihr Gesicht mit der Stupsnase und den braunen Knopfaugen wirkt fast noch kindlich, aber sie bewegt sich langsam wie eine alte Frau.

»Heute früh«, sagt Nasrin, »war ich bei meinem Bruder im Krankenhaus. Er hatte wieder einen Anfall, dann braucht es drei Männer, um ihn am Bett festzuschnallen, damit sie ihm Beruhigungsspritzen und Elektroschocks geben können.«

Nasrins Bruder ist, was sie in Iran einen »Modschi« nennen, von Modsch, persisch Welle, einer jener Zehntausenden von Kriegsversehrten, die im Krieg gegen den Irak durch die Druckwellen von Explosionen verletzt wurden.

Nasrins Bruder leidet an einer Gehirnverletzung. Ein Professor in Deutschland hat sich die Aufnahmen seines Schädels angesehen und gesagt, man könne operieren. »Aber mein Bruder kann nicht allein fliegen, und die hier wollen nicht den Flug für eine Begleitperson bezahlen.« Die hier, das ist die iranische Märtyrerstiftung, die die Kriegsversehrten, die Waisen und Witwen der Gefallenen unterstützt. »Alles, was sie können, ist Pilgerfahrten nach Mekka organisieren«, sagt Nasrin matt. Sie hat nicht genug Energie, um wütend zu sein. Sie geht morgens putzen und nachmittags zu ihrem Bruder ins Krankenhaus oder umgekehrt, sie hat vier Kinder. Sie wünscht sich, dass ihr Mann etwas tun würde, irgendetwas.

»Wollen Sie ein Foto von meinem Bruder sehen?«, fragt sie.

Auf dem Foto trägt der Bruder einen Tarnanzug und sitzt auf einem Klappstuhl irgendwo in der Wüste zwischen zwei anderen jungen Männern, nach denen heute Straßen in Teheran benannt sind. »Sie wurden Märtyrer«, sagt Nasrin. Der Bruder sieht trotz seines Vollbarts sehr jung aus, offen, sympathisch. »Wie alt war er da?« – »Siebzehn.« – »Und wie alt ist er heute?«

Sie überlegt eine Weile, rechnet. »Ich glaube, siebenunddreißig«, sagt sie. Sie selbst wird kaum älter sein.

Es klingelt an der Tür. Es ist ein Freund. Wir setzen uns auf die Terrasse. Roja hat aufgehört zu telefonieren. Sie kocht Kaffee und bittet Nasrin, die frische Wassermelone aufzuschneiden. Sie setzt sich zu uns und erzählt von ihrem Kampf mit dem Schuldirektor. Jetzt klingt es lustig. Hinter der Mauer ist es immer noch still.

»Es hat doch geholfen«, sage ich.

Das Telefon klingelt. Roja steht auf und geht ins Haus.

Der Freund erzählt, dass seine Frau sich eine eigene Wohnung genommen hat. Nein, einfach so, es gehe ihnen gut, aber seit der Scheidung von ihrem ersten Mann sei das ihr Traum gewesen. Zur Sicherheit, damit man im Notfall irgendwo hinkönne. Unabhängig sein. Er verstehe das. »Das ist die schlimmste Kindheitserinnerung. Als mein Vater mal so richtig fies zu meiner Mutter war, hat sie gesagt, dass sie jetzt geht. Sie ist raus aus der Wohnung gegangen, hat die Tür zugeschlagen. Ich habe sie dann auf der Treppe gefunden, weinend: ›Wo soll ich denn hin, ich kann ja doch nirgendwo hin.‹ Ich war so wütend wie noch nie in meinem Leben. Ich habe meinen Vater angeschrien, dass er das nie wieder machen soll.«

Auf der Terrasse ist es angenehm warm. Der Baum neben dem Pool steht in voller Blüte. Er sieht aus, wie ein Kind einen Baum malen würde: ein dünner Stamm und eine kugelrunde Krone. Sein Stamm neigt sich zur Seite, er ist viel zu dünn für die Krone. Der Baum ist nicht groß, man denkt, er hätte größer werden können, müsste er nicht diese schwere Last tragen. Er ist die Seele des Hofes, ein weibliches Wesen, wie ein junges Mädchen mit Gehbehinderung, das trotzdem anmutig ist, wie die ideale Frau in einer Erzählung von Dostojewski, zart und duldsam und gut.

Es klingelt an der Tür. Der Chef der Bauarbeiter. Ob ihr Mann da sei.

»Er ist nicht da«, sagt Roja.

Der Bauarbeiterchef grinst und streicht sich mit der Hand durch den staubigen Bart. Heute Abend, sagt er, sollten sie das Auto besser vorne auf der Straße parken. Sie würden weiter ausheben. Es könnte sein, dass Teile der Auffahrt in die Grube stürzen. Roja geht mit ihm nach draußen, um sich die Baugrube anzusehen. Die Grube klafft unmittelbar neben ihrem Grundstück. Die Mauer, die ihr Grundstück von dem der Nachbarn trennt, steht direkt am Abgrund. »Es ist nicht auszuschließen«, sagt der Bauleiter, »dass ein Teil der Mauer in die Grube stürzt.«

Roja kommt zurück auf die Terrasse, setzt sich zu uns und zündet sich eine Zigarette an.

»Eigentlich müsste man sich bei der Stadtverwaltung beschweren. Die Auffahrt ist unser Privatbesitz. Die Mauer schützt meine Privatsphäre. Hier ist der einzige Ort in dieser Islamischen Republik, wo sie mir nicht vorschreiben, was ich anzuziehen und welche Musik ich zu hören habe.«

»Wirklich schön, die Wohnung von meiner Frau«, sagt der Freund, »fünfzehnter Stock, gigantischer Blick.«

»Am Wochenende haben wir einen Meditationsworkshop außerhalb der Stadt in dem Haus, das ich von meinem Vater geerbt habe«, sagt Roja. Sie seufzt. »Ich überlege, ob ich nicht ganz dorthin ziehen soll. Überhaupt ist es Zeit, wegzuziehen. Ich habe genug von diesem Haus.«

»Viele Frauen träumen von Unabhängigkeit«, sagt der Freund, »aber natürlich können sie sich nur wenige leisten. Und die meisten Männer sind nicht so wie ich, so Sansalil.«

»Sansalil?«, frage ich.

»Das ist schwer zu übersetzen«, sagt er, »etwa: von seiner Frau unterdrückt, einer, bei dem die Frau sagt, wo es langgeht, der seine Frau fragen muss, ob er heute Abend mit zum Fußballspiel gehen darf. Oder er geht mit seiner Frau einkaufen, und sie sucht für ihn die Hemden aus.«

»Eine Freundin hat gesagt, dass das Problem in diesem Land nicht die Schwäche der Frauen, sondern die Schwäche der Männer ist«, sage ich.

Der Freund sagt, dass er gehen muss, und zündet sich noch eine Zigarette an.

Zum Mittag kommt Rojas Mutter zu Besuch. Das Türschloss an der Außentür, durch die man das Grundstück betritt, ist kaputtgegangen. Die Tür lässt sich nicht mehr vom Haus aus per Knopfdruck öffnen. Man muss mit dem Schlüssel zur vorderen Mauer gehen und die Tür selbst aufschließen. Gilda kommt von der Schule, begrüßt ihre Großmutter, nimmt sich einen Teller Sellerieeintopf mit Reis und setzt sich vor den Fernseher. Nasrin hat das Essen zubereitet. Nasrin kocht schlecht, sagt Roja.

Nach dem Essen sitzen Mutter und Tochter auf der Terrasse und trinken Tee. Roja raucht. Sie erzählt von einer Ausstellung, die sie besucht hat, einer Fotoausstellung mit Bildern von Frauen, die in Tschadoren auf einer Mauer kauern, schwarze, unförmige Klumpen wie Vögel, zu schwer zum Fliegen. Der Wind weht die Tschadore zu großen schwarzen Segeln auf, die Konturen sind unscharf. Roja spricht ruhig und unbeteiligt.

Die Mutter zeigt keinerlei Interesse. Sie sieht Roja lange von der Seite an. Plötzlich unterbricht sie ihren Redefluss. »Wann wirst du nur endlich auf mich hören und dir die Nase operieren lassen?«, sagt sie.

Roja ist nur einen Moment lang konsterniert.

»Ich habe dir schon gesagt, dass ich meine Nase nie operieren lassen werde. Alle diese Nasenverkleinerungen und -begradigungen sind genauso eine Form der Unterdrückung der Frau wie der Tschador. Sie sind genauso ein Ausdruck der patriarchalischen Ordnung dieser Gesellschaft. Für wen lassen sie sich die Nasen operieren? Warum wollen sie um jeden Preis niedlich sein mit ihren neuen Näschen? Und was sind das für Frauen, diese Schickeria von Nordteheran, die nichts anderes zu tun haben, als sich ihre Nasen begradigen zu lassen?«

Sie ist gerade dabei, sich in Rage zu reden, als es an der Tür klingelt. Es ist das Taxi, das Roja zu ihrer Meditationsstunde bringen soll. Als sie nach vorne geht, um zu öffnen, merkt sie, dass der Schlüssel für die Außentür verschwunden ist. Sie sucht in ihren Taschen, aber er bleibt unauffindbar, niemand kann den Hof verlassen. Wir vier Frauen, Roja, die Mutter, Nasrin und ich, rennen im Haus hin und her und suchen den Schlüssel, rennen Treppen hinauf und hinunter, leeren Taschen aus, reißen Schubladen auf. Der Taxifahrer klingelt zum vierten Mal. »Ich komme«, brüllt Roja in die Gegensprechanlage. Schließlich geht die Tür von außen auf. Rojas Mann ist gekommen, um Gilda zur Tennisstunde abzuholen.

Alle sind gegangen, es ist ruhig im Haus. Ich lasse das Telefon klingeln. Als es an der Tür klingelt, nehme ich den Schlüssel, den Rojas Mann dagelassen hat, und gehe nach vorne, um zu öffnen. Es ist eine Freundin, die ich lange nicht gesehen habe. Ich hänge ihren Mantel und ihr Kopftuch an die Garderobe und gehe in die Küche, um Tee aufzubrühen. Sie hat frisches Gebäck mitgebracht, und ich schneide von der Wassermelone auf.

Wir setzen uns auf die Terrasse. Wir befragen uns gegenseitig über das Wohlergehen unserer Familienmitglieder und gemeinsamer Bekannter.

»Und du«, sage ich, »ich sehe, dass es dir besser geht, seit du geschieden bist.«

»Ja«, sagt sie, »aber ich fühle mich allein.«

»Was vermisst du?«

Sie überlegt. »Ich möchte mich an eine Schulter lehnen, ich möchte, dass jemand mich streichelt.« Während sie das sagt, legt sie den Kopf ein wenig zur Seite und streicht sich selbst über den bloßen Arm.

Sie ist eine große, sportliche Frau mit einem burschikosen Kurzhaarschnitt. Sie sieht jünger aus als Anfang fünfzig, frischer. Ich denke an ihren Ex-Mann, der mindestens einen Kopf kleiner ist als sie. Wenn wir uns trafen, lag er immer irgendwo und schlief. Ich versuche mir einen Mann vorzustellen, bei dem sie sich anlehnen könnte, einen iranischen Mann, aber es gelingt mir nicht.

»Du hast es gut«, sagt sie. »Dein Mann ist dein Freund. Mein Mann und ich, wir waren uns nie nahe, jetzt sehne ich mich nach einem Menschen, der mir wirklich nahe ist.«

Sie schweigt einen Moment.

»Weißt du, neunzig Prozent der verheirateten Frauen in diesem Land wissen nicht, was ein Orgasmus ist.«

»Und was wissen die Männer?«

»Die denken, die Frauen sind dazu da, sie zu befriedigen.«

»Was hast du deinem Sohn gesagt?«, frage ich.

»Alles. Mein Mann hat manchmal gefragt, ob das wirklich nötig sei, ob er das wirklich alles wissen muss. Und ich habe gesagt, möchtest du lieber, dass er es so erfährt wie du?«

Roja kommt mit einer Freundin von der Meditationsstunde zurück, gutgelaunt und ruhig. Sie haben auf dem Rückweg frisches Brot gekauft. Die Freundin trägt zum hellblauen Mantel ein weißes Kopftuch mit blauen Punkten und eine hellblaue Kunstledertasche. Wir setzen uns an den Küchentisch, brechen mit den Händen Stücke von dem noch warmen Brot und tunken es in Olivenpaste. Wir schauen Roja zu, die für Mann und Kind Spaghetti mit Pesto kocht. Die Freundin stellt mir ein paar höfliche Fragen.

»Und was machst du?«, frage ich.

»Vor sehr langer Zeit habe ich in London gearbeitet. Dann bin ich nach

Iran gekommen und habe geheiratet. Jetzt bin ich geschieden und gehe zur Meditationsstunde, um meinen Kopf wieder in Ordnung zu bringen.«

Sie schiebt ein Stück Brot in den Mund, sie isst mit dem Schuldbewusstsein derer, die glauben, sie wären zu dick. Sie hat ein schönes, volles Gesicht, sie wirkt weich, jung, unfertig, als habe sie plötzlich aufgehört zu altern, als sei ihr Leben mit Mitte zwanzig unterbrochen worden.

»Unser Meditationslehrer hat ihr gesagt, sie soll sich amüsieren, Spaß haben«, sagt Roja vom Herd herüber. »Warum sagt er mir das nicht? Zu mir sagt er, ich soll arbeiten, mich disziplinieren.«

»Ich bin dreiundvierzig, aber ich fühle mich wie Mitte zwanzig«, sagt die Freundin, als hätte sie meine Gedanken gelesen.

»Auf der letzten Party hat dieser Typ dich mit den Augen verschlungen. Warum hast du ihn abgewimmelt?«

»Er war verheiratet.« Sie nimmt noch ein Stück Brot. »Ich möchte jung, verrückt, verantwortungslos leben, aber das geht nicht. Meine Mutter erwartet, dass ich mich so verhalte wie eine geschiedene Frau mit einer fast erwachsenen Tochter.«

Kurz nachdem die Freundin gegangen ist, klingelt es wieder an der Tür. Es sind zwei Tanten von Rojas Mann. Die eine von ihnen ist gerade aus Amerika zu Besuch. Rojas Mann begrüßt sie kurz und setzt sich dann wieder zu Gilda vor den Fernseher. Die Tanten setzen sich in die andere Ecke des Wohnzimmers.

»Macht den Fernseher leiser«, sagt Roja. Sie bringt Tee und Früchte.

»Ihr bleibt sicher zum Abendessen«, sagt sie.

»Nein, nein, mach dir keine Umstände«, antworten die Tanten.

»Aber nein«, antwortet Roja, »es ist alles bereit, ich brauche es nur aufzuwärmen.«

»Nein wirklich«, antworten die Tanten, »wir haben schon gegessen.«

»Aber nein«, antwortet Roja, »ich kann euch wirklich nicht hier haben, ohne dass ihr zu Abend esst.«

Sie geht in die Küche, um die Reste von Nasrins Mittagessen aufzuwärmen. Ich habe keine Lust, mich mit den Tanten zu unterhalten, und folge ihr in die Küche.

»Wie hältst du das nur aus«, sage ich zu ihr. »Warum kümmerst du dich um die Tanten, und warum hast du ihnen auch noch das Abendessen aufgedrängt? Hinterher stöhnst du wieder, dass du dich immer um die Verwandtschaft kümmern musst.«

»Sie hatten angerufen und uns zu sich eingeladen, ich wollte nicht gehen und habe gesagt, sie sollen doch hierherkommen. Ich hatte gedacht, sie würden die Einladung ablehnen.« Sie schichtet den Reis auf eine Platte. »Außerdem ist das Essen schlecht, und ich bin froh, wenn es wegkommt. Ich mag keine Reste.«

Nach Einbruch der Dunkelheit beginnt der Bagger in der Grube zu röhren. Die Tanten stehen auf und verabschieden sich. Im Wohnzimmer kann man sich wegen des Lärms nicht mehr unterhalten. Roja setzt sich zu Gilda und ihrem Mann vor den Fernseher. Sie sehen ein amerikanisches Video, einen Film über einen kleinen Jungen, der eine Reihe von guten Taten in Gang setzt. Der Film ist eine Raubkopie, die Farben sind grell und der Ton so schlecht, dass man kaum etwas versteht. Wenn der Bagger aufheult, ist ohnehin überhaupt nichts mehr zu hören.

Der gute amerikanische Junge gründet eine Bewegung der guten Taten, jeder, dem eine widerfährt, tut dafür bei nächster Gelegenheit jemand anderem etwas Gutes. Als er gerade versucht, seine Mutter dazu zu bringen, sich mit seiner alkoholabhängigen Großmutter auszusöhnen, erschüttert ein lautes Rumsen das Wohnzimmer. Die Wände wackeln. Die Glastüren klirren. »Ein Erdbeben!«, schreit Roja.

Als wir auf die Terrasse kommen, weht uns eine Wolke von Staub entgegen. Gilda bekommt einen Hustenanfall. Sie hüpft auf der Terrasse hin und her, krümmt sich, hustet und schreit: »Die Mauer ist weg, die Mauer ist weg, die Mauer ist weg!«

Der Bagger hat ganze Arbeit geleistet. Es ist nicht nur die Auffahrt in die Grube gestürzt, sondern auch ein Teil der vorderen Mauer. Der Bagger steht unten in der Grube, begraben unter Erdreich und Geröll. Eine Schrecksekunde lang ist er ruhig gewesen, aber jetzt röhrt er noch wütender als vorher, er versucht, zurückzusetzen, freizukommen. Er kann nichts sehen, er scheint verletzt zu sein, in Panik, er rast wie ein angeschossenes Tier. Er hat sich festgefahren, er beginnt zu husten, wird leiser, verstummt. Ein paarmal bellt er noch kläglich auf, dann ist es still. Die Arbeiter kommen mit Schaufeln bewaffnet nach unten in die Grube gelaufen, um ihren Kollegen auszubuddeln.

Rojas Mann geht nach vorne, um den Chef der Bauarbeiter zu suchen. Roja geht zurück ins Haus, um ihr Kopftuch zu holen.

»Du musst die Stadtverwaltung benachrichtigen«, schreit sie.

»Um diese Zeit?« schreit ihr Mann zurück.

Er geht auf dem, was von der Auffahrt übrig geblieben ist, nach vorne zum Häuschen der Bauarbeiter, er stolpert über ein Kabel und wäre um ein Haar in die Grube gestürzt.

»Bleib, wo du bist!«, ruft er zu Gilda, die ihm folgen will.

Roja hat ihr Kopftuch und einen Mantel übergeworfen und folgt ihrem Mann nach vorne. Gilda und ich stehen am Rand der Grube und sehen den Bauarbeitern zu. Erst jetzt kann man erkennen, dass auch ein Teil der Schulhofmauer in die Grube gestürzt ist. »Bestimmt fällt morgen die Schule aus«, sage ich.

Nach Mitternacht sitzen wir in der Küche und Roja trinkt den dritten Blaublütentee. Gilda ist schlafen gegangen und ihr Mann verhandelt noch mit den Männern von der Stadtverwaltung. Es ist schließlich doch jemand gekommen, wegen der Schulhofmauer. Bevor sie die Beschwerde entgegennahmen, wollten sie erst mal Schmiergeld. »Weißt du, was der Bauleiter gesagt hat?«, fragt Roja. »Er hat gesagt: ›Es ist doch nur die Mauer. Was regst du dich denn so auf.‹ Schon wieder einer, der glaubt, er könne mich duzen! ›Wenn wir fertig sind‹, hat er gesagt, ›bauen wir sie wieder auf. Dort, wo wir das letzte Mal gegraben haben, sind zwei ganze Häuser eingestürzt, und du regst dich auf wegen einer Mauer.‹«

Der eigene Raum

Die Erkenntnis des »Anderen« geht
mit der Selbsterkenntnis einher.

Mohammad Chatami

»Haben wir viele Wahrheiten?«
fragte ich.

Reza Hajatpour,
Der brennende Geschmack der Freiheit.
Mein Leben als junger Mullah in Iran

Iran ist fremd und vertraut zugleich. Meine Zeit in Iran ist voller überraschender Vertrautheiten, und zugleich bringt sie eine Begegnung mit dem ganz Anderen. Das Fremde, das Andere, das Exotische umgibt mich in seiner ganzen Schönheit und seiner ganzen Bedrohlichkeit. Es zieht mich an. Ich habe keine Berührungsangst. Ich bin offen. Ich habe den Wunsch, alle Distanz aufzugeben und ganz und gar einzutauchen in das Fremde, in dem man sich verlieren kann.

Wenn ich mich im Fremden zu verlieren drohe, kann ich mein Augenmerk auf das Vertraute richten, das Gemeinsame, das Moderne oder das Allgemeinmenschliche.

Wenn ich mich im Fremden zu verlieren drohe, kann ich mich verschließen. Ich grenze mich ab und schaffe mir in der fremden Umgebung einen eigenen Raum, aus dem ich das Fremde ausgrenze. Den Rückzug in den privaten Raum praktizieren ja auch viele Iraner, die das islamische Regime als Fremdherrschaft ansehen.

Bei der Abgrenzung helfen die Mauern, die meinen Raum von dem fremden Land trennen. Wenn ich von der stickigen, staubigen Straße kommend in die Stille und das Grün hinter den Mauern eintrete, öffne ich als Erstes, noch bevor die Tür hinter mir ins Schloss gefallen ist, mit einer Hand das Kopftuch und lasse es vom Haar herunterrutschen.

Ich beschließe, dass ich mich innerhalb unserer Mauern unter keinen Umständen an die islamische Kleiderordnung halte. In meinem Haus werde ich kein Kopftuch tragen, und wenn der religiöse Führer selbst zu Besuch käme. Es muss einen Raum geben, in dem nicht die Islamische Republik die Regeln bestimmt, einen eigenen Raum, einen Rückzugsraum. Ich leiste mir diesen auf einen engen Raum begrenzten Eigensinn. Hier leiste ich Widerstand.

Mein Widerstand geht nicht so weit, durch demonstrative Nichtachtung der Gepflogenheiten zu provozieren. Bei offiziellen Anlässen zu Hause, wenn wir auch Vertreter des Regimes zu Gast haben, trage ich keine kurzen Röcke, selbst im Sommer keine kurzärmeligen Blusen, nichts Enganliegendes, jedoch niemals ein Kopftuch im eigenen Wohnzimmer.

Meine Idee, dass der Raum innerhalb der Mauern mein eigener, privater Raum sei, entspringt westlichem Denken. Nach iranischem Verständnis ist selbst unser Wohnzimmer nicht wirklich ein privater Raum. In der persischen Tradition war der Raum innerhalb der Mauern unterteilt in einen halböffentlichen Raum, genannt Biruni, der äußere Raum, und einen inneren Raum, genannt Andaruni. Im Biruni, wo sich die Männer zu halböffentlichen Gesprächen und Gesellschaften trafen, mussten die Frauen verhüllt sein. Nur im Andaruni, zu dem nur Familienmitglieder Zugang hatten, konnten die Frauen sich unverschleiert zeigen. Bis heute wirkt dieses Verständnis nach: Wohnzimmer, Terrasse, Garten, Hof gehören zur Halböffentlichkeit, wirklich privat sind nur die Schlafzimmer.

Bis heute findet in Iran, zumal der öffentliche Raum für Frauen stark reglementiert ist, ein bedeutender Teil des öffentlichen Lebens in Räumen statt, die wir als privat bezeichnen würden. Die privaten Räume sind privat, weil sie sich dem Zugriff des Staates weitgehend entziehen.

Aber zugleich stellen die zahlreichen Zusammenkünfte und Feiern in den oftmals großzügigen Wohn- und Empfangszimmern eine Art privater, selektiver Öffentlichkeit her.

Wie sehr ich auch meinen Raum verteidige, die Regeln, die jenseits der Mauern gelten, bleiben doch auch drinnen spürbar. Sie dringen ein mit dem Hauspersonal und den Gärtnern. Sie treten ein mit den Männern, die bei meinem Anblick den Blick niederschlagen. Sie kommen mit den Frauen der Beamten des iranischen Außenministeriums, Frauen, die mit Widerwillen ihre Kopftücher tragen, nur weil die Funktion ihrer Männer es gebietet. Und mit der Zeit bringe auch ich die Regeln mit herein, denn sie haben sich in mir ausgebreitet.

Es ergeht mir wie den Iranerinnen, die sich im Schwimmbad schämen, obwohl es weit und breit keine Männer gibt. »Paradox ist freilich: Auch unser Zuhause, unsere Zuflucht vor der Welt, ist bestimmt von den draußen herrschenden Machtverhältnissen«, schreibt die junge iranische Künstlerin Jinoos Taghizadeh, »es ist patriarchalisch, hierarchisch und diskriminierend. Wir wollten im Privaten Strukturen schaffen, in denen unsere in der Öffentlichkeit erlittenen Verletzungen würden heilen können. Tatsächlich aber reproduzieren wir die Strukturen, die uns verletzen, im Privaten und letztlich in uns selbst.«

Vieles von dem, was ich denke und tue, sind Varianten des Versuchs, die Oberhand zu behalten. Natürlich entspringt mein Wunsch, in der Fremde zu leben, auch der Lust auf das Unvorhersehbare, Überraschende und Verunsichernde. Aber die Bereitschaft, sich hineinreißen zu lassen, kämpft gegen die Angst, mitgerissen zu werden.

Ich erlebe den Bankrott westlicher Rationalität. Der Verstand, der geglaubt hatte, man könne sich unbeschadet eine Zeit lang fremden Regeln unterwerfen, versteht nur langsam, dass gerade seine kühle, abgehobene Distanz mich der fremden Kultur ausliefert. Während der Verstand in cartesianischer Hybris alles unter Kontrolle zu haben glaubt, liegt das weite Feld der Emotionen wehrlos dem Fremden ausgeliefert. Die fremde Kultur, die den Alltag beherrscht, sickert überall ein, sie durchtränkt das Feld und unterläuft den Verstand, der in seinem Überlegenheitswahn keinen Widerstand leistet.

Ich hatte geglaubt, ganz nah an das Fremde herangehen zu können und gleichzeitig davon unberührt zu bleiben, wie die Besucher eines großen Aquariums, bei dem man ganz nah an die bunten Fische herankommt und doch selbst trocken bleibt. Aber das erweist sich als Illusion. Meine Annahme, dass ich mir als gleichberechtigte, westliche Frau die Schwierigkeiten der Iranerinnen vom Leib halten könnte, lässt sich mit der Zeit immer schwerer aufrechterhalten. Ich kann nicht in Iran leben und nur Beobachterin sein.

Mit meiner Behauptung, nur »Beobachterin« zu sein, wollte ich mich nicht nur dagegen schützen, das Fremde zu nah an mich heranzulassen. Es entspricht auch meiner Rolle als Journalistin. Ich glaubte, dass es einen Ort der »sicheren Distanz« gäbe, von dem aus ich meiner Arbeit am besten nachgehen könnte. Diese Illusion halte ich relativ lange aufrecht, weil alles andere mein Selbstverständnis als Journalistin untergraben würde. Erst mit der Zeit beginne ich, mir meine Verwicklung einzugestehen.

Einmal reisen T. und ich gemeinsam in die Provinz. Am Flughafen nimmt uns ein Mitarbeiter des örtlichen Gouverneurs in Empfang. Er gibt T. die Hand, wechselt mit ihm ein paar freundliche Sätze der Begrüßung und überreicht ihm ein Blumenbukett. T. reicht die Rosen an mich weiter und stellt mich vor. Der Mann sieht abwechselnd T. und den Fußboden der Empfangshalle an.

Ich teile die Männer in Krawattenträger und andere. Die Krawatte, ein westliches Kleidungsstück, ist Ausdruck einer säkularen Gesinnung, deshalb gebe ich Krawattenträgern zur Begrüßung die Hand. Es sind wenige. Die anderen begrüße ich, indem ich die rechte Hand ans Herz lege, sie ansehe und leicht mit dem Kopf nicke. Wir lächeln, tauschen die Begrüßungsformeln aus.

Manche geben mir von sich aus die Hand, Ex-Präsident Chatami zum Beispiel, aber nur, wenn er im Ausland ist, manche Reformpolitiker und auch die jungen Männer von der islamischen Studentenvereinigung. Diese Geste ist immer ein Zeichen, ein Bekenntnis. Sie haben sich entschieden, ihre Religion so auszulegen, dass es nicht verboten ist, eine fremde Frau zu berühren. Sie glauben nicht, dass es ihre eigene Kultur bedroht, wenn sie einer Frau nach westlicher Gepflogenheit die Hand schütteln. Bei den jüngeren Männern ist es meist eine Provokation, ein genüsslicher Verstoß gegen die Regeln der Islamischen Republik. Es kann ein Freundschaftsbeweis sein.

Die Männer, die mir nicht die Hand geben und mich nicht ansehen, halten sich an ein religiöses Gebot. Sie glauben, dass die Berührung meiner Hand sie unrein machen würde. Und der Hedschab der Augen gebietet auch dem Mann, den Blick zu senken. Manchmal erscheint das fast als rührende Befangenheit, eine Schüchternheit, die sich wohltuend von der plumpen Anmache, den Handgreiflichkeiten unterscheidet, denen ich ausgesetzt bin, wenn ich alleine durch die Straßen Teherans gehe.

Ich weiß, dass sie glauben, dass sie mir, indem sie mich nicht beachten, ihre Achtung erweisen. Aber sie achten nicht mich, denn ich bin, bevor ich wahrgenommen werde, durch mein Geschlecht schon als mögliche Gefahr für die gesellschaftliche Moral definiert, der man dadurch begegnet, dass man mich nicht wahrnimmt.

Anfangs bringt mich ihr Verhalten dazu, im Gegenzug ebenfalls die Augen niederzuschlagen. Unwillkürlich gebe ich nach, weiche zurück, passe mich an. Hier gelten ihre Maßstäbe, nach denen es unnötig dreist erscheint, den Männern offen ins Gesicht zu sehen. Wenn ich mich nicht anpasse, kann ich missverstanden werden. Andererseits kann ich nicht mit jemandem sprechen, ohne ihn anzusehen. Mit der Zeit lerne ich, wie der Hedschab der Augen überwunden werden kann, ohne ihn zu verletzen, ein subtiles Wechselspiel von Zurückhaltung, Vorstößen und Standhaftigkeit.

Als westliche Frau in Iran bin ich Opfer und Täter zugleich: Als Frau bin ich Opfer von Diskriminierung. Aber als Fremde, als Europäerin, als Westlerin begegne ich den Iranern unterschwellig auch im Bewusstsein einer historischen Schuld, die in der kolonialistischen Vergangenheit des Westens in Iran begründet liegt. Die Unterwerfung und Ausbeutung der islamischen Welt durch westliche Kolonialmächte bringen diffuse, nicht persönliche Schuldgefühle hervor. Damit reagiere ich auch auf die antiwestlichen Ressentiments vieler Iraner, auch wenn sie wiederum nicht gegen mich persönlich gerichtet werden.

Mit meiner Anpassung an das islamische System leiste ich Wiedergutmachung für historisches Unrecht. Indem ich mich den islamischen Regeln unterwerfe, wirke ich zudem dem ständigen Vorwurf entgegen, die westliche Kultur sei aggressiv und bedrohe andere Kulturen. Das islamische System rechtfertigt die eigene Intoleranz ja zum Teil damit, dass man nur so die eigene Kultur vor westlicher Dominanz und Vereinnahmung schützen könne. Brav in Mantel und Kopftuch gehüllt, bin ich ungefährlich. In den Augen mancher iranischer Offizieller glaube ich, wenn ich sie im dunklen langen Mantel und Kopftuch interviewe, eine Genugtuung darüber wahrzunehmen, dass ich mich ihren Regeln unterwerfe.

Die kolonialistischen Schuldgefühle pflege ich vermutlich auch dank der grundsätzlichen Geneigtheit der Deutschen zur Anerkennung historischen Unrechts, selbst wenn es, wie im Falle Irans, überhaupt nicht von uns begangen worden ist. Aus Sicht der Iraner bin ich dagegen als Deutsche von den kolonialistischen Sünden der Briten, Russen und Amerikaner frei. Schließlich haben die Deutschen weder iranisches Öl ausgebeutet noch iranische Herrscher ein- oder abgesetzt. Die Deutschfreundlichkeit vieler Iraner, die uns eigentlich freuen könnte, gibt aber wiederum Anlass zu vielerlei Peinlichkeit, weil sie oft genug rassistisch begründet wird – »wir sind auch Arier« – oder auf Sympathie für jene Epoche unserer Geschichte zurückzuführen ist, auf die wir sicher nicht stolz sind. Die unverhohlene Bewunderung vieler Iraner für Hitler und die Betonung der guten deutsch-iranischen Zusammenarbeit während der Nazizeit bleiben, so freundlich sie auch vonseiten der Iraner gemeint sein mögen, doch sehr zweifelhafte Komplimente. Für die Iraner, denen nichts wichtiger ist, als im Recht zu sein, ist dagegen die Bereitschaft der Deutschen, historisches Unrecht einzugestehen, schwer verständlich. Als Präsident Ahmadineschad in seinem Interview mit dem »Spiegel« im Frühjahr 2006 mit einem »Ihr habt euch genug geschämt« und »Ihr seid auch Opfer« versuchte, die Sympathien der Deutschen zu gewinnen, sprach er durchaus aus, was viele Iraner denken.

Je länger ich in Iran lebe, desto mehr verstricke ich mich in Widersprüche. Einerseits gelingt es mir immer besser, die Perspektive des Anderen einzunehmen, weil ich sie immer besser verstehen kann. Andererseits wird es notwendig, das Eigene schärfer abzugrenzen und eine klarere Identität zu gewinnen. Das Paradox besteht darin, dass ich mehr Verständnis für das Fremde aufbringe und es zugleich schärfer zurückweisen muss.

Während ich mich in Iran mit dem Kopftuch herumschlage, bricht in Deutschland der Kopftuchstreit aus. Mit der Integrationsdebatte kommen viele der Themen, die mich in Teheran beschäftigen, in Europa an. In der Debatte über die »Grenzen der Toleranz« werden der Toleranz häufig die Adjektive »naiv« oder »falsch« beigefügt. Oft wird die Äußerung Kants zitiert, dass die Toleranz gegenüber der Intoleranz intolerant sein müsse. Aber wo sind die Grenzen der Toleranz zu ziehen?

Ich stelle an mich selbst den Anspruch, gegenüber den Ausprägungen einer fremden Kultur Toleranz aufzubringen, selbst wenn sie mich, wie der Kopftuchzwang, beeinträchtigen. Ich versuche, die Wut über die

Anpassung an diskriminierende Regeln durch ein Gefühl moralischer Überlegenheit zu kompensieren, das ich aus meiner eigenen Toleranz ziehe. Diese Toleranz ist, gerade weil sie nicht auf Gegenseitigkeit beruht, sondern einseitig geleistet wird, auch eine Form des Hochmuts. Der vermeintliche Großmut, vom anderen nicht dasselbe zu verlangen wie von mir selbst, ist auch eine Beleidigung für den anderen.

Immer mehr stelle ich mir die Frage, ob der Begriff der Toleranz für unsere Auseinandersetzung mit anderen Kulturen, schon gar für das Leben in einer fremden Kultur, überhaupt angewendet werden kann. Ihrer Wortbedeutung nach ist Toleranz etwas Unangenehmes und Anstrengendes. Toleranz, abgeleitet vom Lateinischen »tolus« – die Last – und dem Verb »tolerare«: erdulden, aushalten, ertragen, soll sich nicht gut anfühlen. Sie meint die Bereitschaft und die Fähigkeit, das Andere als Anderes bestehen zu lassen und zu ertragen.

Toleranz ist nicht zu verwechseln mit Gleichgültigkeit. Wenn mich das Anderssein des Anderen nicht stört, erfordert es auch keine Toleranz. Solange sich Muslime in Deutschland im Hinterhof zum Gebet versammeln und damit keinen Anstoß erregen, ist keine Toleranz gefordert. Erst wenn sie eine Moschee bauen, an der andere Anstoß nehmen, braucht es Toleranz. Toleranz bezieht sich nicht einfach auf die Überzeugungen des Anderen, sondern auf ihre gesellschaftlichen Folgen.

Toleranz verbietet nicht, die eigene Weltsicht als überlegen anzusehen, das ist sogar eine Bedingung dafür, dass Toleranz vonnöten ist. Aber Toleranz setzt voraus, dass man anerkennt, dass andere ihre Weltsicht ebenso für überlegen halten. Sie ist nicht vereinbar mit dem Anspruch der universellen Gültigkeit des eigenen Weltbilds. Zugleich beansprucht aber jede leidenschaftlich vertretene Ansicht oder gar Heilslehre im Grunde universelle Gültigkeit, sei sie nun islamisch, christlich oder säkular.

Während der Jahre in Iran hat niemand versucht, mich zum Islam zu bekehren. Ich hatte nie den Eindruck, dass die Iraner, mit denen wir Kontakt hatten, davon ausgehen, dass eines Tages auch wir zum Islam konvertieren werden. Wir aber glauben, dass sie eines Tages zum Säkularismus konvertieren werden.

Ich habe unsere aus der Aufklärung gewonnene Toleranzidee auf eine diffuse Weise so verinnerlicht, dass ich daraus Ansprüche an mein Verhalten gegenüber der Islamischen Republik ableite. Meine Toleranz ist ein allgemeiner Respekt für den Andersdenkenden, der so weit reicht, dass ich mir kaum erlaube, meine eigenen Überzeugungen als überlegen anzusehen und sogar die massive Einschränkung meiner persönlichen Freiheitsrechte hinnehme. Die Forderung der Gegenseitigkeit, die die Bedingung für Toleranz ist, habe ich von vornherein aufgegeben. Schließlich bin ich ja in der iranischen Gesellschaft nur Gast, bin ja eigentlich ich die Fremde, kann also kein Mitspracherecht beanspruchen.

Ursprünglich ist Toleranz aber keine generelle Verhaltensregel, kein allgemeinmenschliches moralisches Gebot. Sie ist kein abgehobenes Ideal, sondern eine pragmatische Antwort auf die Erfahrung der europäischen Religionskriege. John Locke und andere Philosophen seiner Zeit entwickelten den Toleranzbegriff, der ursprünglich vor allem die Toleranzakte der Herrscher gegenüber ihren andersgläubigen Untertanen meinte, etwa im Edikt von Nantes, weiter zu einem Recht auf freie Religionsausübung, das auf der gegenseitigen Anerkennung der Religionsfreiheit des Anderen beruht. Diese Toleranzidee geht von einem Gemeinwesen aus, in dem sich alle Betroffenen gemeinsam über die Bedingungen einigen, unter denen sie Toleranz üben wollen. Sie wird unter den Mitgliedern einer relativ klar definierten und geografisch begrenzten Gemeinschaft vereinbart und ist an bestimmte Bedingungen, vor allem die der Gegenseitigkeit, gebunden.

Habermas vertritt die Ansicht, dass Toleranz nur gegenüber legitimen Überzeugungen gefordert sei, nicht aber gegenüber Überzeugungen, die auf Vorurteilen gegründet sind. Ein Vorurteil, so meint auch der Frankfurter Philosoph Rainer Forst, dürfe nicht als ethisches Urteil angesehen werden, gegenüber dem Toleranz gefordert ist. Aber wie kann zwischen legitimen Überzeugungen und Vorurteilen unterschieden werden? Was berechtigt uns, fundamentalistische Überzeugungen als Vorurteile zu klassifizieren? Als Antwort auf diese Frage verweist Habermas wiederum auf die Bedingungen, unter denen Toleranz vereinbart werden kann, nämlich die staatsbürgerliche Gleichheit, die »sowohl Gleichbehandlung wie auch die gegenseitige Anerkennung als ebenbürtige und vollwertige Mitglieder des politischen Gemeinwesens verlangt«. Mit der Gleichheit aber stellt Habermas eine Bedingung für Toleranz, die für die Vertreter eines traditionellen Islam bereits einen grundsätzlichen Glaubensinhalt in Frage stellt. Die Ungleichbehandlung von Männern und Frauen ist für sie eine religiöse Überzeugung, die toleriert werden müsste, und kann nicht schon als Vorbedingung für Toleranz zur Disposition stehen. Auch die europäische Toleranzidee ist übrigens mit dem Makel behaftet, dass ihre Väter nur den männlichen Teil der Bevölkerung im Sinn hatten.

Wenn ich in Iran auf dem Gleichbehandlungsgebot für Männer und Frauen bestehe, nehme ich in Anspruch, dass ich die Bedingungen für Toleranz definiere. Euer Weltbild, heißt das, kann nur dann als gleichwertig anerkannt werden, wenn ihr es zuallererst so weit revidiert, dass es mit unserem Prinzip der Gleichbehandlung vereinbar ist. Stelle ich diese Forderung aber nicht, gebe ich meine Prinzipien auf. Genauer gesagt, gebe ich in jedem Fall meine Prinzipien auf: entweder meine Überzeugung, dass Weltbilder prinzipiell als gleichwertig angesehen werden sollten, oder meinen Anspruch, als Frau nicht diskriminiert zu werden. Ich möchte meine Überzeugung von der Gleichwertigkeit von Kulturen nicht aufgeben. Gleichzeitig kann und will ich eine Kultur, die Frauen diskriminiert, nicht als gleichwertig ansehen.

Ich stecke in diesem Dilemma, weil ich in der Islamischen Republik leben will. Es ist der Preis für die Begegnung mit dem Fremden. Wenn ich auf Reziprozität, Gleichberechtigung, Nicht-Diskriminierung bestünde, könnte ich gar nicht mit dem Fremden in Kontakt treten, so wie Alice Schwarzer, die sich bei ihrer Iran-Reise 1979 weigerte, Chomeini zu treffen, weil sie bei der Begegnung ein Kopftuch tragen sollte.

Gegen wessen Weltbild erlege ich mir Toleranz auf? Viele, wahrscheinlich die Mehrzahl der Iraner, und vor allem der Iranerinnen, sind mit der Ungleichbehandlung keinesfalls einverstanden. Sie sehen die rechtliche Diskriminierung von Frauen nicht als unveräußerlichen Bestandteil ihrer Kultur an. Mit meiner Toleranz gegenüber der fremden Kultur bringe ich einer Tradition Respekt entgegen, auf die sich das islamische Regime beruft, die aber möglicherweise schon lange nicht mehr dem Mehrheitswillen der Bevölkerung entspricht. Andererseits kann sich das Regime immer darauf berufen, dass die Verfassung der Islamischen Republik, die den Islam zur Grundlage aller Gesetze macht, kurz nach der Revolution in einer Volksabstimmung von der überwältigenden Mehrheit der Iraner angenommen worden ist.

Im Westen, wo der Islam seit dem elften September ins Blickfeld gerückt ist, wird er als intolerant wahrgenommen. Wir sind stolz darauf, eine Philosophie der Toleranz entwickelt zu haben, und vergessen dabei, dass die islamische Welt bisher keine so verlustreichen Religionskriege gekannt hat wie die christliche, in deren Folge erst die Toleranzphilosophie entwickelt wurde.

In Iran finden sich Beispiele krasser religiöser Intoleranz, gegenüber Apostaten und religiösen Minderheiten, die nicht – wie das Christentum und das Judentum – als monotheistische Religionen des Buches geachtet werden. Auch Sunniten werden diskriminiert. Und jeder, der sich nicht an die religiösen Gesetze hält, muss mit Drangsalierung und zum Teil drakonischen Strafen rechnen. Diese Rigiditäten springen ins Auge, sie sind in ihrer Plumpheit für uns, die wir mit den ideologischen Regimen des europäischen 20. Jahrhunderts groß geworden sind, leicht verständlich. Je länger ich in Iran lebe, desto mehr erscheinen sie mir aber als Festkörper im Meer der Weichheit und Biegsamkeit der persischen Kultur, wie überraschende, unpassende Härten in den weichen Eingeweiden einer Kultur, die seit Jahrtausenden Fremdheit umschlungen und sich einverleibt hat. Die Intoleranz manifestiert sich nicht dort, wo die traditionellen Werte unangefochtenen Vorrang haben, sondern dort, wo sie gegen die als westlich angesehene Moderne verteidigt werden. Sie ist nicht eine Folge der islamischen, schon gar der persischen Kultur, sondern eine Folge ihrer Begegnung mit der Moderne.

Die der persischen Kultur eigene Flexibilität durchwirkt bis heute das Miteinander als eine traditionelle, implizite Toleranz. Sie gleicht nicht unserem philosophisch entwickelten, logisch durchdachten Konzept der Toleranz. Sie ist nicht rechtlich verbürgt, man kann sich nicht auf sie berufen. Sie hat auch nichts Moralisierendes. Sie ist weniger ein »Ertragen« als ein »Leben-lassen«.

Seit der Islam in Iran an der Macht ist, sind in seinem Namen Grausamkeiten begangen worden. Andererseits hat das Regierungsgeschäft die Vertreter der Religion auch zu überraschendem Pragmatismus genötigt. Ein Beispiel ist etwa die Haltung des islamischen Regimes zur Geburtenkontrolle. Nach der Revolution bis in die späten achtziger Jahre, als man für die islamische Weltrevolution und den Krieg gegen den Irak so viel Nachwuchs wie möglich wünschte, war Verhütung als unislamisch verpönt. Als man aber in den Schulen in zwei Schichten zu unterrichten begann und die islamische Regierung gewahr wurde, dass die Bevölkerungsexplosion zur Massenarbeitslosigkeit führte und das Regime destabilisieren könnte, erließ man rasch eine Fatwa, die Geburtenkontrolle nun plötzlich in Übereinstimmung mit dem Koran fand. Man entwickelte ein Programm zur Geburtenkontrolle, und für den darauffolgenden Rückgang der Geburtenzahlen zollte sogar die Weltgesundheitsorganisation der Islamischen Republik Respekt.

Was gestern richtig war, so zeigt das Beispiel, muss also auch für eine religiös begründete Regierung morgen nicht mehr richtig sein. Auch religiöse Wahrheit ist veränderlich.

Im Persischen hat das Wort »Wahrheit« (haghighat) einen Plural, der durchaus gebräuchlich ist. Die Vorstellung, dass es mehrere Wahrheiten gibt, ist ein weiterer Beleg für ein synthetisches Denken, das nicht das

Ausschließende und die Widersprüche betont. Dieser inhärente Pluralismus erträgt auch den Widerspruch zu der Vorstellung von der ein für alle Mal geoffenbarten Wahrheit des koranischen Gotteswortes. Wahrheit ist als geoffenbartes Gotteswort radikaler Singular, absolute Wahrheit. Sie wird aber auch durch das Studium der Motschdaheds, der religiösen Gelehrten, durch Beratung und Konsens erarbeitet. Diese Wahrheitssuche unterliegt Regeln, nicht jedermann kann Autorität beanspruchen. Aber es gibt, anders als im Katholizismus, keine Hierarchie mit einer unhinterfragbaren Autorität an der Spitze, die berechtigt wäre, Wahrheit festzulegen. Autorität beziehen die einzelnen Gelehrten aus dem Ansehen, das sie bei ihrer Anhängerschaft genießen, und der Größe ihrer Anhängerschaft, wobei jeder Gläubige frei ist, sich einen Gelehrten, die sogenannte Quelle der Nachahmung, zu wählen und dessen Autorität zu folgen.

Schließlich und vor allem gibt es eine lange und bis heute lebendige Tradition individueller, mystischer Wahrheitssuche. »Meiner Ansicht nach führt der sichere Weg, Gott zu erkennen, nicht über das Verstehen, sondern über die mystische Vereinigung«, schreibt Chatami im September 1998 in dem bereits zitierten Artikel für die F.A.Z. »Die Wahrheit der Religion ist eine Erfahrung, die der gläubige Mensch in seinem Herzen macht. Und der Weg des Herzens ist ein individueller Weg.«

Die Verehrung der großen iranischen Mystiker und Dichter ist bis heute lebendig. Sufi-Gelehrte, die den mystischen Islam lehren, erfreuen sich trotz der offiziellen Missbilligung dieser irrationalen Glaubensrichtung wachsenden Zulaufs. Und es ist bekannt, dass sowohl Revolutionsführer Chomeini als auch der heutige religiöse Führer Chamenei heimlich mit dem Sufismus sympathisieren. Chatami befindet sich mit seinem Diktum: »Die Religion eines jeden ist seine innere Erfahrung«, schon fest auf dem Boden eines aufgeklärten Islam, der keine geringeren Voraussetzungen für Toleranz bietet als andere Religionen.

Scham und Schönheit

Töte mich, aber mach mich schön.

Iranische Redensart

Das Wort »Hedschab« bedeutet im Arabischen Vorhang oder Schleier. Im Koran (Sure 33, Vers 53) erscheint der Hedschab als ein Vorhang, der die Privatsphäre des Propheten Mohammed und seiner Frauen vom öffentlichen Raum trennt und die Frauen des Propheten vor den Blicken der Gäste schützen soll. Ursprünglich ist der Hedschab also keine Bekleidungsregel, sondern er bestimmt den Ort der Frau, er grenzt sie aus dem öffentlichen Leben aus und trennt sie von der Gesellschaft der Männer. An anderer Stelle (Sure 24, Vers 30, 31) wird darüber hinaus ausgeführt, dass Frauen und Männer im gegenseitigen Umgang Zurückhaltung üben und Frauen »ihre Reize nicht zur Schau tragen« sollen.

»Der Begriff Hedschab hat eine dreidimensionale Bedeutung«, schreibt die marokkanische Feministin Fatima Mernissi. »Die drei Dimensionen überschneiden sich mehrfach. Die erste Dimension ist die visuelle: dem Blick entziehen. Die Wurzel des Verbs *hajaba* bedeutet »verstecken«. Die zweite Dimension dagegen ist die räumliche: trennen, eine Grenze ziehen, eine Schwelle aufbauen. Die dritte Dimension schließlich ist ethischer Natur: sie gehört dem Bereich des Verbotenen an ... Ein hinter dem Hedschab verborgener Raum ist ein verbotener Raum.«

Iranerinnen, die ich danach frage, assoziieren mit dem Hedschab »Schutz« sowie, bezogen auf das Verhalten der Frau, »Zurückhaltung«, vor allem im Umgang mit Männern, »Bescheidenheit«, »Schlichtheit«, »Reserviertheit« sowie – als Ergebnis des korrekten Verhaltens – »Reinheit«.

»Die Definition von Hedschab geht über die äußere Erscheinung hinaus«, sagt eine religiöse Iranerin, mit der ich mich über den Hedschab unterhalte. »Hedschab hat eine äußere und eine innere Seite. Der äußere Teil betrifft die Kleidung, das Aussehen, das Lachen, lautes oder leises Sprechen. Der innere Teil schreibt vor, dass eine Frau nicht versuchen soll, die Aufmerksamkeit der Männer zu erregen. Scham und Zurückhaltung, das sind die verborgenen Aspekte des Hedschab. Diese Regeln gelten auch für Männer, sogar noch mehr: Männer sollten aufpassen, wie sie sprechen und mit Frauen kommunizieren. Sie sollen ihren Blick senken und nicht eines anderen Eigentum ansehen.«

Die Befürworter des Hedschab sagen: Indem wir das Äußere bedecken, lenkt es uns nicht mehr ab und wir können das Innere sehen. Und die Kritikerinnen des Hedschab entgegnen: Indem das Äußere bedeckt wird, steigert sich das Interesse daran so, dass die Fantasien über das bedeckte Äußere ganz vom Inneren ablenken. Und indem so viel Wert darauf gelegt wird, das Äußere zu bedecken, wird das Innere von vornherein abgewertet.

Iran ist das einzige Land der Welt, in dem das Verhüllungsgebot auch für Ausländerinnen gilt. Selbst in Saudi-Arabien, wo Frauen nicht einmal Auto fahren dürfen, kann eine Ausländerin ohne Kopftuch durch die Straßen gehen. In Herat in Afghanistan war ich die einzige Frau auf der Straße, die ein Gesicht hatte, während alle Afghaninnen eine Burka trugen. Aber ich bin nicht sicher, ob ich gerne ohne Kopftuch neben meinen iranischen Freundinnen im Café sitzen würde. Die Privilegierung der Ausländer würde der einen Diskriminierung eine zweite hinzufügen, so wie in der Sowjetunion, wo in Hotelbars, Restaurants und Devisenläden nur Ausländer Einlass erhielten, während die Russen an der Tür abgewiesen wurden.

Einmal erzählt mir Roja, dass sie zwei Frauen in einem Diplomatenauto gesehen habe, die keinen Hedschab trugen. »Sie sahen sehr zufrieden aus. Mir wurde ganz schlecht. Das war, als wenn man nach Afrika in irgendein Hungergebiet fährt und vor den Augen der verhungernden Menge einen doppelten Cheeseburger vertilgt«, sagt sie. »Aber dann dachte ich: Meine ich wirklich, dass sie den Hedschab tragen sollten, weil ich es muss? Bin ich etwa eine Verfechterin des Hedschab?«

Ich beginne, mich mit Iranerinnen über den Hedschab zu unterhalten. Obwohl der Hedschab von den Iranerinnen oft als »unser kleinstes Problem« bezeichnet wird, führen die Gespräche, die vom Hedschab ihren Ausgang nehmen, zu den zentralen Frauenthemen: der Stellung der Frau in der iranischen Gesellschaft, dem Verhältnis der Geschlechter, der Haltung der Frauen zum Regime.

Während der Hedschab für den westlichen Betrachter vor allem ein Symbol der Unterdrückung der Frau im Islam ist, ist seine Bedeutung für die iranischen Frauen sehr viel weniger eindeutig, denn er ist zugleich Teil der eigenen Tradition, mit der jede Erinnerungen verbindet. Die gesellschaftliche Bedeutung des Hedschab hat sich in Iran in den vergangenen hundert Jahren mehrfach grundlegend geändert.

In Iran gibt es eine lange Geschichte staatlicher Bekleidungsvorschriften für Frauen. Spätestens seit Beginn des vergangenen Jahrhunderts ist die weibliche Kleidung Gegenstand politischer und religiöser Auseinandersetzungen. Resa Schah, der Vater des durch die Revolution von 1979 gestürzten Herrschers, betreibt in der ersten Hälfte des 20. Jahrhunderts nach dem Vorbild Kemal Atatürks eine forcierte Modernisierung Irans. In seinen Augen ist die verschleierte Frau ebenso wie die Kamele, die er deshalb zu fotografieren verbietet, ein Symbol der Rückständigkeit des Landes. In der Regel trugen die Iranerinnen damals in der Öffentlichkeit den Tschador über mehreren Lagen anderer Kleidung sowie einen Gesichtsschleier. Besonders die Frauen der Oberschicht waren aufwendig verhüllt, denn es galt als Zeichen des Reichtums, wenn eine Frau sich die entsprechenden Mengen von Stoff leisten konnte.

Nach einem Besuch in der Türkei Atatürks entscheidet sich Resa Schah 1936 dazu, die Frauen per Dekret zu enthüllen. Der Tschador wird verboten, die Polizei angewiesen, ihn gewaltsam zu entfernen, sollten sich Frauen nicht an das Verbot halten. Besonders ältere Frauen aus der traditionellen Oberschicht ziehen sich daraufhin aus Scham, sich unverschleiert in der Öffentlichkeit zeigen zu müssen, völlig hinter die eigenen Mauern zurück oder werden von ihren Männern nicht mehr auf die Straße gelassen. Der Schah zwingt Hofstaat und Adel dazu, sich fotografieren zu lassen, ganze Familien – die Frauen unverschleiert.

Längerfristig führt die Zwangsentschleierung dazu, dass immer mehr Frauen der urbanen Mittel- und Oberschicht ohne Hedschab am öffentlichen Leben teilnehmen. Als das Verbot des Hedschab nach dem Sturz Resa Schahs 1941 nicht mehr durchgesetzt wird, sind es vor allem Frauen aus ärmeren und traditionelleren Familien, die ihn wieder anlegen. So wird der Tschador zum Symbol für Religiosität, Armut und Rückständigkeit.

Ende der siebziger Jahre erlebt der Tschador eine Renaissance: Er wird zum Zeichen des Protests gegen das Pahlawi-Regime und die vom Schah eingeführte »Verwestlichung«.

Nichtverhüllte und geschminkte Frauen gelten nun zunehmend als uniranisch, dagegen wird der Hedschab zum Symbol für die Bewahrung traditioneller, nichtwestlicher Werte. Gegen das als korrupt und unmoralisch wahrgenommene Schah-Regime sowie dessen vermeintlich westliche Degradierung von Frauen zu Sex-Objekten stellt der Widerstand Begriffe wie Würde und Achtung der Frau, die besonders durch den Hedschab symbolisiert werden. Während speziell der Tschador zuvor als Zeichen des Ausschlusses der Frau vom sozialen Leben gegolten hat, wird er nun zum Symbol der Teilnahme unter der Bedingung der Wahrung ihrer Würde. War der Tschador zuvor ein Symbol der Passivität und Unterordnung, sind es nun auch selbstbewusste, politisch und gesellschaftlich aktive Frauen, die ihn tragen.

Die wachsende Popularität des Hedschab, speziell des schwarzen Tschadors, beschränkt sich nicht auf die religiöse Opposition gegen den Schah. Auch viele Frauen der Mittel- und Oberschicht, die nicht mit dem islamischen Widerstand sympathisieren, tragen in der Revolutionszeit Tschador. Eine Bekannte, die nie zuvor und später nie wieder in ihrem Leben einen Tschador getragen hat, erzählt mir, wie sie als Gymnasiastin im Tschador an Anti-Schah-Demonstrationen teilnahm.

Vordenker des politischen Islam wie Ali Schariati und Ajatollah Mortesa Motahari entwickeln im Vorfeld der Revolution die theoretische Grundlage für das Comeback des Hedschab. Ihr Frauenbild spiegelt das Bestreben wider, der westlichen Moderne nicht eine Rückwendung zum traditionellen Islam, sondern einen eigenen, islamischen Fortschritt entgegenzusetzen. Diese Denkrichtung wird dann entgegen der im Westen verbreiteten Ansicht, die iranische Revolution sei in erster Linie eine Restauration von Tradition gewesen, zu einer sehr einflussreichen – wenngleich keineswegs der einzigen – Ideologie der Islamischen Revolution.

Motahari propagiert eine praktischere Variante des Hedschab in Form von Kopftuch und langem Mantel, der die Teilnahme der Frau am öffentlichen Leben in islamisch korrekter Weise ermöglichen soll. Der Hedschab verliert so die Bedeutung des Trennenden zwischen Frau und Gesellschaft und verwandelt sich in das Gegenteil: Er ist Bedingung der Teilnahme von Frauen am öffentlichen Leben der islamischen Gesellschaft. Es ist das von Faiseh Haschemi vorgebrachte Argument, dass erst die Wiedereinführung des Hedschab vielen Frauen den Zugang zu Bildung und Arbeit eröffnet habe. Junge Mädchen und Frauen vor allem aus traditionellen Familien hätten nur durch den Hedschab von ihren Vätern und Ehemännern die Erlaubnis zu Studium, Ausbildung und Berufstätigkeit erhalten.

Andererseits ist es gerade der unter der Islamischen Republik eingeführte Hedschab-Zwang, der die Iranerinnen der städtischen Mittel- und Oberschicht dem Regime entfremdet.

»Ich erinnere mich genau an den Tag, an dem der Hedschab für alle Frauen obligatorisch wurde«, erzählt Parissa. »Es war einige Monate nach der Revolution, und ich bereitete mich damals auf die Aufnahmeprüfung zur Universität vor. Gleichzeitig jobbte ich in einer ausländischen Firma. Als der Hedschab für Regierungsangestellte eingeführt wurde, bestellte unser Chef vorsichtshalber auch für uns blaue Kopftücher und blaue Mäntel. Im Büro hatte ich also diesen blauen Schal um den Hals, um ihn schnell über den Kopf ziehen zu können, falls jemand mit Bart hereinkommt. Anfangs haben wir uns darüber lustig gemacht.« Parissa, Tochter eines hohen Offiziers unter dem Schah, ist von Anfang an gegen die Revolution, bleibt aber nach dem Sturz der Monarchie im Gegensatz zu vielen anderen im Land. Sie arbeitet heute als Privatlehrerin in Teheran. Den Hedschab beachtet sie nur nachlässig, trägt gerne bunte Kopftücher und Gewänder im iranischen Ethnolook mit farbigen Bordüren und aufgenähten Silbermünzen. »Eines Tages wurde dann in Radio und Fernsehen verkündet«, berichtet sie, »dass alle Frauen auf der Straße Hedschab tragen müssten. Als ich am nächsten Morgen aus dem Haus ging, setzte ich also ein Kopftuch auf. Aber ich dachte die ganze Zeit: warum darf ich nicht selbst für mich entscheiden, warum verletzen sie mich? Ich fühlte, dass es der Beginn von viel größeren Einschränkungen der Freiheit war. Ich wusste, wenn ich heute Hedschab tragen muss, kommt morgen noch viel Schlimmeres auf mich zu. Ich habe den ganzen Weg von zu Hause bis zum Büro geweint.« Die Anordnung Chomeinis, die sich zunächst nur auf Staatsangestellte bezieht, wird im Laufe von zwei Jahren nach der Revolution für alle Frauen in der Öffentlichkeit verbindlich. Um dies durchzusetzen, schüren die neuen Machthaber ein Klima der Angst und terrorisieren die Frauen auf der Straße. 1983 wird der Hedschab in Iran im Strafgesetz verankert. Seither ist die islamische Kleiderordnung in der Öffentlichkeit für alle Frauen und Mädchen ab neun Jahren obligatorisch. Verstöße können mit vierundsiebzig Peitschenhieben geahndet werden.

Die politische und religiös-moralische Dimension, die das islamische Regime der weiblichen Bekleidung beimisst, steigert ihre Bedeutung. Die weibliche Kleidung wird zu einer Zeichensprache, die trotz der scheinbaren Uniformität gesellschaftlich sehr viel aussagekräftiger ist als westliche Moden. Der vorgeschriebene Kodex schafft eine Folie, vor deren Hintergrund die Frauen mit geringfügigen Abweichungen Signale setzen können. Damit treffen sie Aussagen über ihre Religiosität, ihre Haltung zum Regime, ihre soziale Zugehörigkeit und ihre Haltung gegenüber Männern.

Für die Verletzung der Bekleidungsregeln prägt das Regime den Kampfbegriff »schlechter Hedschab«, der meist als Adjektiv verwendet wird. Die »Schlechter-Hedschab-Frauen« sollen so stigmatisiert und geächtet werden. Aber wo Bekleidung zum Politikum wird, eröffnet sie auch die Möglichkeit zu politischem Protest. Die islamische Regierung, die den Hedschab zum Symbol ihrer Herrschaft erhebt, muss nun erleben, wie der »schlechte Hedschab« zum Ausdruck des Widerstands wird.

Die Durchsetzung des Hedschab ist auch Gegenstand der Auseinandersetzungen zwischen Reformern und Hardlinern. Übergriffe gegen Frauen mit »schlechtem Hedschab« und Razzien gegen Geschäfte, in denen kurze und enge Mäntel verkauft werden, haben für die Bevölkerung Signalcharakter und scheinen anzuzeigen, wer jeweils innerhalb des Regimes die Oberhand hat.

Mit der langsamen Aufweichung der Bekleidungsregeln seit Ende der neunziger Jahre haben die Iranerinnen den Hedschab quasi in Millimeterarbeit ihren eigenen Vorstellungen angenähert. Mit jedem Millimeter, den die Mäntel, die Ärmel und Hosen kürzer und enger, die Kopftücher kleiner werden, gewinnen sie Gestaltungsraum und Ausdrucksfreiheit. Farbe hält Einzug. Die Frauen eignen sich den Hedschab so weit an, bis er sich fast in das Gegenteil dessen verwandelt, was die religiöse Herrschaft beabsichtigt: Was heute in manchen Stadtvierteln Teherans als »islamische Verhüllung« getragen wird, ist tatsächlich aufreizender als das meiste, was man auf den Straßen einer europäischen Großstadt zu sehen bekommt.

Ursprünglich hat der Hedschab eine doppelte Funktion: Er soll die weibliche Körperoberfläche, die Haut bedecken und die Silhouette, die Umrisse und Bewegungen unsichtbar machen. Heute zeigen die Iranerinnen an Ausschnitt, Armen und Beinen immer mehr Haut, zugleich schmiegen sich die Mäntel oft so hauteng an die Körper, dass die weibliche Figur bis ins Detail sichtbar wird.

Die Aneignung des Hedschab hat eine eigene Hedschab-Mode hervorgebracht. Seit einigen Jahren gibt es iranische Designerinnen, die Bekleidung entwerfen, die im weitesten Sinne mit den Regeln des Hedschab vereinbar ist. Mit dem ursprünglichen Zweck, keine Aufmerksamkeit zu erregen, hat diese Mode nichts mehr zu tun. Die Designerinnen arbeiten mit Farben und Stoffen, die oftmals auf vorislamische iranische Traditionen und die Ästhetik der iranischen Nomadenstämme zurückgreifen. Sie veranstalten Modeschauen, die nur von Frauen besucht werden dürfen, und seit dem Frühjahr 2003 erscheint eine Modezeitschrift für Hedschab. Die Designerinnen sind auf der Suche nach einer eigenen, iranischen Mode, die nicht westlich und nicht streng islamisch ist. Sie verstehen ihre Arbeit nicht als konfrontativ, gegen das islamische Regime gerichtet, sondern als vermittelnd. Ihre Mode soll, so sagen sie, die islamischen Sittenregeln mit den Bedürfnissen der Frauen in Einklang bringen.

Im Umgang mit dem Verhüllungszwang haben die Iranerinnen eine sehr weibliche und sehr iranische Art der Auseinandersetzung entwickelt: indirekt, unterminierend, manchmal unbewusst, um Auswege und bisweilen auch Kompromisse bemüht. Der Zwang der Herrschaft wird ertragen und dabei zugleich langsam dem Eigenen anverwandelt. »So haben wir es auch mit den Mongolen und den Arabern gemacht, als sie Iran besetzten«, erklärt Parissa mir.

Roja ist kritischer. »Der Hedschab dient dazu, die weibliche Identität unkenntlich zu machen«, sagt sie. »Die Frau wird nicht als Person, nicht als Individuum angesehen.« Für sie wie für viele Iranerinnen ist der Hedschab eine Verkleidung, die den Frauen aufgezwungen wird. Überall im Land begegnet man modernen Frauen in traditioneller Verkleidung. Die Frauen haben das Gefühl, dass das islamische System sie zwingt, sich zu verstellen. Es ist zur Selbstverständlichkeit geworden, dass Kleidung und Persönlichkeit, Außen und Innen, Gesagtes und Gedachtes nicht übereinstimmen. »In Iran«, sagt Roja, »herrscht eine Mentalität des Hedschab.« Verstellung, Verbergen – ›niemals das Ganze zeigen‹, das bezieht sich für sie nicht nur auf die Kleidung, sondern auch auf das Wohnen, die Häuser, in denen Frauen hinter hohen Mauern verborgen werden, und den Umgang der Menschen miteinander. Die persische Höflichkeit, den »Taruf«, bezeichnet Roja als »Hedschab der Zunge«. Und unter den Bedingungen politischer Unterdrückung habe sich ein »politischer Hedschab« entwickelt, der dazu führt, dass niemand sagt, was er denkt, und alle sich daran gewöhnen, die eigenen Überzeugungen zu verbergen.

Der Junge ist nach westlicher Teenie-Mode gekleidet: ein übergroßes Sweat-Shirt und weite Jeans, die tief auf der Hüfte hängen, die Haare sind kurz geschnitten. Er ist noch nicht im Stimmbruch, aber seine Bewegungen sind schon männlich-lässig. Niemand würde darauf kommen, dass der Junge in Wirklichkeit ein Mädchen ist. Seit drei Jahren gibt sich die dreizehnjährige Tahereh als Junge aus. »Ich wollte absolut nicht dazu gezwungen werden, ein Kopftuch zu tragen«, sagt sie. »Und ich will mich frei bewegen dürfen wie die Jungen. Als Junge kann ich Sachen machen, die für Mädchen verboten sind.«

Offiziell müssen Mädchen ab dem Alter von neun Jahren in der Öffentlichkeit den Hedschab beachten. Mit kurzem Haar, weiter Kleidung und dem unter Iranerinnen verbreiteten Damenbärtchen fällt es ihnen aber nicht so schwer, sich noch jahrelang als Junge auszugeben. Taherehs Täuschung funktioniert auch deshalb so gut, weil die Gestik und Sprechweise der iranischen Mädchen normalerweise – viel stärker als im Westen – ausgeprägt weiblich ist. So ist Taherehs burschikoses Auftreten eine mindestens ebenso gute Tarnung wie die Jungenkleidung. Auf der Straße wurde Tahereh in den drei Jahren denn auch kein einziges Mal als Mädchen erkannt. Ihr Rollenspiel ist so perfekt, dass sie auch im Privaten fast immer für einen Jungen gehalten wird.

Unter Altersgleichen genießt Tahereh große Bewunderung. Und sie ist kein Einzelfall. Nicht wenige iranische Mädchen flüchten sich in die Jungenrolle, und das nicht nur, weil sie sich so freier bewegen können. Oft geht es auch darum, dass sie sich nicht in das vom islamischen Staat propagierte Rollenmodell fügen wollen. Die Mädchen lehnen das traditionelle Geschlechterverhältnis, die Rolle der Mutter und Hausfrau ebenso wie die Unterordnung unter den Mann ab. Weil es unmöglich ist, die Diskriminierung zu überwinden, und schwierig, eine moderne, weibliche Identität zu finden, nehmen sie Zuflucht zur privilegierten Männerrolle.

Das schwierigste Gespräch führe ich mit Farsaneh, die sich noch zur Schah-Zeit, vor etwa dreißig Jahren freiwillig entschieden hat, das Kopftuch zu tragen. »Da war zuerst ein Bedürfnis«, sagt sie. »Ich war damals fünfzehn und auf der Suche nach bestimmten Regeln, nach denen ich mich richten konnte. Den meisten geistigen Strömungen, die damals en vogue waren, wie etwa dem Marxismus, ging es nur um soziale und revolutionäre Veränderungen. Sie beschäftigten sich nicht mit existenziellen Fragen wie dem Beginn und dem Ende der menschlichen Existenz. Sie hatten nichts mit meinem persönlichen Leben und den sozialen Verpflichtungen zu tun. Sie erklärten mir nicht, wie ich in der Gesellschaft zwischen Gut und Böse unterscheiden könnte. Auf diese Fragen suchte ich Antworten, und als ich sie anderswo nicht finden konnte, wandte ich mich, weil ich in eine muslimische Familie geboren worden war, meiner eigenen Religion zu. Ich fand die Regeln, die ich gesucht hatte, in der Religion.«

Obwohl sie selbst den Hedschab befürwortet, lehnt Farsaneh den staatlichen Zwang zum Hedschab ab. »Es gibt keinen Zwang in der Religion«, zitiert sie die zweite Koransure (Vers 256). »Sollten also die Iranerinnen frei entscheiden können, wie sie sich kleiden?«, frage ich.

»Unser Konzept von Freiheit geht über das westliche hinaus. Wir akzeptieren die westliche Definition von Freiheit, die dort endet, wo du einem anderen schadest. Aber darüber hinaus glauben wir, dass man sich rücksichtsvoll und hilfsbereit zeigen sollte. Wir sollen nicht nur an uns selbst denken, sondern die Folgen unseres Handelns für andere bedenken. Der Hedschab ist Ausdruck dieser Rücksicht. Egoismus hat in unserer Religion keinen Platz. Zuerst kommt Gott. Dann die Gesellschaft und dann du.«

Farsaneh stammt nicht aus einer konservativen, in der Tradition verhafteten Familie. Sie ist nicht rückständig und ungebildet, im Gegenteil, Farsaneh ist eine erfolgreiche Ärztin, eine Internistin, die in einem Männerberuf Karriere gemacht hat. Sie arbeitet in einem großen Teheraner Krankenhaus und besucht häufig internationale Kongresse im Ausland – im bodenlangen dunkelblauen Mantel und kapuzenähnlichen Kopftuch. Als sie sich für den Hedschab entschied, beugte sie sich nicht dem Druck der Familie oder ihres sozialen Umfelds. Es gibt keinen Grund, sie als unmündig oder bemitleidenswert anzusehen.

Farsaneh meint nicht, dass Frauen den Hedschab beachten sollten, weil es der Koran so vorschreibt. Sie sagt, man solle die Frauen überzeugen, den Hedschab freiwillig zu tragen, weil er viele Vorteile für die Gesellschaft habe. »Unverhüllt zu sein, schafft Chaos in der Gesellschaft«, sagt sie. Der Hedschab sei ein wirksames Mittel, um die Ausstrahlung von Frauen auf Männer zu verringern und damit »die Gesellschaft sicherer« zu machen. »Der Hedschab ist genau wie ein Sicherheitsgurt beim Autofahren. Er ist nicht besonders angenehm, aber er ist nützlich, wenn es einen Unfall gibt. Er schützt deine eigene Familie und andere Familien. Unbedeckt zu sein führt zu Familienproblemen, Scheidung, Gesundheitsproblemen, Aids, Hepatitis und so weiter.«

»Aber in Iran, wo die Frauen verhüllt sind, gibt es alle diese Probleme in genauso großem Ausmaß wie im Westen, wo die Frauen nicht verhüllt sind«, sage ich.

»Vieles, was wir heute in Iran sehen, hat nichts mit dem Islam zu tun«, antwortet sie.

»Aber hat sich dann nicht der Hedschab als untauglich erwiesen, Gesellschaft und Familie zu schützen?«

Wenn Farsaneh über den Hedschab spricht, spielen die Worte »Chaos« und »Kontrollverlust« eine wichtige Rolle. Sie ist überzeugt, dass das männliche Begehren und die weibliche Verführung eine Gefahr für die Gesellschaft darstellen, der man mit Regeln und Kontrolle begegnen muss. Und sie glaubt, dass das Kopftuch dazu einen wichtigen Beitrag leisten kann. Meinen Argumenten von Respekt, Selbstbestimmung und Selbstkontrolle ist sie nicht zugänglich.

Farsanehs Unerschütterlichkeit macht mich aggressiv. Gerade weil ihre Religiosität das Ergebnis einer bewussten Suche ist, müsste sie doch für die Argumente anderer offener sein, denke ich. Ich will nicht akzeptieren, dass gerade die Erfahrung der eigenen Verunsicherung dazu geführt hat, dass sie nun keinerlei Zweifel mehr zulässt. Farsanehs Religiosität gründet nicht in der Tradition, sondern ist die Folge ihrer Auseinandersetzung mit der Moderne. Sie ist nicht unreflektiert übernommen, sondern entspringt einer bewussten, rationalen Entscheidung, um den Wunsch nach Ordnung, Regeln und klaren Antworten zu befriedigen. Im Gespräch mit Farsaneh wird verständlich, wie sehr der islamische Radikalismus eine Reaktion auf die Moderne und nicht eine Folge der Tradition ist. Er führt nicht zurück zu traditionellen Lebensformen, sondern ermöglicht den Schritt in ein modernes, emanzipiertes Leben. Farsanehs Leben als berufstätige Frau, Ehefrau und Mutter eines Sohnes ist äußerlich dem Leben vieler Frauen in westlichen Großstädten ähnlich. Ihre eigene moderne Lebensform aber verbindet sie mit einer strikten Ablehnung des westlichen Liberalismus.

Bis zu einem gewissen Grad reagiere ich auf den Hedschabzwang ähnlich wie die Iranerinnen. Ich versuche den Zwang zu unterwandern, indem ich den Hedschab nachlässig beachte. Ich versuche, den Zwang zu leugnen, indem ich so tue, als sei es eine lustige Verkleidung oder eine Mode, die man auf ihre Weise auch gestalten kann. Es gibt eine Möglichkeit, spielerisch damit umzugehen, sowohl in der konkreten modischen Ausgestaltung der Regeln als auch durch die widersprüchliche Wirkung, die eine blonde Europäerin in islamischer Tracht hervorruft. Dies sind Mechanismen der Verdrängung meiner Wut und Aggression über die Diskriminierung, die mich verletzt. Im täglichen Leben ist es notwendig, die Verletzung zu leugnen, weil ich nicht ständig in Wut und Aufruhr herumlaufen kann. »Ich habe mich daran gewöhnt«, sagen die meisten Iranerinnen. Das ist die Oberfläche. Aber ohne diese oberflächliche Beruhigung lässt es sich in der Islamischen Republik nicht leben.

Mein Schamgefühl verändert sich. Es erschreckt mich, wie sehr ich mir mit der Zeit die islamischen Vorstellungen von Nacktheit und Bedeckung zu eigen mache. Ich spüre die Regelverletzung, wenn ich mich im Flughafenbus an der Haltestange festhalte und dabei der Ärmel meines Mantels nach unten rutscht und mein Handgelenk freigibt.

Eines Abends nach der Arbeit machen T. und ich einen Spaziergang durch unsere Nachbarschaft. Elahieh ist ein wohlhabendes Viertel im Teheraner Norden, wo es kaum Frauen im Tschador gibt und die meisten sich nur sehr nachlässig an die islamische Kleiderordnung halten. Trotzdem fühle ich mich unwohl, als ich merke, dass mein langes Kleid an den Knöcheln nackte Haut erkennen lässt. Wegen der Hitze habe ich keine Strümpfe angezogen. Niemand beachtet uns. Trotzdem habe ich das Gefühl eines unerträglichen Regelverstoßes. Schließlich bitte ich T., mir seine Socken zu leihen.

Wenn ich nach Deutschland reise, braucht es einige Tage, bis ich nicht mehr vor der großflächigen Nacktheit der Werbeplakate zurückschrecke, bis ich gepiercte Bäuche nicht mehr als Provokation empfinde, bis ich mir nicht mehr in einem Anflug von Panik an den Kopf greife, weil kein Tuch ihn bedeckt.

Einmal machen wir von Iran aus Urlaub in Sri Lanka. Durch die Flughafenhalle von Colombo laufen die Stewardessen in ihren grünen Saris, die am Bauch einen Streifen braune Haut freilassen. Beim Gehen schwingen sie ihre schlanken, eng umwickelten Hüften, während das lange Ende des Stoffs locker über den Rücken fällt, als sollte man danach greifen. Sie werfen ihren männlichen Kollegen kindlich-kesse Blicke zu, sie kichern und lassen ihre weißen Zähne blitzen. Die Haare fallen ihnen als kräftige glänzend schwarze Bündel bis auf die Hüften hinunter oder bedecken den ganzen Rücken. Welch spielerische Freiheit, welche Lebensfreude, welche Schamlosigkeit.

In Iran scheint es keine natürliche Freude am Körper zu geben. Zwar teilt die islamische Kultur nicht die Lustfeindlichkeit des Christentums. Lust ist nicht moralisch schlecht, aber sie ist gefährlich für die Ordnung und muss kontrolliert und in geregelte Bahnen gelenkt werden. Auch der Körper ist in seinem Naturzustand nicht positiv besetzt, sondern zutiefst zwiespältig, weil viele natürliche Vorgänge wie Menstruation oder Geschlechtsverkehr den Körper verunreinigen und daher Waschungen nötig machen. Die im Manichäismus wurzelnde Unterscheidung zwischen »rein« und »unrein« bezeichnet zwar keine moralischen Kategorien wie im Christentum, aber sie kennt doch einen wünschenswerten und einen nicht wünschenswerten Zustand. Diese Vorstellung beeinflusst bis heute das Körpergefühl auch jener Frauen, die sich nicht als religiös verstehen.

Nach dem Islam sind vor allem die weiblichen Genitalien, die ja auch im Deutschen als »Scham« bezeichnet werden, eine unreine Körperzone, die zu sehen und zu berühren untersagt ist. Zudem gelten alle Ausscheidungen des menschlichen Körpers, insbesondere das Menstruationsblut, als unrein. Die Tabuisierung, die Schwierigkeit, über diese Körperbereiche zu sprechen, führen zudem dazu, dass Mädchen oftmals nicht aufgeklärt werden und Frauen ihren Körper nicht gut kennen.

»Als ich das erste Mal meine Tage bekam«, erzählt mir einmal eine Schriftstellerin, »war ich vollkommen unvorbereitet. Es war ein Schock, unter dem ich seither mein ganzes Leben gelitten habe. Ich habe geglaubt, ich hätte meine Jungfräulichkeit verloren. Später habe ich dann meine eigenen Töchter, als sie noch ganz klein waren, radikal aufgeklärt. Ich habe sie vor den Spiegel gestellt, ihnen die Röcke hochgezogen und ihnen die Funktionsweise ihrer Genitalien in allen Einzelheiten erklärt.«

Während die moderne Kultur zu einer Ausdifferenzierung von Nacktheit und Sexualität geführt hat, gibt es in Iran keine unschuldige Nacktheit. In Gesprächen zeigen sich einige Iranerinnen verwundert darüber, dass im Westen Nacktheit, etwa am Strand, keine besondere Beachtung findet und nicht, wie Farsaneh annimmt, zu »gesellschaftlichem Chaos« führt. »Das ist gegen die menschliche Natur«, sagt Farsaneh. »Nur Tiere empfinden nichts, wenn sie sich gegenseitig nackt sehen.«

Während in unserem Verständnis die individuelle Fähigkeit, Triebverhalten zu beherrschen, ein Ausdruck der Kultur ist, zeichnet in der persischen Kultur ein System von Blick- und Berührungsverboten, Verhüllungsgeboten und Scham die kultivierte Gesellschaft aus. Nach diesem Verständnis ist Scham (persisch: haja) positiv besetzt, weil sie moralisch korrektes, rücksichtsvolles Verhalten fördert und die Intimsphäre des Einzelnen vor der Öffentlichkeit schützt. Sie ist eine Qualität der menschlichen Kultur und ein wesentliches Merkmal, das den Menschen vom Tier unterscheidet. Aus diesem Blickwinkel erscheinen wir als Tiere, wenn wir uns unserer Nacktheit nicht schämen.

Wenn wir Scham als ein negatives Gefühl ansehen, wird das, was wir beschämt verdecken, ebenfalls negativ belegt. Verstehen wir Scham aber als etwas Positives, Schützendes, Bewahrendes, kann das, was verborgen wird, einen besonderen Wert erhalten. So sagt ein Propaganda-Spruch der Islamischen Republik: »Eine Frau im Hedschab ist wie eine Perle in einer Muschel.«

Für die aufgeklärten westlichen Individualisten ist Scham eine unerwünschte Gefühlsregung. Sie ist ein Moment des Kontrollverlusts, eine Emotion, die uns plötzlich überfällt, der wir ausgeliefert sind. Sie wird vielfach als Zeichen von Verklemmtheit, Unfreiheit und einer überkommenen gesellschaftlichen Moral angesehen. Sie passt nicht ins Selbstverständnis des rationalen, selbstbestimmten Individuums. Für uns ist Scham geradezu etwas Peinliches. Man schämt sich seiner Scham und versucht deshalb, sie zu verbergen.

In Deutschland gilt vor allem die Scham über Nacktheit als verklemmt und wird oft als »falsche Scham« bezeichnet. An ihre Stelle ist vielfach die Scham darüber getreten, dass unsere Körper nicht dem Schönheitsideal entsprechen. Wir schämen uns der Nacktheit nicht aus sittlichen Gründen, sondern weil wir glauben, nicht schön genug zu sein. Die Iranerinnen schämen sich doppelt: ihrer Nacktheit und ihrer vermeintlich mangelnden Schönheit wegen.

Die tiefsitzende Scham bewirkt ein zwiespältiges, entfremdetes Verhältnis der Frauen zu ihrem Körper. Der weibliche Körper wird einerseits als unrein abgewertet, als gefährlich und verführerisch verborgen und tabuisiert. Gleichzeitig regt er aber gerade, weil er verborgen ist, Neugier und Fantasie an. Dabei geht es aber nie um das Selbstgefühl der Frau, sondern immer um den fremden Blick, darum, wie der weibliche Körper von außen wahrgenommen wird. Ob beschämend unrein oder verführerisch schön, immer steht das äußere Urteil im Vordergrund.

Die Frau, die von außen als Objekt, als verbotene Verlockung oder verführerisch Verhülltes, wahrgenommen wird, fühlt sich oft auch im Inneren nicht als Individuum verstanden. »Ich glaube, dass Frauen in unserem Land nicht das Sexualleben haben, das sie sich wünschen«, sagt Parissa. »Sie praktizieren sexuelle Akte, weil sie ihre Männer halten müssen. Es ist ihre Rolle, ein Gegenstand zu sein.«

Der Hedschab produziert Verlangen. Indem er verbirgt, ruft er Verlangen hervor. Das ist für die Frauen angenehm und unangenehm zugleich. Gerade das Verbergen des weiblichen Körpers und die starke Reglementierung der Sexualität haben zu einer Fixierung auf die weibliche Körperlichkeit und Sexualität geführt. Viele Iranerinnen beklagen sich über die Zudringlichkeit der Männer, vor allem dann, wenn die Frauen den Hedschab etwas modischer gestalten und sich nicht mehr streng an die Regeln halten.

Die Verhüllung der Frau scheint dem Mann das Recht zu geben, um so schamloser zu blicken. Auf der Straße, bei Versammlungen, überall dort, wo viele Menschen auf engem Raum zusammenkommen, ist auch handgreifliche Anmache an der Tagesordnung. »Der Hedschab«, sagt Parissa, »hat die Männer geil gemacht – auf Frauen, auf Sex, auf Frauenfüße, auf Frauenhände, sogar auf Frauenohren.« So entstand eine absurde Situation: Der Hedschab soll die Frauen vor der Zudringlichkeit der Männer schützen, die er zugleich massiv verstärkt.

Andererseits setzen die Frauen das erotische Potenzial des Verbergens und Andeutens auch bewusst als Mittel der Verführung ein. Die erotische Wirkung entsteht dabei gerade durch die widersprüchliche Mischung aus Schamhaftigkeit und Verführung. Beide – die ausgeprägte Scham und das offensive Werben mit den äußerlichen Reizen – scheinen gleichermaßen zur persischen Kultur zu gehören.

»Es gehört zur iranischen Kultur, dass Frauen sehr viel Zeit auf ihr Aussehen verwenden. Chicsein hat eine sehr große Bedeutung für die Iranerinnen«, sagt Parissa. Die Fixierung der Männer auf das Äußere ist dafür nur ein Grund, hinzu kommen der Druck, die Konkurrenz unter den Frauen. Für manche sind die Zeit und Sorgfalt, die Iranerinnen auf ihr Äußeres verwenden, auch eine Trotzreaktion auf den staatlichen Zwang zur Unscheinbarkeit.

»Persische Frauen versuchen bis heute, sich zu verkaufen«, sagt Parissa. »Sie müssen werben, Reklame machen, sie fühlen sich nicht wohl ohne Make-up. Sogar wie sie tanzen, ist so provozierend wie eine Verkaufsschau. Selbst die jungen Mädchen von heute, die an der Uni studieren, haben noch nicht verstanden, dass sie nicht mehr bedürftig und abhängig sein müssen.«

Oftmals eifern die Frauen dabei einem westlichen Schönheitsideal nach, das zu zahlreichen Nasenoperationen und den oft schmerzhaften Enthaarungsprozeduren führt. »Töte mich, aber mach mich schön«, ist die persische Redensart, die viel drastischer als das deutsche »Wer schön sein will, muss leiden«, aufzeigt, welches Opfer die Frauen für ihre Schönheit zu erbringen bereit sind. Die Vorstellung von Schönheit beziehen die Iranerinnen dabei oftmals aus westlicher Fernsehwerbung und amerikanischen Filmen. Wenn sie dann tatsächlich in den Westen kommen, sind sie meist schockiert und enttäuscht über unsere Unisexgesellschaft, die mangelnde Aufmerksamkeit westlicher Frauen für ihr Äußeres, die fehlende Weiblichkeit.

»Was bedeutet es für Iranerinnen, weiblich zu sein?«, frage ich Parissa. Und sie zählt weibliche Eigenschaften auf: fein, schwach, empfindlich, verwöhnt, zartfühlend, zänkisch, schüchtern, kokett. »Die Frau hat eine ganz bestimmte Sprache, Fingerbewegungen, die schön und ausgewählt sein müssen. Frausein heißt, sich gut zu kleiden und immer gut zu riechen. Eine gewisse Selbstverliebtheit gehört dazu. In unserer Gesellschaft sind Frausein und Mannsein wirklich noch zwei verschiedene Dinge.«

Der Ajatollah gilt als fortschrittlich. Er meint, dass die drakonischen Strafen der Scharia, etwa die Steinigung von Ehebrecherinnen, heute nicht mehr zeitgemäß seien und abgeschafft werden sollten. Er sagt, dass jedermann das Recht auf eine eigene Interpretation der Religion habe. Er spricht sich für die Achtung der Privatsphäre aus. Fünfzehn Jahre lang hat der Ajatollah bei Revolutionsführer Chomeini studiert.

Der Ajatollah ist ein fleischiger Mann Anfang fünfzig mit mächtigem grauem Bart, der bis weit unter das Kinn hinabreicht, und einer feinen Goldrandbrille, die ein gewisses modisches Gespür und hinreichende Eitelkeit erkennen lässt. Ich habe ihn um ein Interview gebeten, um mit ihm über Freiheit und Zwang in der Religion zu sprechen. Aber bald nimmt das Gespräch einen anderen Verlauf.

»Vor einigen Jahren«, erzählt der Ajatollah, »verbrachte ich ein Semester als Gastprofessor an der Universität von Vancouver. Damals hat mir die Georgetown University in Washington für vier Jahre eine Professur angeboten. Aber ich lehnte ab, weil ich nicht so lange ohne meine Frau sein wollte. Da haben sie mir aus Amerika geschrieben, das sei kein Problem. Sie würden dort eine Frau für mich finden.«

Er lacht und schaut mich prüfend an, ob ich diese Geschichte glaube.

Ich versuche, zu meinem Thema zu kommen. »Wer«, frage ich, »bestimmt im Islam, was religiöse Wahrheit ist?«

»Chomeini«, antwortet er, »war der Ansicht, dass der zeitliche und örtliche Kontext bei der Interpretation des Islam eine Rolle spielt. Jeder Rechtsgelehrte kann sein eigenes Verständnis entwickeln. Ich zum Beispiel halte es für falsch, das Heiratsalter für Mädchen bei neun Jahren anzusetzen, wie es unser Zivilgesetz tut. Das Heiratsalter ist abhängig von der Geschlechtsreife, und meiner Ansicht nach haben Mädchen die erste Periode mit vierzehn Jahren.«

Wieder blickt er mich prüfend an, um zu sehen, ob mir dieses Beispiel gefällt. Dabei massiert er sich seine kurzen, kräftigen Finger.

»Wenn die Interpretation der religiösen Prinzipien individuell frei ist«, frage ich, »warum werden dann die Frauen gezwungen, sich an den Hedschab zu halten?«

»Der Hedschab muss in Iran beachtet werden, weil es hier eine Gesetzesvorschrift ist«, antwortet er.

»Was ist denn Ihre persönliche Auslegung der entsprechenden Koranstellen?«

»Ich meine«, antwortet er, »dass Frauen nicht unbedingt einen Tschador tragen müssen. Die Haare müssen aber bedeckt werden. Hände, Gesicht und Füße dürfen dagegen unbedeckt bleiben.«

Er gehöre nicht zu denen, die junge Frauen dafür verurteilen, dass sie ihre Fußnägel zeigen, sagt er und schaut hinunter auf meine Füße, die in geschlossenen Schuhen stecken. »Übrigens bin ich persönlich der Ansicht, dass sich eine Frau nach den Wechseljahren eigentlich nicht mehr an den Hedschab halten müsste, weil sie dann für Männer nicht mehr attraktiv ist. Meiner Ansicht nach könnte sie ohne Hedschab auf die Straße gehen.«

»Aber warum darf eine Frau nicht selbst entscheiden, wie sie das religiöse Gebot der Verhüllung für sich auslegt?«, frage ich.

»Weil der Hedschab der Kontrolle der Männer dient. Frauen haben von Natur aus eine größere Fähigkeit zur Selbstkontrolle. Der Zweck des Hedschab ist, dass die Männer nicht vom rechten Weg abkommen. Sehen Sie, es ist psychologisch erwiesen, dass der Mann schwach und die Frau stark ist. Das lässt sich wissenschaftlich nachweisen. Schon in der Bibel gibt es die Geschichte von Joseph, der dem Angebot Salighas widerstand, obwohl sie sehr schön war. Was ich sagen will: wenn Männer sich einmal nicht verführen lassen, dann ist das gleich bemerkenswert.«

Bevor ich noch einmal nachhaken kann, ergreift er die Initiative. »Sind Sie verheiratet? Ja? Tragen Sie deshalb diesen Ring? Warum tragen Sie diesen Ring?«

»Der Ring ist ein Symbol der Verbundenheit von Mann und Frau«, antworte ich etwas überrumpelt.

»Ist Ihr Ehemann Iraner?«, fragt er.

»Nein«, antworte ich, »er ist Schweizer. Wir haben uns in Russland kennengelernt.«

Die Augen des Ajatollah nehmen einen schwärmerischen Ausdruck an. Russland!

»Auf Zypern habe ich einmal eine Russin kennengelernt«, sagt er, »eine besondere Frau, Sie wissen schon. Was für eine schöne Frau! Sie wollte mich verführen, aber ich habe widerstanden. Ich habe ihr erklärt, dass sie umkehren muss, und sie hat versprochen, sich zu bessern. Ich habe sie auf den richtigen Weg gebracht.«

»Das halte ich für ziemlich unwahrscheinlich«, sage ich.

»Doch«, sagt er, »ich habe widerstanden.«

Geburt und Kontrolle

Ich bin nackt.
Ich bin nackt wie das Schweigen
zwischen Worten der Liebe.

Forough Farrokhzad

Anfang September 2002

In diesen Tagen gibt es nichts Schöneres, als in der Mittagssonne zu schwimmen: beim Hinabsteigen in den Pool zu spüren, wie Stufe um Stufe die Schwere weicht und der Druck von den Gelenken genommen wird. Hineinzugleiten in ein Element, das trägt. Immer wieder einzutauchen in langsamen, langen, ruhigen Zügen, hinunter in das klare Blau des Pools, oder auf dem Rücken schwimmend hinaufzublicken in das tiefere Blau des Himmels. Dem Grün des Gartens entgegenzuschwimmen am schattigen Ende des Pools, wo im Frühjahr der Jasmin blüht. Und nach der Wende den Blick auf das Haus zu richten mit seinen hohen Säulen und auf den weißen Sonnenschirm über Claras Sandkiste aus Travertin, deren feinen Sand Jamschid vom Kaspischen Meer gebracht hat. Oleander und Rosen stehen in später, verschwenderischer Blüte. Ab und zu rieselt ein schon braun und trocken gewordenes Platanenblatt in den Pool.

Wenn ich mich in der Nachmittagshitze ausruhe, den Bauch mit Kissen abgestützt, dringen durch die geöffnete Tür verschiedene Wassergeräusche: Die afghanischen Gärtner, der junge Hussein Agha und der ältere, krumme Taher, sprengen den Rasen und die Beete. Sie lassen das Wasser die Gartenwege herunterrinnen, spritzen die Terrassen ab, treiben mit dem Wasserstrahl das Laub auf dem Rasen zu Haufen zusammen. Vom Nachbarhaus wehen Musik, klagender, schluchzender iranischer Gesang, und Kinderstimmen herüber.

T. kommt aus der Botschaft. Wir trinken Tee auf der Terrasse. Taher nähert sich und erklärt T. in seinem Afghanisch, das wie Kinder-Persisch klingt, dass er sich nicht zu beunruhigen brauche: »Sie ist für uns wie eine Schwester«, sagt er. Das soll heißen: Es macht nichts, wenn wir sie nur mit Badeanzug bekleidet sehen, wir haben dabei keine unreinen Gedanken, so wie wir sie bei unserer Schwester nicht hätten.

In den vergangenen Wochen habe ich den Garten kaum noch verlassen. Die Erwartung von Marinas Geburt hat mein Leben dem der wohlhabenden Iranerinnen ähnlich werden lassen, die ihre Tage hinter den hohen Mauern ihrer Höfe und Gärten verbringen. Doktor Maleki hat angeordnet, dass ich liegen soll. Spazierengehen, Sitzen, Treppensteigen, besonders Autofahren auf iranischen Holperstraßen verstärke die vorzeitigen Wehen. Morgens kommt die Persischlehrerin, nachmittags alle paar Tage die Hebamme. An Land zur Bewegungslosigkeit verdammt, begebe ich mich zweimal täglich ins Wasser. Danach liege ich im Liegestuhl auf der unteren Terrasse, während Clara auf der Decke spielt oder auf dem Rasen Laufen übt. Zum ersten Mal, seit ich vor drei Jahren hierhergekommen bin, gibt es so etwas wie freie Zeit, Zeit zum Nichtstun, zum Erinnern, an den Beginn meiner ersten Schwangerschaft.

November 2000. Teheran

Zwei Tage dauert die Seligkeit, die das kleine Plus im Anzeigefeld des Tests ausgelöst hat, dann weicht sie einer niederdrückenden Übelkeit: Brechreiz beim Geruch von Essen oder Shampoo oder Menschen, beim Gedanken an Tee oder Wasser oder jenen Akt, der diese ganze Übelkeit bewirkt hat. Ich werde zurückgeworfen auf die physische Existenz. Willen und Verstand sind lächerlich machtlos gegenüber dem Organismus, der sich ganz dem wahren Zweck seiner Existenz hingibt: der Reproduktion.

T. meint, wir sollten zur Geburt im nächsten Jahr nach Deutschland oder in die Schweiz fahren. Ich denke, dass es doch sehr interessant sein könnte, das Kind in Iran zur Welt zu bringen.

Ende November besuchen wir zum ersten Mal den Arzt, genauer gesagt, zwei Ärzte, von denen einer ein Ultraschallgerät besitzt und der andere Deutsch kann. Am frühen Abend quälen wir uns durch das herbstliche Teheran, dunkel, abgasstinkend, schmuddelig. Im stockenden Teheraner Abendverkehr dauert es etwa eine Stunde, bis wir die Adresse des Ultraschallarztes gefunden haben. Ein paarmal halten wir an, um zu fragen, schließlich weist man uns zu einem düsteren Haus. Das schwere Tor ist geschlossen, über dem Eingang wehen Fahnen mit Koransprüchen. Nach langem Warten öffnet eine Frau im Tschador. Nein, dies sei keine Arztpraxis, sagt sie mürrisch, sondern eine Koranschule.

Die Arztpraxis finden wir schließlich im dritten Stock eines grauen Mietshauses am Boulevard Motahari, einer der am meisten befahrenen Achsen der Teheraner Innenstadt, vier Spuren in jeder Richtung. An der Tür zur Praxis hängt ein Schild mit den Öffnungszeiten, denen zufolge sie jetzt schon geschlossen sein müsste. Hinter der Tür liegt ein Wartezimmerschlauch in grellem Neonlicht. An zwei Wänden entlang sitzen aufgereiht die Frauen, schwarz verhangen, ein Bauch dicker als der andere. Vollkommen lächerlich, meine sieben Wochen Schwangerschaft.

Am Ende der Reihen steht ein schlichter Metalltisch. Auf dem Tisch nichts. Hinter dem Tisch, schwarz, die Sprechstundenhilfe. Sie schreibt die Patientendaten auf Papierschnipsel. Ohne Umschweife: »Sind Sie schwanger?« Zwei Dutzend Bäuche starren mich an. »Erster Tag der letzten Regel?« – »Anfang Oktober.« Sie entnimmt der einzigen Schublade einen zerfledderten Kalender. Oktober, das sei Mehr, der siebte iranische Monat, oder Aban. Sie rechnet, fährt mit dem Finger die Zahlenreihen des Kalenders entlang. Nein Mehr, der 2. Oktober, der 11. Mehr. »Das macht fünfzehntausend.« Ich zähle fünfzehn grüne Scheine – etwa fünfzehn Euro – in ihre Hand, bekomme noch einen Plastikbecher zum Wassertrinken und entnehme ihrem Blick, dass unser Gespräch nun beendet ist und ich warten muss. Ich reihe mich an der Wand unter die Bäuche ein, die mir höflich Platz machen.

Stöhnend oder leise flüsternd warten die Frauen. Kinder quengeln. Viele Frauen sind in Begleitung ihrer Männer gekommen. Sie lassen ihre Frauen nicht allein an einen solchen Ort, wo sie sich vor einem fremden Mann entkleiden. Dabei dürfen die Männer ihre Frauen gar nicht ins Sprechzimmer begleiten. Auch T. kann nicht dabei sein, als das erste Mal die Herztöne unseres Kindes zu hören sind.

Im Wartezimmer gibt es keine Pflanzen, keine Bücher, keine Bilder. Es ist stickig. Die Frauen können die viel zu warmen Mäntel nicht ausziehen, weil das gegen die Bekleidungsregeln verstoßen würde. Die Männer gehen in kleinen Schritten vor den Bäuchen auf und ab. Hin und wieder verschwindet einer ins Treppenhaus, um eine Zigarette zu rauchen. Alle paar Minuten schrillt die Eingangsglocke. Ein weiterer Bauch schiebt sich durch die Tür.

Nach einer halben Stunde komme ich an die Reihe, außer der Reihe, vorgezogen, begleitet von den Blicken der Wartenden, eher neugierig als missbilligend. Iran ist ein höfliches Land. Ich nehme die selbstverständliche Sonderbehandlung für Ausländer in Anspruch. »In welcher deutschen Arztpraxis würde man einer Iranerin den Vortritt gewähren?«, sagt T.

Im Sprechzimmer ist es dunkel. Das einzige Licht kommt vom Bildschirm des Ultraschallgeräts, auf dem noch die Daten des letzten Embryos leuchten. Als sich die Augen an das Halbdunkel gewöhnen, erkenne ich schemenhaft den Arzt umgeben von zwei oder drei schwarzen Schwestern. Er gibt mir nicht die Hand. »Machen Sie den Bauch frei«, sagt er anstelle einer Begrüßung. Während ich noch überlege, welche Kleidungsstücke ich dafür ausziehen soll, hat mir eine Schwester schon aus dem Mantel geholfen. Das Kopftuch solle ich aufbehalten, bedeutet sie mir, das Kleid hochziehen. Ich lege mich auf das Laken, das noch von meinen Vorgängerinnen zerknüllt ist.

Das schmatzende Geräusch der Kontaktmitteltube durchbricht die Stille, klebrige Kühle breitet sich auf dem Unterleib aus. Der Doktor lässt mit einer Hand in raschen, routinierten Bewegungen den Kopf des Ultraschallgeräts über meinen eingeschmierten Bauch gleiten, mit der anderen bearbeitet er hektisch die Tastatur des Computers.

Ob alles in Ordnung sei, frage ich.

»Mmh?«

»Alles in Ordnung?«

»Mmh.«

Wieder ist in der Stille nur das Klicken der Tastatur zu hören, dann das Kreischen eines Druckers.

»Entleeren Sie die Blase.«

Zurück in den Mantel, zurück ins grelle Neonlicht, vorbei an der langen Reihe wartender Bäuche auf die Toilette, ein Loch im Boden, Kleid und Mantel hochhalten, Übelkeit unterdrücken. Zurück ins Dunkel und in die Sprachlosigkeit des Sprechzimmers. Wieder helfen mir die schwarzen Schwestern, mich zu entkleiden. Dieses Mal bleibt nur das Kopftuch: eine Bastion gegen die Nacktheit.

Mehrmals muss ich den Arzt bitten, damit er am Ende den Bildschirm für einen Augenblick so dreht, dass ich das, was ich für mein Kind halte, sehen kann. Dann ist die Untersuchung beendet.

Bald darauf eilen wir mit dem Ultraschallbericht die Motahari-Straße entlang. In der Praxis des Gynäkologen mit den Deutschkenntnissen sind keine Patienten mehr, nur seine ältliche Sekretärin hat mit ihm auf uns gewartet. Medizinische Geräte gibt es hier nicht, dafür aber lange Regale mit gynäkologischen Lehrbüchern aus den fünfziger Jahren, auf Deutsch, in Leder gebunden. Das hervorragende Deutsch des Arztes hat einen Wiener Akzent. Er wirft einen flüchtigen Blick auf den hart erkämpften Ultraschallbericht und fragt nach meiner Blutgruppe und ob wir verwandt seien. Eheschließungen unter Verwandten zweiten Grades sind hier so häufig, dass dies eine Routinefrage bei Schwangerschaft ist.

Er stellt noch ein paar Fragen, scheint aber die Antworten gar nicht zu hören. Er bittet mich auf eine Waage. Er ermittelt mit einer monströsen Metallgabel meinen Hüftumfang. Er misst meinen Blutdruck und erklärt ihn für zu niedrig. Ich solle mehr Salz essen. Und viel Gemüse.

Wir setzen uns noch einmal. Ich sage, dass ich überlege, das Kind hier in Iran zur Welt zu bringen. Das sei gut möglich, sagt der Arzt, er würde dann mit dem Krankenhaus den Operationstermin vereinbaren. Er selbst sei auch bereit, die Operation vorzunehmen.

»Welche Operation?«, frage ich.

»Wollen Sie etwa keinen Kaiserschnitt machen lassen?«, entgegnet er überrascht. »Eine natürliche Geburt? Warum wollen Sie sich und Ihrem Kind das antun? Ich würde Ihnen dringend abraten. Aber wenn Sie es unbedingt wollen, nun gut, ja das sollte auch gehen. Ich muss Ihnen aber sagen, dass ich selbst seit neunzehn Jahren keine natürliche Geburt mehr begleitet habe. Vor einigen Jahren kam einmal eine Nigerianerin zu mir in die Praxis, die wollte auch unbedingt eine natürliche Geburt. Ich weiß nicht, was aus ihr geworden ist …«

»Bis vor wenigen Jahrzehnten war Geburt hier eine Familienangelegenheit, eine Frauensache, nicht eine Sache von Krankenhäusern und Ärzten«, sagt Roja, als ich ein paar Tage später bei ihr vorbeischaue. Sie freut sich unbeschreiblich, als sie hört, dass wir ein Kind erwarten. Sofort komplimentiert sie mich vom Stuhl auf die Couch und bringt Unmengen von Süßigkeiten. »In Iran werden Schwangere vergöttert«, sagt sie. »Man wird dich auf Händen tragen.« Sie erzählt, wie sie ihren Sohn in Amerika zur Welt brachte, in einer langen, schwierigen Geburt, in der sie niemals Vertrauen zu den Ärzten gewann. Eigentlich hatte sie ihr Kind gar nicht in Amerika zur Welt bringen wollen, aber ihrem Mann erschien das sicherer.

»Früher war eine Geburt hier ein soziales Ereignis«, erzählt sie. »Die Gebärende war umgeben von Tanten, Schwestern, Mutter, Schwiegermutter, Nachbarinnen. Die Frauen tranken Tee, knabberten Süßigkeiten, klatschten, tratschten und erzählten die – keineswegs immer ermutigenden – Geschichten früherer Geburten. Es war etwas los, man amüsierte sich, und die Gebärende war mittendrin.«

»Heute wird in der Anonymität eines Krankenhauses eine Operation vorgenommen. Die Hauptrolle spielt der Arzt. Die Gebärende ist gar nicht bei Bewusstsein. Angehörige, die Mutter, die Schwester, der Ehemann sind nicht zugegen«, sage ich.

»Für die Ärzte ist das viel bequemer«, sagt Roja. »Es geht schneller, man braucht keine Nachtschichten, keine Bereitschafts-, keine Wochenenddienste. Außerdem verdient ein Arzt an einer Kaiserschnittgeburt viel mehr als an einer natürlichen Geburt.«

»Aber warum wollen die Frauen das?«

»Ich habe Angst«, antwortet eine junge Iranerin auf die Frage, warum sie einen Kaiserschnitt will.

»Wovor?«, frage ich sie.

»Vor den Schmerzen. Ich glaube nicht, dass ich die Schmerzen ertragen kann. Ich habe auch Angst, dass dem Kind etwas passiert. Und dass ich nicht pressen kann. Man hat mir von Kindheit an gesagt, dass die Schmerzen unerträglich und ein Kaiserschnitt besser und sicherer sei.«

Bei einem Abendessen wird mir ein Frauenarzt vorgestellt. Ich frage ihn, warum so viele Iranerinnen per Kaiserschnitt entbinden. »Die Iranerinnen haben während der Revolution so viel gelitten, dass sie nun nicht mehr bereit sind, Schmerzen zu ertragen«, sagt er.

11. Dezember 2000

Um fünf Uhr haben wir einen Termin in einem privaten Krankenhaus im Stadtzentrum, genau zur Zeit von *eftar*, dem Fastenbrechen, wenn die Straßen vollkommen verstopft sind. Durch die gläserne Eingangstür humpeln uns die Kranken entgegen, gestützt, bleich, verbunden. Drinnen stehen und sitzen sie in langen Gängen an den Wänden. Wenn dies ein Privatkrankenhaus für die Reichen ist, wie sieht es in einem öffentlichen Krankenhaus aus? Wir fragen uns zu einem Gynäkologen durch, von dem es heißt, er befürworte natürliche Geburten. Er ist klein, lebhaft bis zur Nervosität und überhaupt nicht begeistert von seiner neuen Patientin. Ein Geburtstermin im Sommer? Da könne er keine Garantie übernehmen, da führe er ans Kaspische Meer oder vielleicht auf die Insel Kisch im Persischen Golf. Ob ich sicher sei, dass ich in Iran entbinden wolle. »In Europa«, sagt er, »überlebt ein frühgeborenes Kind ab der 24. Schwangerschaftswoche, in Iran ab der 33.«

In seinem winzigen Arbeitszimmer gibt es nichts, was auf die Möglichkeit einer gynäkologischen Untersuchung hindeutet. Wiegen, Bauchumfang bestimmen, Blutdruck messen. Alles bestens. Nur der Blutdruck sei zu niedrig. Ich solle Salz essen. Und viel Gemüse. Er redet unaufhörlich und hastig. Auch er scheint nie zuzuhören, selbst wenn er der Patientin eine Frage gestellt hat. Er erläutert, warum er natürliche Geburten bevorzuge, die sanfte Geburt aus Rücksicht auf die Seele des Neugeborenen. »Aber hier bin ich der Einzige, der so denkt.« In dem privaten Krankenhaus werden neunzig Prozent der Kinder per Kaiserschnitt entbunden.

»Bietet das Krankenhaus so etwas wie einen Kurs zur Geburtsvorbereitung an?«, frage ich.

»Nein, das Krankenhaus ist gar nicht daran interessiert, dass die Patienten über Schwangerschaft und Geburt informiert sind. Die Ärzte hier wollen keine Patienten, die etwas wissen«, sagt er.

Juni 2001

Clara wird schließlich in Deutschland geboren. Sechs Monate später zeigt der Test wieder ein Plus.

19. April 2002

Im Kino sehen wir den Film »Das Haus auf dem Wasser«, ein Film wie ein Alptraum, und zugleich vollkommen realistisch, jenes realistische iranische Kino, das nicht auf den Festivals im Ausland zu sehen ist. Es erinnert an das italienische Kino der sechziger Jahre, das die alltäglichen Krisen der Modernisierung thematisiert. Schonungslos seziert es die iranische Gesellschaft: Drogen, Aids, Geldsorgen, Auswanderung, Einsamkeit, Auflösung der familiären Bindungen.

Ein Teheraner Frauenarzt wird von seinem Leben eingeholt. Der gutaussehende Anfangfünfziger hat eine gynäkologische Praxis im wohlhabenden Norden Teherans, eine schicke Wohnung und Erfolg bei Frauen. Aber alle seine Beziehungen sind zerrüttet. Da ist der drogenabhängige Sohn, der nach neunzehn Jahren aus Amerika zurückkehrt, wo seine geschiedene Ehefrau lebt. Da ist sein Vater, der es nicht verwinden kann, dass ihn seine fünf Kinder im Altersheim leben lassen. Da sind seine Patientinnen: Der einen, die das zwölfte Kind erwartet, verweigert der Arzt die erbetene Abtreibung, weil er ihr schon so oft gesagt hat, sie solle sich nicht mehr schwängern lassen. Als er sie schließlich, von schlechtem Gewissen übermannt, in ihrem Armenviertel suchen geht, findet er nur noch ihre Leiche. Einer anderen Patientin flickt er die Jungfernhaut, weil sie einen traditionellen Mann heiraten soll. Beim Bluttest stellt sich heraus, dass sie Aids hat. Ein Junge, der fälschlicherweise in die Krankenhausabteilung des Arztes verlegt wurde, hat den Koran auswendig gelernt und leidet an Ohnmachtsanfällen. Es heißt, es sollen Ärzte aus dem Westen kommen und die Kinder heilen, die den Koran auswendig gelernt haben. Der Junge erzählt von der unerträglichen Spannung, von der Freude, den Koran zu lernen, und von den furchtbaren Zweifeln, dass es Gott vielleicht nicht gibt. Schließlich ist da die Sprechstundenhilfe, einstige Geliebte des Gynäkologen, die durch eine von ihm vorgenommene Abtreibung unfruchtbar geworden ist und nun zwischen den Babyfotos in seinem Vorzimmer sitzt. Sie rächt sich schließlich an ihm und dingt die Mörder, die ihn mitten in seiner Luxuswohnung niederstechen. Der Junge, der den Koran auswendig gelernt hat, hält am Schluss tröstend den Kopf des Sterbenden.

Der Film wurde mehrere Monate lang von der Zensur zurückgehalten und schließlich stark gekürzt freigegeben. In der Spätvorstellung läuft im selben Kino der verlängerte Neuschnitt von »Apocalypse Now«.

Mai 2002

Wieder sind wir auf der Suche nach einem Arzt, der bereit ist, eine natürliche Geburt zu betreuen. Das renommierte Privatkrankenhaus, in dem Doktor Maleki arbeitet, war zur Schah-Zeit das beste in Teheran, das »American Hospital«. Der Bau aus zwei mehrstöckigen Flügeln liegt, von hohen Pinien umgeben, etwas zurückgesetzt an der achtspurigen Straße. Kioske vor dem Eingang bieten Blumen, Zeitschriften, Getränke und Süßigkeiten an. Draußen auf den Treppen sitzen Patienten mit ihren Angehörigen. Drinnen herrscht reges Kommen und Gehen. Auf den Fluren geht es laut und lebendig zu, ganz anders als auf deutschen Krankenhausfluren.

Im privaten Krankenhaus sind die Ärzte Anteilseigner und erhalten die Einnahmen aus ihrer Tätigkeit. Das ist außerordentlich lukrativ. Deshalb ist es heute fast unbezahlbar teuer, sich als Arzt in ein Privatkrankenhaus einzukaufen. Zehn bis fünfzehn Prozent der Patienten, so schätzt ein Arzt, können sich in Teheran eine Privatbehandlung leisten, im Landesdurchschnitt weniger.

Doktor Maleki, ein gutaussehender Anfangfünfziger, leitet nicht nur die gynäkologische Abteilung, er ist Chefarzt des ganzen Krankenhauses. Vor seinem Sprechzimmer sitzen ein Dutzend Frauen, zum Teil mit sehr nachlässigem Hedschab, ebenso wie die Sprechstundenhilfe an ihrem Tischchen, die keine Strümpfe trägt und ihr geblümtes Kopftuch immer wieder lüftet. In ihrem Umgang mit dem Arzt legt sie eine routinierte und unterschwellig gereizte Vertrautheit an den Tag.

Doktor Maleki trägt eine silbrig schillernde Krawatte zur ebensolchen Haartolle. Sein Lächeln ist breit, der Händedruck kräftig, ein Mann, der Erfolg bei Frauen gewöhnt ist, souverän, verbindlich und von sich selbst eingenommen. Er ist stolz auf seinen Ruf als Geburtshelfer der Teheraner Diplomatenkinder.

Doktor Maleki führt uns durch sein Reich, zeigt uns die Geburtsabteilung des Krankenhauses in einem der oberen Stockwerke, schöne Einzelzimmer mit WC und Dusche und Blick in die grünen Wipfel der Pinien. Im fensterlosen Kreißsaal sieht es aus wie bei uns in den sechziger Jahren: giftgrüne Kacheln bis unter die Decke. Einsam steht in der Mitte wie ein Foltergerät der Gebärstuhl.

Mich irritiert das Bestreben von Doktor Maleki, Schwangerschaft und Geburt bis ins Kleinste zu planen. Es ist so uniranisch. Vielleicht glaubt er, dass ich das erwarte, dass man es im Westen so macht. Jedenfalls entwirft er einen genauen Untersuchungsplan und rät zur prophylaktischen Einnahme von wehenhemmenden Mitteln. Mir widerstrebt dieser Wunsch nach Planung und Kontrolle.

Zugleich sehe ich, dass Doktor Maleki ein guter Arzt ist. Wenn er meinen Bauch abtastet, spürt er, wofür andere ein Ultraschallgerät brauchen. Viel mehr als westliche Ärzte vertrauen die iranischen ihren Händen. Sie müssen sich nicht ständig mit optischen Verfahren Einblick in den Körper verschaffen. Ich glaube, die Tradition einer Kultur zu spüren, die im 11. Jahrhundert mit Avicenna den berühmtesten Arzt des Mittelalters hervorbrachte, einer Kultur, in der der Arztberuf bis heute höchstes Ansehen genießt.

Wenn wir mit Doktor Maleki durch die Zimmer und Flure gehen, verstummt das Gespräch der Hebammen und Schwestern. In Anwesenheit des Arztes wagen sie nicht den Mund zu öffnen. Er behandelt sie herablassend und wendet ihnen, wenn er mit uns spricht, den Rücken zu.

Er führt uns neben der Entbindungsstation in eine Art Offiziersmesse für die Ärzte mit gedämpftem Licht und schweren Ledersesseln. Es werden Kaffee und Tee ausgeschenkt, an Restauranttischen Essen serviert. Zeitungen liegen aus. Doktor Maleki ist nicht der einzige Arzt hier, der eine Krawatte trägt. Er tue das, um seine Verbundenheit mit dem Westen zu zeigen, sagt einer seiner Kollegen. Außerdem erhöhe die Krawatte das Vertrauen seiner Patienten. Selbst Mullahs, sagt er, wollten nur von Ärzten mit Krawatten behandelt werden.

Doktor Maleki erzählt, dass er aus einer angesehenen Teheraner Familie stamme, in der die Söhne traditionell Ärzte würden. Schon zu britischen Kolonialzeiten hätten Ärzte aus seiner Familie Diplomaten behandelt. Er selbst habe in Großbritannien studiert, sei aber einige Jahre nach der Revolution nach Iran zurückgekehrt, um einen alten Onkel zu pflegen, der ihn großgezogen habe.

Am Ende begleitet er uns zum Lift.

Bald darauf macht uns Doktor Maleki mit Farah, der Hebamme, bekannt. Sie gibt uns die Hand, ganz selbstverständlich auch T., und schaut ihm dabei ins Gesicht. Sie hat ein natürliches Selbstbewusstsein, weder süßlich und kokett noch islamisch unnahbar und zurückhaltend. Es ist ein Selbstbewusstsein, das sich aus ihrer Professionalität speist, aus einer sinnerfüllten beruflichen Tätigkeit, einem Lebensgefühl, das hier vielen Frauen der bürgerlichen Mittelschicht fehlt.

Farah kommt aus der Provinzstadt Schiras. Sie ist so alt wie ich, unverheiratet und kinderlos. Für eine Frau wie sie, zugleich selbständig und traditionsverbunden, ist es nicht leicht, einen Ehemann zu finden. Im Krankenhaus trägt sie einen weißen Kittel und ein gemustertes Kopftuch in gedeckten Farben. Wenn sie zu uns nach Hause kommt, lässt sie sich Mantel und Kopftuch abnehmen. Darunter trägt sie einen langen Rock und eine Bluse.

Wenn sie am Nachmittag kommt, ist es auf der Terrasse sehr heiß. Dann sitzen wir drinnen im Salon, trinken frischen Melonensaft und

Tee und essen Blätterteiggebäck, das »dänische Süßigkeiten« heißt und nach dem Karikaturenstreit jähe Absatzeinbußen erlebt. Clara kommt angekrabbelt, zieht sich am Tisch hoch und grabscht nach den Törtchen.

Farah untersucht meinen Bauch und misst Puls und Blutdruck mit ruhigen, sicheren Bewegungen. Wenn sie die Herztöne des Embryos im ganzen Raum hörbar macht, schaut Clara so verwundert, dass wir lachen müssen. Wir sprechen Persisch miteinander. Farah spricht in idealem Tempo, sodass ich alles verstehen kann. Überhaupt verstehen wir uns von Anfang an gut. Bei Farah habe ich nach all den Ärzten, all den Männern, die meine Schwangerschaft und die Geburt auf ihre männliche Weise bestimmen und kontrollieren wollen, zum ersten Mal das Gefühl, mich anvertrauen zu können. Farah will nicht über die Geburt verfügen, sondern sie begleiten. Ich fange an, mich zu entspannen, ich gebe meine Vorsicht auf. Zum ersten Mal in den Jahren der beiden Schwangerschaften fühle ich mich nicht mehr allein.

»Der Kaiserschnitt ist heute eine Frage des sozialen Prestiges geworden«, sagt Farah. »Manche Frauen wollen einfach zeigen, dass sie sich einen Kaiserschnitt leisten können. Aber auf dem Land, unter der ärmeren Bevölkerung, werden die meisten Kinder nach wie vor natürlich geboren.«

»Warum wollen so viele Iranerinnen keine natürliche Geburt?«, frage ich.

»Die Ärzte hier erzählen ihren Patientinnen, dass eine natürliche Geburt mit hohen Risiken verbunden ist. Sie sagen, dass das Kind bei einer natürlichen Geburt an Sauerstoffmangel leiden und das Gehirn zu wenig durchblutet werden könnte. Welche Frau wagt es dann noch, gegen den Rat des Arztes sich und ihr Kind einer vermeintlichen Gefahr auszusetzen? Es gibt diese Idee, dass der Druck auf den kindlichen Kopf während der Wehen die Intelligenz des Kindes verringert. Viele Frauen glauben, dass natürlich geborene Kinder einen niedrigeren IQ haben als

Kaiserschnittkinder.« Farah lacht ihr gutturales Lachen. »Und das alles, weil ein Kaiserschnitt für die Ärzte lukrativer und einfacher ist.«

Farah erzählt, dass die Ärzte die Frauen warnen, dass sie durch die Dehnung der Muskeln in der Vagina und das Absinken von Blase und Rektum während einer natürlichen Geburt später inkontinent werden könnten. Außerdem fürchteten viele Frauen, durch die Weitung der Vagina an sexueller Attraktivität zu verlieren.

»Aber irgendwie muss es auch eine Bereitschaft der Frauen geben, sich das alles einreden zu lassen«, sage ich.

Mir scheint, dass die Präferenz für Kaiserschnittgeburten sehr viel mit dem Verhältnis der Frauen zu ihrem Körper zu tun hat, mit dem, was ich als Entfremdung vieler Iranerinnen von ihrem Körper wahrnehme, mit der tief verwurzelten Scham über alles, was den Körper betrifft. Auch im Zusammenhang mit der Geburt scheinen die Vorstellungen von »Reinheit« und »Unreinheit« von großer Bedeutung zu sein. Das Schamgefühl in Bezug auf die »unreinen« Körperteile und die Entfremdung vom eigenen Körper verstärken die Ängste der Frauen vor der Geburt. Hinzu kommt, dass auch die Geburt selbst mit ihren Ausscheidungen im Islam als unrein gilt. Aus diesem Blickwinkel wird das Abstoßende und Beängstigende einer natürlichen Geburt verständlich: das viele Blut, die anderen Körperflüssigkeiten, die Entblößung vor einem männlichen Arzt. Mit dem Kaiserschnitt bietet sich die Möglichkeit einer »sauberen« Geburt, die die am meisten tabuisierte Körperzone, den Unterleib, ausklammert.

»Man sollte aber auch den Einfluss der Ärzte nicht unterschätzen«, sagt Farah. »Sie genießen hier große Autorität. Und sie wollen unbedingt alles unter ihrer Kontrolle halten, was beim Kaiserschnitt viel eher möglich ist als bei einer natürlichen Geburt. Mir hat ein Arzt einmal sogar mit Entlassung gedroht, weil ich Frauen zur natürlichen Geburt geraten habe.«

Auch die Frauen selbst haben das Gefühl, dass bei einem Kaiserschnitt alles besser unter Kontrolle ist. Zwar geben sie die Kontrolle an den operierenden Arzt ab, zugleich vermeiden sie es aber, sich selbst dem Kontrollverlust auszusetzen, den die Frau während der Geburt unter den starken Wehen erlebt.

In der traditionellen Gesellschaft waren die Frauen mit dem Gefühl von Scham und Unreinheit weniger konfrontiert, weil die Geburt unter Frauen im privaten Raum stattfand. Die Gebärende blieb in den ersten vierzig Tagen nach der Geburt, in denen sie als unrein galt, der Öffentlichkeit fern. Erst das Krankenhaus als öffentlicher Ort und die Behandlung durch männliche Ärzte bringen die Frauen in Konflikt mit den traditionellen Körper- und Schamgefühlen.

Der Kaiserschnitt, der durch die moderne medizinische Technik möglich wird, ist zugleich eine Reaktion auf die religiös-traditionelle Körpermoral. In ihm zeigen sich der Wunsch, modern und fortschrittlich zu sein, ebenso wie die Entfremdung vom eigenen Körper und die Angst vor Entblößung und Schmerz.

Juni 2002

Claras Kinderfrau kommt heute nicht zur Arbeit. Sie ruft morgens an und entschuldigt sich. Ihre Hämorrhoiden täten weh. T. ist drauf und dran, sie zu feuern. Sie hat sich schon wegen Kopfschmerzen, Rückenschmerzen oder Zahnschmerzen krank gemeldet. Einmal kam sie nicht, weil ihr zwanzigjähriger Sohn eine Grippe hatte.

Sie ist eine kräftige, sportliche Frau, einen halben Kopf größer als ich. Sie spielt mehrmals in der Woche Tennis und macht täglich Yoga. In ihrer Handtasche trägt sie immer eine Plastiktüte mit Medikamenten bei sich. Mehr als ein Dutzend Tablettenstreifen wirbeln durcheinander: Schmerzmittel, Schlafmittel, Vitamine, Antibiotika. »Du bist so stark«, sagt sie zu mir. »Du kannst Schmerzen besser ertragen.«

Es klingt eher erstaunt als bewundernd. Es klingt nicht so, als wäre sie gerne wie ich. Diese Härte gegen sich selbst möchte sie gar nicht aufbringen, diese westliche Stärke, die nicht unbedingt daher rührt, dass wir Schmerzen besser ertragen, sondern dass wir sie besser verleugnen können. In jedem Fall ist Tapferkeit für die Iranerinnen keine erstrebenswerte Eigenschaft. Schmerzempfindlichkeit, Wehleidigkeit, ostentatives Leiden und Klagen sind nichts Peinliches, sondern kennzeichnen den sensiblen, kulturell verfeinerten Menschen. Während wir sie für hypochondrisch halten, erscheinen wir ihnen als hart und unsensibel.

»Ich bin schwach«, erzählt mir eine iranische Studentin. Sie ist schlank und hübsch, trägt eng anliegende Jeans und ein rosafarbenes Top mit Spaghetti-Trägern. Die Fingernägel sind im selben Rosa lackiert. Mit sechsundzwanzig Jahren lebt sie noch bei ihren Eltern, in einer guten, nicht religiösen, aber den traditionellen Familienwerten verbundenen Familie. Wir sprechen darüber, wie sie sich ihr Leben vorstellt, über ihre Wünsche und Träume.

»Ich möchte nicht so viel arbeiten, weil ich körperlich schwach bin«, sagt sie. »Ich kann nicht jeden Tag acht Stunden arbeiten. Ich halte das nicht aus, davon werde ich krank. Wenn ich einen Mann kennenlerne, muss ich natürlich mit ihm darüber sprechen, dass ich körperlich schwach bin.« Sie glaubt nicht, dass ihre Schwäche einen Mann abschrecken würde, eher im Gegenteil.

Selbst für Männer und sogar in der Politik ist es nicht ungewöhnlich, Schmerz und Schwäche offen zu zeigen. Ministerpräsident Mossadegh hat Anfang der fünfziger Jahre, bedrängt von seinen politischen Gegnern, seine machtpolitische Schwäche geradezu als physische Schwäche zelebriert. Anstatt – wie es die westliche politische Kultur gebieten würde – Stärke zu markieren, zog sich Mossadegh demonstrativ schwächelnd ins Bett zurück und führte die Regierungsgeschäfte im Pyjama. Auch Präsident Chatami hat im Machtkampf mit seinen politischen Gegnern keine Scheu, die eigene Unterlegenheit und Verletzlichkeit zu zeigen. Während einer Pressekonferenz im Frühjahr 2001, auf der er seine Kandidatur für eine zweite Amtszeit bekanntgab, brach er sogar vor laufenden Kameras in Tränen aus. Je weniger er sich gegen seine Gegner durchsetzen kann, umso stärker nimmt er nach dem Vorbild Imam Husseins die Haltung eines Märtyrers ein. Imam Hussein, für die Schiiten der rechtmäßige Nachfolger des Propheten, wurde in der Schlacht von Kerbela von der Übermacht seiner Gegner vernichtet. So sieht sich auch Chatami: Er ist der Gerechte, der gegen die skrupellose Machtpolitik der Reformgegner unterliegen muss. Entscheidend ist nicht der politische Erfolg seiner Haltung, sondern ihre moralische Überlegenheit. Der Mächtige siegt, aber der Schwache ist der Gerechte.

Anfang August 2002

Mein Bauch ist hart wie ein Medizinball. Doktor Maleki diagnostiziert starke Kontraktionen der Gebärmutter und spricht von möglicher frühzeitiger Öffnung des Muttermundes und Frühgeburt. Er verschreibt wehenhemmende Mittel.

In der Apotheke gibt man uns drei lose Blister kleiner weißer Tabletten, ein iranisches Fabrikat. Als wir um den Beipackzettel bitten, herrscht Ratlosigkeit. Schließlich bringt der Apotheker ein dickes pharmazeutisches Lexikon auf Englisch und macht für uns eine Fotokopie der Seite, die den Wirkstoff erklärt.

Das Medikament verursacht Marina und mir Herzrasen, aber es beruhigt den Bauch. Langsam komme ich immer mehr zur Ruhe, bis ich überhaupt nichts mehr will, als unter dem gigantischen Bauch auf der Liege im Garten zu liegen, die Rosen zu betrachten und zweimal täglich als träges Nilpferd im Pool meine Bahnen zu ziehen.

Auf dem Weg zu einem Untersuchungstermin im Krankenhaus stecken wir in der Rushhour des Nachmittags anderthalb Stunden im Stau, genau so lange, wie Claras Geburt gedauert hat. Ich fange an zu überlegen, ob ich nicht lieber zu Hause entbinden sollte. Farah hat nichts gegen diese Idee einzuwenden. Sie hat schon Kindern in Lehmhütten auf die

Welt geholfen, in Lastwagen und im Krieg während der irakischen Bombenangriffe bei Kerzenschein. Warum nicht in einer Diplomatenvilla?

Doktor Maleki lehnt eine Hausgeburt rundweg ab. So etwas mache man in Iran nicht, sagt er. Er habe das noch nie gemacht, wofür solle das gut sein, wenn man im Krankenhaus die besseren technischen Möglichkeiten habe. Es gebe keinen Grund zur Beunruhigung, alles sei unter Kontrolle. Bald würde ich auf seine Anweisung den Wehenhemmer absetzen, dann würden mit Hilfe eines anderen Medikaments Wehen ausgelöst und die Geburt eingeleitet, alles zum gewünschten Zeitpunkt, alles unter Kontrolle.

Während er spricht, sieht er mich nicht an. Er redet die ganze Zeit über an mir vorbei mit T., als säße da eine Verrückte, die man nicht weiter ernst nehmen darf. Wir – das heißt wir zwei Männer – werden das schon hinkriegen.

Ich bin wütend auf Doktor Maleki, auf sein Gehabe, seine Frauenverachtung, seine als Fürsorge getarnte Kontrolle. Ich bin wütend auf all diese Ärzte mit ihren Krawatten und Fremdsprachenkenntnissen, ihren Auslandsstudien und Söhnen in Kalifornien, all diese Ärzte, die so aussehen, als dächten sie wie wir, die aber tatsächlich in ihrem patriarchalischen Denken zutiefst verhaftet sind. Wenn ich mich mit Islamisten herumschlage, dann weiß ich wenigstens von Anfang an, dass wir auf verschiedenen Seiten stehen. Irgendwie bin ich sogar wütend auf T., allein schon, weil er ein Mann ist und sich hineinziehen lässt in diese Männergespräche über meinen Kopf hinweg.

Ich lasse mir aus Deutschland ein Buch zum Thema Hausgeburten schicken. Langsam verfestigt sich die Idee. Die chronischen Teheraner Verkehrsstaus sind längst nur noch ein Vorwand. Tatsächlich geht es darum, dass ich nicht ins Krankenhaus will, mich nicht anvertrauen kann, mich nicht ausliefern will. Ich habe Angst, in diesem Moment da draußen in der Fremde zu sein. Die Hausgeburt ist eine Flucht aus der fremdbestimmten Öffentlichkeit, ein Rückzug in den einzig vertrauten Raum, den Raum, wo ich die Regeln mitbestimmen kann, wo ich kein Kopftuch brauche. Und sie ist meine persönliche, späte, kleine Auflehnung gegen die gesamte Männerherrschaft dieses Landes, verkörpert in Doktor Maleki

Ein paar Tage später sind wir wieder bei Doktor Maleki, um seine Zustimmung für eine Hausgeburt zu gewinnen. Wenn wir die Geburt ohne ihn machen, könnte Farah Schwierigkeiten bekommen, er ist ihr Chef, sie könnte ihre Arbeit verlieren. Es geht darum, Doktor Maleki ein gesichtswahrendes Nachgeben zu ermöglichen, das seine Autorität nicht in Frage stellt.

Er empfängt uns mit demselben jovialen Lächeln wie eh und je. Gleich zur Sache zu kommen wäre plump und ganz gegen die persische Kultur. So unterhalten wir uns eine Weile. Die Sprechstundenhilfe bringt Tee. Langsam nähern wir uns dem Thema. Es entbrennt eine Debatte darum, dass ich das wehenhemmende Medikament absetzen möchte.

Doktor Maleki ist dagegen. Er hält einen kleinen Vortrag über Methoden zur Berechnung des Geburtstermins und medizinische Theorien für den idealen Zeitpunkt. Schließlich feilschen wir wie auf dem Basar um einige Tage.

Dann kommt T. zur Sache, freundlich, verbindlich, man erbitte Doktor Malekis Unterstützung, ohne die ein solches Unterfangen nicht möglich sei, und plötzlich hat sich seine Ansicht gewandelt, plötzlich hat er in London schon Erfahrung mit Hausgeburten gesammelt und ist bereit, zuzustimmen unter der Bedingung, dass seine Anweisungen genau befolgt würden. Er verlangt eine Sauerstoffflasche, seinen eigenen Stuhl, für mich ein spezielles gynäkologisches Bett. In der delikaten Frage des Datums lege ich den Termin fest, leite den Satz aber mit einem entwaffnenden – genau wie Sie es vorgeschlagen haben – ein. Wichtig ist nicht, dass es so gemacht wird, wie er will, sondern dass es so aussieht. Allgemeine Erleichterung, man ist sich einig geworden, der Handel ist abgeschlossen. Wir heucheln Dankbarkeit, als der Doktor erzählt, er habe eigentlich in der kommenden Woche auf die Jagd gehen wollen. Deshalb also die Diskussion um das Datum, deshalb wollte er, dass ich die Wehenhemmer noch eine weitere Woche einnehme.

Täglich schleppt Farah auf Geheiß von Doktor Maleki neue Krankenhausausrüstung an: eine Lampe, einen Drehstuhl für den Doktor, eine gigantische Sauerstoffflasche, ein Gestell für einen Tropf. Wir verweigern das gynäkologische Bett, aber T. lässt bei einem Schmied Beinstützen für mich anfertigen. Langsam verwandelt sich das Zimmer in einen Operationssaal. Ich setze meinen Widerstand fort, breite Teppiche aus, stelle Kerzen auf, schließe eine Stereoanlage an und verdamme die Sauerstoffflasche und den Tropf in das hintere Badezimmer.

Seit gestern habe ich den Wehenhemmer abgesetzt. Mein Bauch ist ruhiger denn je. Ich schlafe wieder. Normalität ist eingekehrt. Nun soll Marina selbst entscheiden. Ich bin dankbar für diese geschenkten Tage des Wartens und der Ruhe. Wir machen einen Ausflug mit der Seilbahn den Totschal, den Teheraner Hausberg, hinauf. Aber selbst das Gerumpel der Gondel bringt den Bauch nicht in Aufregung. Wir gehen in das Kronjuwelenmuseum, das wir seit drei Jahren ansehen wollten. Ich ordne Adressen und Fotos. Alle sind ausgeglichen.

15. September 2002

Doktor Maleki bestellt mich zur Kontrolle. Ich fahre hinunter in die Stadt, obwohl ich weiß, dass es nichts zu kontrollieren gibt, sondern dass er wieder – wie schon beim letzten Mal – mit einem schmerzhaften Griff von unten, von innen versuchen wird, Marinas Kopf so zu richten, dass er noch etwas mehr auf den Geburtskanal drückt und die Wehen einsetzen. Dabei ist der Stichtag noch gar nicht erreicht. Aber er will endlich zur Jagd.

Ich weiß nicht, warum ich mich nicht wehre, vielleicht aus Unsicherheit, aus Naivität, aus Stolz oder aus einer idiotischen Tapferkeit. Als ich das Sprechzimmer verlasse, gibt mir Doktor Maleki keinen weiteren Termin in drei Tagen, und als ich ihn danach frage, schaut er sehr überrascht und sagt, so lange werde es nicht mehr dauern.

Als ich zu Hause ankomme, sind die Wehen nicht mehr zu leugnen.

T. kommt von der Arbeit, und wir sagen das Abendessen mit unseren Freunden ab. Wir trinken auf der Terrasse Tee, während Clara in der Sandkiste spielt und Rosenblüten auseinanderrupft. Es wird dunkel. Wir gehen unseren Weg im Garten auf und ab. T. misst die Abstände zwischen den Wehen. Wie ungewohnt er sich als Mann in der Nebenrolle fühle, sagt er. Er möchte, dass wir endlich die Hebamme rufen, aber ich weiß, dass noch Zeit ist. Wir lachen viel.

Um halb zehn rufen wir Farah. Ich nehme die erste Wäsche für Marina aus dem Schrank und hole das Körbchen aus dem Keller. Marina macht sich bereit, ich kann sie gut spüren.

T. liegt auf dem Bett und sieht einen Schweizer Heimatfilm nach einer Erzählung von Thomas Hürlimann. Ein Mann und eine Frau verbringen den Winter eingeschneit auf einer entlegenen Wetterstation hoch in den Bergen. Die Frau bringt dort oben ein Kind zur Welt.

Gegen Mitternacht überprüft Farah noch einmal den Fortschritt. Sie glaubt, es werde noch eine Stunde dauern. Ich bitte sie, Doktor Maleki noch nicht zu verständigen. Als er eintrifft, liegt Marina schon auf meinem Bauch.

Advent, Advent

Am Freitagmorgen stillte ich um fünf Uhr Marina.

Am Nachmittag kam der Nikolaus in die Botschaft. Er hatte einen finsteren Knecht Ruprecht dabei, und Clara weinte.

Am Abend besuchten wir Freunde und diskutierten über die Zukunft Irans.

Am Samstagmorgen stillte ich um fünf Uhr Marina.

Am Mittag ging ich auf die Studentendemo in der Uni. Polizisten standen dicht an dicht. Als sie mit den Verhaftungen begannen, ging ich nach Hause und stillte Marina.

Am Nachmittag kam ein Freund, und wir diskutierten über die Zukunft Irans.

Dann ging ich schwimmen und mit Clara in die Badewanne.

Am Sonntagmorgen stillte ich um fünf Uhr Marina.

Am Vormittag spielte ich mit den Kindern.

Am Nachmittag interviewte ich einen Ajatollah.

Dann ging ich schwimmen, mit Clara in die Badewanne und las die Zeitungen.

Spätabends diskutierten wir über die Zukunft Irans.

Am Montagmorgen stillte ich um fünf Uhr Marina.

Am Vormittag spielte ich mit den Kindern.

Am Nachmittag schrieb ich einen Artikel über den Ajatollah und den Krieg im Irak.

Am Abend besuchten wir einen Parlamentsabgeordneten. Er sagte, die Zukunft Irans hänge an Amerika. Seine Frau sagte, die meisten Kinder würden viel zu spät aufgeklärt.

Am Dienstagmorgen stillte ich um fünf Uhr Marina.

Am Vormittag malte Clara ein Bild, und wir faxten es meiner Mutter.

Am Mittag wollte ich eine Prostituierte interviewen, aber sie kam nicht.

Am Nachmittag kam die Hebamme. Wir sprachen über Sex und Jungfräulichkeit und Methoden, das eine zu haben und das andere nicht zu verlieren.

Dann ging ich schwimmen und mit Clara in die Badewanne.

Beim Abendessen diskutierten wir über die Zukunft Irans.

Am Mittwochmorgen stillte ich um fünf Uhr Marina.

Am Vormittag brachte der Gärtner zwei Weihnachtsbäume, einen kahlen und einen krummen. Ich wählte den krummen. Der Gärtner sagte, er sei nicht krumm.

Am Mittag kam die Prostituierte. Ich sprach lange mit ihr, wurde traurig und litt an der Ungerechtigkeit der Welt.

Am Nachmittag ging ich mit Clara in die Kindergruppe.

Dann ging ich schwimmen und mit Clara in die Badewanne, und T. saß dabei, und wir diskutierten über die Zukunft Irans.

Am Donnerstagmorgen stillte ich um fünf Uhr Marina.

Am Vormittag legte ich das Weihnachtsoratorium auf und hängte Schmuck an den Baum, und Clara nahm ihn wieder ab.

Dann schrieb ich einen Artikel über Prostitution.

Am Abend sagte T., er habe eine Reihe von Szenarien für die Zukunft Irans und man müsse darüber diskutieren.

Satan und Opfer

Amerika hat kein Imperium zu vergrößern und keine Utopie zu verwirklichen. Wir wollen für andere nur das, was wir für uns selbst wollen: Sicherheit vor Gewalt, die Wohltaten der Freiheit und die Hoffnung auf ein besseres Leben.

George W. Bush

Yankee go home and take me with you.

Plakataufschrift in Rojas Wohnzimmer

Am Abend des 11. September haben wir Gäste.

Als die Nachricht von den Anschlägen in Amerika Teheran erreicht, ist es schon später Nachmittag. Über der Stadt wölbt sich derselbe blaue Septemberhimmel wie über Manhattan Tausende Kilometer weiter westlich. Es ist immer noch sehr heiß in diesem Dürrejahr, in dem seit April kein Tropfen Regen auf die iranische Hauptstadt gefallen ist.

Während wir uns vor dem Fernseher für das Abendessen umziehen, ist das erste Mal die Rede davon, dass islamische Terroristen die Anschläge verübt haben könnten. »Das wird furchtbare Folgen für unser Verhältnis zur islamischen Welt haben«, sagt T.

Am Morgen desselben Tages bin ich in der Stadt an einem der riesigen Wandgemälde Teherans vorbeigekommen. Es zeigt eine amerikanische Flagge, bei der die Sterne zu Totenköpfen geworden sind. Sie lösen sich aus der Flagge und stürzen als kleine Bomben nach unten. Das Gemälde ist nicht einfach ein Monument des Antiamerikanismus, sondern das Sinnbild einer Enttäuschung: Die strahlenden Sterne des Sternenbanners verwandeln sich in Totenköpfe und Bomben, der Traum Amerikas löst sich auf.

Wenige Straßenecken entfernt liegt das Gelände der ehemaligen amerikanischen Botschaft. Seit dem Abbruch der diplomatischen Beziehungen zwischen Washington und Teheran vor mehr als zwanzig Jahren wurde sie erst als Kaserne der Revolutionswächter genutzt, dann als Raum für eine Ausstellung über die Verbrechen des amerikanischen Erzfeinds. Entlang der Mauer, die das Botschaftsgelände umgibt, üben sich die Kunststudenten in der Kunst der antiamerikanischen Propaganda. Sie pinseln das Übel der Welt (die Amerikaner und die Zionisten) und seine Opfer (die Palästinenser und die Iraner) in grellen Farben auf großflächige Plakate. Uncle Sam als Sensenmann etwa, oder palästinensische Kinder im Bombenhagel. Die schwarzen Mäntel und Kopftücher der Studentinnen sind mit Farbklecksen betupft. Sie malen nach Vorlagen, die sie von ihren Lehrern erhalten haben. Bisweilen ist die Symbolik so kryptisch, dass auch die Künstlerinnen sich nicht zur Bedeutung ihrer Werke äußern können. Auf einem Plakat etwa frisst sich eine grellgelbe Schlange durch einen Apfel. Daneben ist der Zylinder von Uncle Sam zu erkennen und ein Wurm. »Was hat das zu bedeuten?«, frage ich. Die drei Kunststudentinnen sind ratlos. »Der Wurm«, spekuliert eine von ihnen nach längerer Überlegung, »könnte Palästina darstellen.«

Ob sie gerne einmal nach Amerika wollen?, frage ich. Alle drei antworten begeistert im Chor: »Ja!«

Vor den Mauern des Botschaftsgeländes wird jedes Jahr im November der »Tag des Kampfes gegen die globale Arroganz« begangen, wie der offizielle Jargon des Regimes den Jahrestag der Botschaftsbesetzung nennt. Bis heute gehört die vierhundertvierundvierzig Tage dauernde Geiselnahme von zweiundfünfzig amerikanischen Botschaftsangestellten zu jenen identitätsstiftenden Ereignissen aus der Frühzeit der Islamischen Republik, die bis heute nicht hinterfragt werden können. Selbst Chatami konnte sich in seinem berühmten Interview mit CNN 1998 nicht zu der Entschuldigung für die Geiselnahme durchringen, die die Amerikaner erhofft hatten. Stattdessen warb er um Verständnis für den

»Aufschrei eines Volkes gegen die Erniedrigung und Ungerechtigkeit, die ihm die Politik der USA angetan hatte«. Die Iraner hätten mit der Botschaftsbesetzung zu einer »unkonventionellen Methode« gegriffen, »um ihren Gefühlen und Ängsten Ausdruck zu verleihen«, sagt er.

Der Enthusiasmus, mit dem der antiamerikanische Gedenktag begangen wird, hat allerdings mit den Jahren merklich nachgelassen. Weil in der Islamischen Republik der Antiamerikanismus seit mehr als zwei Jahrzehnten Staatsdoktrin ist, fehlt ihm das spontane Protestpotenzial, das er in der arabischen Welt hat. Üblicherweise werden am 4. November einige Busladungen voll Studentinnen und Wehrpflichtigen vor das Botschaftsgelände gebracht. Ein paar Fundamentalisten verbrennen amerikanische Flaggen, lassen eine Stoffpuppe von George W. durch die Luft tanzen und boxen ihr ab und zu in den Bauch. Es ist ein Ritual, dessen Protagonisten vor allem dann eine erkennbare Leidenschaft entwickeln, wenn die Fernsehkameras auf sie gerichtet sind. Dumpf und monoton ertönt unablässig der Ruf: »Marg bar Amrika, marg bar Amrika, Tod Amerika, Tod Amerika.«

Heute ist der Tod, den sie seit mehr als zwei Jahrzehnten herbeirufen, tatsächlich über Amerika gekommen.

Amerika und Iran erscheinen manchmal wie ein altes, seit langem zerstrittenes Paar, ein Paar, dessen einstmals leidenschaftliche Liebesbeziehung mit einer jähen Enttäuschung zu Ende gegangen ist und das gleichwohl nicht voneinander loskommt. Endlose Vorhaltungen, missglückte Annäherungsversuche, offene Hassausbrüche – das ganze Repertoire verletzter Gefühle wird durchgespielt. Und immer wenn der eine bereit ist, einen Schritt der Annäherung zu tun, ist der andere gerade blockiert. In langen Jahren der Entfremdung hat man versucht, sich gegenseitig zu verletzen und zu schaden. Nun ist der Kontakt seit so vielen Jahren unterbrochen, dass man einander nicht mehr kennt.

Bevor man überhaupt miteinander reden könnte, müssten Bedingungen erfüllt werden. Der andere müsste sich ändern und sich entschuldigen. Die Amerikaner wollen eine Entschuldigung für die Botschaftsbesetzung. Sie wollen, dass Iran seine Unterstützung für die libanesische Hisbullah einstellt und seine feindselige Haltung gegenüber Israel aufgibt.

Die Iraner wollen vor allem Respekt. Und dann ist da das lange Sündenregister Washingtons: die Verbrechen des von Amerika gestützten Schah-Regimes, die amerikanische Unterstützung für Saddam Hussein im irakisch-iranischen Krieg und vor allem der erste, schreckliche Sündenfall, der von der CIA arrangierte Putsch gegen den populären Ministerpräsidenten Mossadegh 1953. Damals wurde die Hoffnung der Iraner enttäuscht, dass ein befreundetes Amerika Iran vom Druck der Kolonialmächte Großbritannien und Russland befreien würde. Damals verloren die Verheißungen der Amerikaner von Demokratie und nationaler Selbstbestimmung für die Perser ihre Glaubwürdigkeit. Unter den Intellektuellen, deren nationaler Aufbruch unter Mossadegh scheiterte, herrscht daher bis heute ein tiefes Misstrauen gegenüber Amerika, obwohl die meisten von ihnen dem islamischen Regime kritisch gegenüberstehen.

Der Putsch gegen Mossadegh ist der historische Hintergrund, vor dem die Iraner Amerikas heutige Rede von einem Regimewechsel wahrnehmen. Sie haben erlebt, dass Amerika in der Lage ist, eine iranische Regierung zu stürzen. Die Forderung nach »gegenseitigem Respekt«, den die Iraner immer wieder als Bedingung für die Wiederaufnahme von Beziehungen verlangen, meint daher vor allem Achtung, Anerkennung und den Verzicht auf innere Einmischung.

Der Putsch gegen Mossadegh wird von vielen Iranern mit Beharrlichkeit auch noch fünfzig Jahre später als das große Trauma der iranischen Geschichte gepflegt. Das historische Unrecht, das Iran angetan wurde, wird so gebetsmühlenartig wiederholt, dass fast der Verdacht aufkommen kann, die Iraner fühlten sich in der Opferrolle wohl. Opfer historischen Unrechts, fremder Okkupation und ausländischer Machtspiele zu sein ist eine historische Konstante im Selbstbild der Iraner. Das Grundmotiv dafür findet sich im schiitischen Islam. Elias Canetti hat die Identifikation mit dem Opfer als Charakteristikum aller Klagereligionen bezeichnet, unter denen er – neben dem Christentum – den schiitischen Islam besonders erwähnt. Canetti beschreibt die Identifikation mit dem Opfer, ob es Jesus Christus oder Imam Hussein sei, als eine Form der Exkulpierung. Dies gilt im Besonderen für die Schiiten, deren alljährliche Klageprozessionen für den Tod Imam Husseins ihren Ursprung in der freiwilligen Buße der Einwohner von Kufa haben, der Anhänger Husseins, die den Prophetennachfolger in der entscheidenden Schlacht von Kerbela im Stich ließen. Der Tod Husseins, der sich auf die Unterstützung der Kufaner verlassen hatte, wird erst im Nachhinein als ein freiwilliger Opfergang mit höherem Sinn umgedeutet. In den Trauerritualen ist die Identifikation mit dem Opfer zugleich eine Bußhandlung für den Verrat und eine Beteuerung der eigenen Unschuld.

Bis heute findet sich dieses Motiv in der iranischen Politik. Das Beharren auf der Opferrolle befreit von Schuld und von der Last der Verantwortung für die eigene Geschichte.

Als die damalige amerikanische Außenministerin Madeleine Albright im März 2000 mit ihrer kritischen Bemerkung zum Staatsstreich gegen Mossadegh einer Entschuldigung sehr nahekommt, die amerikanische Unterstützung für den Irak gegen Iran als »bedauernswert kurzsichtig« bezeichnet und dem Land die Hand für einen Neuanfang in den Beziehungen ausstreckt, ist die iranische Führung unfähig, darauf zu reagieren. Das Misstrauen ist ins Unüberwindliche gewachsen. Hassbilder haben sich verfestigt und verhindern einen nüchternen Blick auf die nationalen Interessen. Mit den Jahren ist die Feindschaft lieb und teuer geworden, sie ist nun Teil der eigenen Identität und des politischen Rituals.

Aus der einstigen Liebe Irans ist nicht Hass geworden, sondern Hassliebe, dieses ständig changierende Gefühl gleichzeitiger Anziehung und Abstoßung. Das Begehren, anerkannt und geachtet zu werden, dauert fort und vermischt sich mit der Angst vor äußerer Einflussnahme und

Abhängigkeit. Der geliebte Feind ist längst viel mehr als ein politischer Gegner, er ist das Sinnbild all dessen, was das Eigene bedroht, Sinnbild der ebenso gefürchteten wie erstrebten Moderne. Längst geht es nicht mehr nur um Politik oder Öl, sondern um Kultur und Identität. Das Minderwertigkeitsgefühl gegenüber der westlichen Moderne wird am Feindbild Amerika festgemacht, dem die Islamische Republik mit der unaufhörlichen Behauptung einer eigenen Identität entgegentritt, einer islamischen Identität, der zunehmend iranisch-nationale Motive beigemischt werden. Identität wird zum Kampfbegriff. Um sie zu bewahren, ist man bereit, den Preis der Isolation zu bezahlen.

Am Abend des 11. September haben wir Mitglieder der außenpolitischen Kommission des iranischen Parlaments zu Gast, an ihrer Spitze einen der prominentesten einstigen Vorkämpfer des Antiamerikanismus: Mohsen Mirdamadi, der energische und unermüdlich lächelnde kleine Mann war einer der Anführer der Botschaftsbesetzung. Er spricht gut Englisch. Vor der Revolution hat er in Cambridge einen Master in internationalen Beziehungen erworben. Heute gehört Mirdamadi zu den Reformern und ist einer der prominentesten Befürworter einer Annäherung zwischen Iran und Amerika.

Wir nehmen die Gäste, Mirdamadi und drei weitere Abgeordnete der Kommission mit ihren Ehefrauen, draußen auf der Straße in Empfang. Sie kommen alle mit denselben offiziellen Peugout 504 aus iranischer Lizenzproduktion, die die Islamische Republik ihren Parlamentsabgeordneten zur Verfügung stellt, alle zur selben Zeit. Sie müssen sich genau abgesprochen haben, wahrscheinlich, um zu verhindern, dass einer von ihnen allein bei uns ist. Bewachen oder beschützen sie sich gegenseitig? Der Besuch in einer westlichen Botschaft, zumal der des Vertreters der amerikanischen Interessen, ist noch immer ein Wagnis für iranische Politiker. Wer sich in die Nähe des Satans begibt, läuft Gefahr, ins Schussfeld der Konservativen zu geraten.

Es ist T.s Idee gewesen, die Abgeordneten mit ihren Ehefrauen einzuladen, obwohl das nicht üblich ist. Wir haben uns einen gemeinsamen Abend nach westlichen Regeln vorgestellt, aber bald entgleitet uns die Regie. Die Sessel im Wohnzimmer sind zu einem großen Kreis geordnet, sodass Frauen und Männer den – alkoholfreien – Aperitif gemeinsam einnehmen können. Sofort setzen sich die Gäste wie selbstverständlich so, dass sich der Kreis in eine Männer- und eine Frauenseite teilt. Die Frauen sind offensichtlich nicht erfreut, dass sie im gleichen Raum wie die Männer sitzen sollen. Sie rücken ihre Tschadore zurecht, die sie gerne ablegen würden.

Die Anschläge in Amerika sind das erste Gesprächsthema, aber im Gegensatz zu uns sind unsere Gäste vollkommen ruhig, unaufgeregt und distanziert. Sie reagieren auf den Terroranschlag gegen den amerikanischen Erzfeind äußerst reserviert. Sie lassen keine Genugtuung erkennen, aber auch kein Entsetzen und kein Mitleid. Sie zeigen kein Verständnis für die Attentäter, sie versuchen nicht, die Tat zu rechtfertigen, aber es erstaunt sie auch nicht, dass Amerika Ziel eines Attentats von diesem Ausmaß werden kann. »Wir haben acht Jahre Krieg erlebt«, sagt einer der Männer, der selbst an der Front gewesen ist. »Es gab Zeiten, in denen täglich Bomben auf Teheran fielen.«

Bald gehen die Männer zu anderen Themen über, sie besprechen den eigentlichen Anlass der Einladung, ihre bevorstehende Reise in die Schweiz. Die Frauen schweigen. Sie langweilen sich. Sie ordnen ihre Tschadore. Wir mustern einander mit freundlicher Neugier. Sie sind alle im selben Alter, jung, höchstens vierzig.

Nach einiger Zeit beugt sich eine der Frauen zu mir hinüber und flüstert mir ins Ohr:

»Kommen Sie, wir gehen CNN gucken.«

»Sie meinen, den Propaganda-Sender des großen Satans?«

»Genau, Sie haben doch sicher Satellitenfernsehen.«

Kaum sind die Männer außer Sichtweite, werden die Tschadore abgelegt. Es kommen sittsame Kostüme mit langen Röcken zum Vorschein, es beginnt ein angeregtes Gespräch.

Dass Muslime die Anschläge begangen haben könnten, ist für die Frauen unvorstellbar. Als das Fernsehen meldet, die japanische »Rote Armee« habe sich als späte Rache für Hiroshima und Nagasaki zu den Anschlägen bekannt, erscheint ihnen das sehr viel wahrscheinlicher. Das iranische Fernsehen wird sich noch an diese Meldung klammern, als alle anderen schon von bin Ladin berichten.

Aber eigentlich sind die Frauen überzeugt, dass die Attentäter aus Amerika selbst kommen. »Das muss von innen gekommen sein«, sagt eine. »Das können nur Amerikaner getan haben.« Eine andere erinnert an das Attentat von Oklahoma.

Sie, die sich seit einem halben Jahrhundert als Opfer Amerikas sehen, können sich nicht vorstellen, dass Amerika selbst zum Opfer geworden sein könnte. Mehr noch: Sie wollen nicht, dass Amerika auch Opfer ist. Es scheint ihnen geradezu zu missfallen, dass der Feind nun mit ihnen um die Opferrolle konkurriert, dass dem großen Satan nun selbst jenes Mitleid und jene Solidarität gebühren, die sie bisher für sich in Anspruch nehmen konnten. Immer wieder erinnern sie an die eigenen Opfer: »Wir haben eine Revolution erlebt und acht Jahre Krieg. Und in Palästina sterben jeden Tag Menschen.«

»Ihr seid alle so jung«, sage ich. »Das kommt, weil wir eine junge Revolution haben«, antwortet Elaheh Mirdamadi. Auch ihre Männer sind, fünfundzwanzig Jahre nach der Revolution, alle erst Anfang, Mitte vierzig. Als Studenten waren sie am Sturz des Schahs und am Aufbau der islamischen Ordnung beteiligt. Die Frauen scheinen einander nur flüchtig zu kennen, aber ihre Biografien ähneln einander. Sie haben alle bald nach der Revolution geheiratet. Nur eine hat sich den Ehemann selbst ausgesucht. Für die anderen haben ihre Familien die Wahl getroffen. Trotzdem sehen sie sich als moderne Frauen, die gerade durch die Revolution das traditionelle familiäre Umfeld verlassen haben. Sie sind alle berufstätig, eine als Grafikerin, eine andere als Hebamme, und Elaheh Mirdamadi ist für die Jugendarbeit der Reformpartei »Moscharekat« zuständig. Jede von ihnen hat zwei oder drei Kinder, die zum Teil schon erwachsen sind. Können sie sich vorstellen, ihre Söhne zum Studium in die Vereinigten Staaten zu schicken? – Sicher, antworten sie. Zwei von ihnen haben dort Verwandte.

Zum Abendessen kehren wir zu den Männern zurück. T. hat die Tischkärtchen für die fünf Paare nach den Gepflogenheiten des westlichen Protokolls aufgestellt, gemäß dem keine Frau neben ihrem Ehemann sitzen soll. Aber als die Männer das sittenlose Durcheinander sehen, werden die Tischkärtchen, ehe wir es uns versehen, rasch und diskret umgeordnet. Wenn schon Männer und Frauen in bunter Reihe zu sitzen haben, dann möchte doch wenigstens jeder die eigene Ehefrau an seiner Seite haben.

Während ich mich mit den Frauen lebhaft unterhalten habe, stockt das Gespräch in der großen Runde. In der Atmosphäre des gesetzten Essens sind alle befangen. Zudem erweisen sich westliche Tischsitten als weitgehend unvereinbar mit dem Tschador. Es wird von hinten serviert, aber wenn die Frauen sich zur Seite wenden, um sich von dem auf Platten angebotenen Essen zu bedienen, droht bei der geringsten Kopfbewegung das riesige, lose Tuch zu verrutschen. Es muss eigentlich immer mit einer Hand zusammengehalten werden, wie sollen sich also die Frauen von den Platten bedienen? Liegt endlich etwas auf dem Teller, so muss es, während die andere Hand den Tschador hält, einhändig gegessen werden. Dazu eignet sich am besten der Dessertlöffel. Das Steak, das man mit Messer und Gabel zerschneiden müsste, bleibt unberührt auf dem Teller liegen.

Ich frage Mirdamadi, wie er heute über die Botschaftsbesetzung denkt, die den iranisch-amerikanischen Beziehungen über Jahrzehnte so großen Schaden zugefügt hat.

»Ich glaube, dass die Besetzung unter den damaligen Umständen richtig war«, sagt er. »Damals, unmittelbar nach der Revolution war das System nicht von innen bedroht, denn es genoss breite Unterstützung in der Bevölkerung, sondern von außen. Seit der Zeit des Staatsstreichs gegen Mossadegh fürchteten wir eine Bedrohung von außen, vor allem von Amerika. Wir haben die Botschaft besetzt, um dieser Bedrohung zu begegnen. Und darin waren wir erfolgreich. Wir haben die Möglichkeit amerikanischen militärischen Eingreifens oder eines von den Amerikanern gelenkten Staatsstreichs für immer ausgeschlossen.«

Aus Sicht der Besetzer war die Geiselnahme eine Überlebensfrage für die Islamische Revolution. Aber hätte man dieser Gefahr nicht auch anders begegnen können, war der Preis, die jahrzehntelange Feindschaft Amerikas, nicht sehr hoch?

»Unsere heutigen Probleme resultieren nicht aus der Botschaftsbesetzung«, sagt Mirdamadi.

Nach dem Ende der Besetzung macht Mirdamadi Außenpolitik, zuerst bei den Revolutionswächtern, später dann im Parlament. Schon in der zweiten Hälfte der achtziger Jahre kommen ihm Zweifel an der Politik der Abschottung gegenüber Amerika. Die späteren Reformer verstehen, dass man mit der Tabuisierung Amerikas gleichwohl der westlichen Moderne keinen Einhalt gebieten kann. Zwar ist es möglich, Iran von direktem amerikanischem Einfluss weitgehend abzuschotten, die Modernisierung der iranischen Gesellschaft schreitet gleichwohl unaufhaltsam voran. Reformer wie Mirdamadi sind der Meinung, dass sich die Politik der Modernisierung stellen und anpassen muss. Und sie glauben, dass Iran seine Beziehungen zu Amerika normalisieren kann, ohne erneut in Abhängigkeit zu geraten.

Er hoffe, sagt T., als das Gespräch zum Schluss noch einmal auf die Anschläge in Amerika kommt, dass Iran diesen Terrorismus klar verurteilen werde. Und Mirdamadi antwortet, dass Iran vor drei Jahren auch die Anschläge auf die amerikanischen Botschaften in Kenia und Tansania verurteilt habe. Jedes zivilisierte Land könne Terror nur verurteilen.

Präsident Chatami spricht noch am selben Abend dem amerikanischen Volk »im Namen des Volkes und der Regierung der Islamischen Republik Iran« sein Mitgefühl aus. Er verurteilt jede Form von Terrorismus und hebt den Willen der iranischen Regierung hervor, die internationale Gemeinschaft bei der Bekämpfung des Terrorismus zu unterstützen.

In den Tagen nach dem 11. September gibt es Anzeichen für eine spontane Solidarität mit Amerika. Zum ersten Mal seit mehr als zwanzig Jahren unterbleibt der Ruf »Tod Amerika«, der üblicherweise die Freitagspredigten begleitet. Im ganzen Land verurteilen die vom religiösen Führer Chamenei ernannten Freitagsprediger einmütig die Anschläge. Der religiöse Führer Chamenei selbst bezeichnet den Kampf gegen die Terroristen als einen »Dschihad«, einen heiligen Krieg und damit auch als religiöse Pflicht.

Ein Qualifikationsspiel für die Fußballweltmeisterschaft gegen den Golfstaat Bahrain wird im Teheraner Asadi-Stadion mit einer Schweigeminute zum Gedenken an die Opfer der Terrorangriffe eingeleitet. Und der Teheraner Bürgermeister Mortesa Alwiri schickt ein Beileidsschreiben an seinen New Yorker Kollegen Giuliani.

Die Reformer versuchen, die Ereignisse für einen Durchbruch zu nutzen, und setzen sich offen für eine Verbesserung der Beziehungen zu Washington ein. Die Reformzeitung »Norus« ruft in einem Leitartikel Präsident Chatami auf, in einem »historischen Schritt« direkte Kontakte mit dem amerikanischen Präsidenten aufzunehmen.

Aber wieder scheitern die Annäherungsversuche. In Iran unternimmt vor allem das Außenministerium in den folgenden Monaten bedeutende Schritte auf Amerika zu, aber die religiöse Führung verfällt schon bald wieder in die alte antiamerikanische Rhetorik. Weite Kreise der iranischen Führung fürchten eine Annäherung an Amerika viel mehr, als dass sie sie suchen. Sie haben Angst, dass eine Normalisierung der Beziehungen das innenpolitische Gleichgewicht erschüttern und unkalkulierbare gesellschaftliche Folgen haben könnte.

In Amerika lässt die scharfe Trennung in Gut und Böse, für uns oder für die Terroristen, keinen Raum für eine differenzierte Politik gegenüber Iran. Als der amerikanische Präsident in seiner Rede vor dem Kongress fordert, dass sich jedes Land entscheiden müsse: »Entweder ihr seid für uns, oder ihr seid für die Terroristen«, sind die Iraner empört. Sie sind nicht für die Terroristen, aber sie wollen auch nicht für Amerika sein. Über alle Trennlinien der politischen Lager hinweg werden die Äußerungen Bushs verurteilt. Der religiöse Führer Chamenei bezeichnet Bushs Äußerungen in einer prononciert antiamerikanischen Rede als »arrogant und imperialistisch«.

Unseren Freunden gefällt die Rede Chameneis. Selbst jene, die dem Regime sehr kritisch gegenüberstehen, stimmen ihm zu: »Er hat recht, dass Amerika nicht sagen kann, ihr seid entweder mit uns oder gegen uns. Wir wollen unabhängig sein. Ich hasse das islamische Regime, aber hier hat Chamenei recht«, sagt eine Freundin. Wieder zeigt sich, wie sehr das Streben nach Unabhängigkeit die iranische Gesellschaft über alle politischen Gegensätze hinweg eint.

Ende Oktober versucht der religiöse Führer Chamenei, allen Bemühungen um eine Verbesserung der Beziehungen zu Amerika ein Ende zu bereiten. Unmissverständlich droht er allen, die eine Annäherung mit dem Erzfeind betreiben. Der Chef der Justiz erklärt es sogar für verboten, über Kompromisse mit Washington überhaupt zu sprechen.

Anfang Dezember muss sich Mohsen Mirdamadi vor Gericht verantworten. Ihm wird vorgeworfen, in seiner Zeitung »Norus« eine Annäherung an Amerika propagiert zu haben.

Mirdamadi hatte gefordert, dass die Regierung die »goldene Gelegenheit« für die iranisch-amerikanischen Beziehungen nach dem 11. September ergreifen und eine Verbesserung der Beziehungen betreiben sollte.

Die Polarisierung zwischen der islamischen Welt und dem Westen zeichnet sich sofort nach dem 11. September ab. In unseren Kontakten nach Hause ist die dortige antiislamische Grundstimmung spürbar. Hans Magnus Enzensberger, der zusammen mit dem Schweizer Adolf Muschg und dem österreichischen Schriftsteller Raoul Schrott im Oktober zu einem Symposium nach Iran kommen will, ruft nach dem 11. September an und äußert Zweifel, ob er die Reise unter diesen Umständen antreten soll. »Immerhin in ein Land, bei dem die Hisbullah auf der Gehaltsliste steht ...« In einem Telefonat versuche ich, ihn umzustimmen: »Jetzt erst recht.« Er sagt, man müsse bedenken, wie die Stimmung in Deutschland sei, wie eine solche Reise wahrgenommen werde. Die Situation sei so aufgeheizt, dass Mädchen mit Kopftüchern angepöbelt würden.

Enzensberger, Muschg und Schrott treffen in der Nacht der ersten amerikanischen Luftangriffe gegen die Taliban in Teheran ein. Eine Woche lang reisen sie durch Iran und diskutieren mit Schriftstellern und Geistlichen über Hafez und Goethe, Dichtung, Religion und Politik.

Aus Deutschland kommt Kritik an Artikeln, die ich im Oktober über Flüchtlingslager in Afghanistan geschrieben habe. Die Artikel seien zu antiamerikanisch. Ich zitiere dort Flüchtlinge, die vor den amerikanischen Bombenangriffen geflohen sind. Für diese sind die westlichen Erklärungen, dass sich die Angriffe nur gegen die Taliban und Al Qaida richten, nicht überzeugend. Sie sind selbst betroffen. Und vor allem unter den Paschtunen gibt es auch einige Sympathien für die Taliban.

Plötzlich erscheint es naiv zu glauben, ich könne in meiner Berichterstattung einfach einigermaßen unvoreingenommen die Realität darstellen. Plötzlich wird mein Zitat eines afghanischen Flüchtlings, der von den amerikanischen Angriffen nicht begeistert ist, zu einer Stellungnahme im globalen Kampf zwischen Gut und Böse.

Wie die Iraner möchte ich meine Unabhängigkeit bewahren. Aber eine Berichterstattung, die sich vor allem darauf konzentriert, ein Land wie Iran zu erklären, wird immer schwieriger.

Zugleich wird die Berichterstattung über Iran, das bis dahin aus deutscher Sicht ein interessantes, exotisches, aber kein wichtiges Land gewesen ist, relevanter. Plötzlich geht es bei Themen wie Kopftuch, Religion und Politik, Islam und Gewalt nicht mehr nur um ein fremdes Land, sondern um Positionen, die auch in Deutschland innenpolitisch brisant sind.

Der Druck zu einfachen Wahrheiten und klaren Positionen kommt von beiden Seiten. »Warum hat Bush von einem Kreuzzug gesprochen?«, fragen meine iranischen Freunde. Wenn sie mich so mit vorwurfsvollem Unterton fragen, habe ich den Eindruck, dass wir auf verschiedenen Seiten stehen, dass sie die Trennlinie des »Für uns oder gegen uns« nun gegen mich wenden. Sie verlangen von mir ein Bekenntnis gegen Bush. Der Manichäismus des amerikanischen Präsidenten, den sie ablehnen, wird zugleich von ihnen selbst übernommen. Die Unabhängigkeit, die sie für sich in Anspruch nehmen, wollen sie mir nicht mehr gewähren.

Es wird immer schwieriger, sich nicht auf eine Seite zu stellen. Aus westlicher Sicht erscheint, wer die kritische und widersprüchliche Haltung vieler Muslime gegenüber der westlichen Kultur zu erklären versucht, als Apologet des Terrors. Für meine iranischen Freunde werde ich, wenn ich die amerikanische Reaktion auf die Terroranschläge rechtfertige, zum Apologeten des westlichen Imperialismus. Während Freunde und Kollegen im Westen verlangen, ich solle eine kritischere Haltung gegenüber dem Islam und gegenüber Iran einnehmen, wollen meine persischen Freunde, dass ich mich von der amerikanischen Politik nach dem 11. September distanziere. Der Ort, an dem wir bisher gestanden haben, wird von einer rasanten Polarisierung weggespült.

Sie und wir

Die säkulare Welt ist der Überzeugung, sie sei unparteiisch. Sie hat jedoch eine uniforme Sprache entwickelt und erwartet von allen Gesellschaften, dass sie sich dieser bedienen. Tatsache ist, dass in religiösen Gesellschaften vielfach Überzeugungen existieren, die sich nicht in diese Sprache übersetzen lassen.

Amir-Hassan Cheheltan, Schriftsteller

Das Schwierigste ist der Blick des Westens auf uns. Wie können wir uns abgrenzen, wie können wir eine eigene Sprache finden?

Neda Rasavipur, Künstlerin

Einigen unserer iranischen Freunde behagen meine Zweifel am universellen Geltungsanspruch westlicher Werte nicht. Sie wollen nicht, dass wir die Allgemeingültigkeit unserer Werte in Frage stellen, weil sie selbst in ihrer Auseinandersetzung mit dem islamischen Regime auf der Einhaltung eben dieser Prinzipien – und dabei geht es ja in erster Linie um die Menschenrechte – bestehen. Wenn wir die Allgemeingültigkeit der Menschenrechte in Frage stellen, fallen wir ihnen in den Rücken. Wenn ich das Argument gelten lasse, dass die Menschenrechte eine westliche Erfindung seien und im Widerspruch zur islamischen Kultur stehen können – beispielsweise die Gleichheit von Mann und Frau vor dem Gesetz – , stelle ich mich in ihren Augen auf die Seite des islamischen Regimes.

Gleichzeitig gefällt es unseren iranischen Freunden aber auch nicht, wenn wir zu sehr im Brustton unser eigenenen Überzeugungen daherkommen. Wenn wir die Allgemeingültigkeit unserer Werte behaupten, wird das schnell als westliche Arroganz wahrgenommen. So sind wir mit widersprüchlichen Erwartungen konfrontiert: Wenn wir unsere Prinzipien in Frage stellen, gelten wir als schwächlich und prinzipienlos. Wenn wir die von ihnen geforderte Prinzipientreue aufbringen, werden wir als überheblich und paternalistisch wahrgenommen.

»Für euch im Westen ist Iran eine Hochburg der Rückständigkeit«, schreibt die Künstlerin Jinoos Taghizadeh, »doch so einfach ist die Sache nicht. Wenn ihr traditionelle Gesellschaften wie Iran mit postindustriellen wie euren eigenen vergleicht, habt ihr klare Kategorien. Ihre Grundlage sind die heiligen Gesetze der Säkularisierung. Die Tatsache, dass ihr seit Jahrhunderten versucht, menschliches Verhalten zu messen, zu entschlüsseln, zu bewerten und als universal gültig zu klassifizieren, ist wohl der Grund dafür, dass ihr dem Rest der Welt groß, stolz und überlegen gegenübertretet.«

In unseren Gesprächen klingt die Debatte um den sogenannten Kulturrelativismus an. Die »Kulturrelativisten« vertreten die Auffassung, dass moralische Prinzipien jeweils nur innerhalb einer bestimmten Kultur gültig seien. Sie gehen davon aus, dass Menschen ihre Moralvorstellungen durch die Prägungen der Kultur erwerben, in der sie aufwachsen, dass also die Prinzipien von der jeweiligen Kultur abhängig sind.

Die Gegenposition zum Kulturrelativismus ist der Universalismus, der davon ausgeht, dass es so etwas wie eine allgemeinmenschliche Ethik gibt. Diese Position vertreten selbstverständlich die Vereinten Nationen. Die in der UN-Charta festgelegten Menschenrechte sind ihrer Auffassung nach in einer allgemeinmenschlichen Ethik begründete, absolute Rechte, die nicht durch den Verweis auf kulturelle Besonderheiten in Frage gestellt werden dürfen. »Menschenrechte«, so hielt der damalige Generalsekretär Kofi Annan den »Kulturrelativisten« auf der UN-Menschenrechtskonferenz 1993 entgegen, »sind afrikanische Rechte. Sie sind asiatische Rechte, sie sind europäische Rechte. Sie gehören keinem Kontinent, sie sind fundamental für die Menschheit selbst.«

Andere, bescheidenere »Universalisten« behaupten, dass es zumindest einen Grundbestand einer allen Menschen gemeinsamen Ethik gebe. So spricht etwa der ehemalige Bundespräsident Roman Herzog in seiner Debatte mit Chatami 1998 von einem »Mindestmaß an Gemeinsamkeiten«, das alle Kulturen teilen. Als Beispiel für ein universelles moralisches Prinzip wird häufig das Tötungsverbot angeführt. Aber selbst dort gibt es gravierende Unterschiede, weil die verschiedenen Kulturen sehr unterschiedliche Ausnahmen vom Tötungsverbot machen. Man denke nur an Notwehr, Affekt, Rache, an die Diskussion über den finalen Todesschuss oder die verschiedenen Haltungen zur Todesstrafe in den Vereinigten Staaten, in Europa oder in islamischen Ländern.

Die »Kulturrelativisten« sind die ewigen Zweifler, während die »Universalisten« ein Dogma behaupten, so geringfügig es auch sein mag. Sie setzen der permanenten Relativierung ein »Mindestmaß« an allgemeingültiger, nicht hinterfragbarer Moral entgegen. Einige von ihnen, vor allem Frauenrechtlerinnen, vertreten dieses Dogma so offensiv und moralisierend, dass ihre Lexik kaum noch von der ihrer religiösen Gegner zu unterscheiden ist. Der Westen, so fordern sie, solle von der Allgemeingültigkeit der Menschenrechte überzeugt sein wie die islamische Welt von der Scharia. »Wir brauchen einen unerschütterlichen Glauben an die Universalität der Menschenrechte«, sagt Alice Schwarzer. Die »Kulturrelativisten« werfen ihnen deshalb vor, selbst Fundamentalisten zu sein: Menschenrechtsfundamentalisten.

Die »Kulturrelativisten« bezeichnen die »Universalisten« als Ethnozentristen und Rassisten. Sie werfen ihnen Intoleranz und Unfähigkeit vor, andere Kulturen zu achten. Die »Universalisten« bezichtigen dafür die »Relativisten« der Prinzipienlosigkeit. Sie glauben, dass die »Kulturrelativisten« von Selbstzweifeln, ja Selbsthass so ausgehöhlt seien, dass es ihnen nicht mehr möglich sei, die Prinzipien ihrer eigenen Kultur zu vertreten. Sie warnen auch vor den politischen Konsequenzen des Kulturrelativismus. Wer die Menschenrechte relativiert und ihre Einhaltung nicht unter allen Umständen einfordert, leiste de facto Menschenrechtsverletzungen Vorschub, lautet eines ihrer Argumente. Der Kulturrelativismus diene undemokratischen Regimen wie etwa in China oder in Iran dazu, Kritik von außen abzuwehren und die Kritik von innen von der Unterstützung von außen abzuschneiden. Er zementiere diktatorische Regime und rechtfertige Menschenrechtsverletzungen und Grausamkeit.

»Ein Kulturrelativist«, so sagen die »Universalisten«, »würde nicht sagen: ›Das Steinigen von Ehebrecherinnen ist moralisch falsch.‹ Nein, er würde sagen: ›Das Steinigen von Ehebrecherinnen ist in der westlichen Kultur moralisch falsch.‹« Ein »Kulturrelativist«, so unterstellen die »Universalisten«, würde also das Steinigen von Ehebrecherinnen als eigene Ausprägung der islamischen Kultur wertfrei akzeptieren.

Immer wieder geht es um die Frage, die T. und ich in der Diskussion mit Giandomenico Picco, dem UN-Sonderbeauftragten für den Dialog der Zivilisationen, angesprochen hatten, nämlich wie man zugleich die Universalität bestimmter Prinzipien aufrechterhalten und die unterschiedlichen Welt- und Menschenbilder der Kulturen respektieren kann. Wie kann man einen Mindestbestand von Prinzipien definieren und begründen, die als universell gelten sollen und nicht dem kulturellen Vorbehalt geopfert werden dürfen?

»Und du?«, fragt T. »Bist du denn nun eine ›Relativistin‹ oder eine ›Universalistin‹?« Er selbst, mehr als eine halbe Generation älter als ich und mit der 68er-Studentenbewegung groß geworden, ist im Grunde ein »Universalist«, ein wie auch immer skeptischer und diskussionsbereiter. Aber ich habe zu Zeiten der postmodernen Infragestellung jeglicher Gewissheit studiert. Ich kann nicht an die Möglichkeit glauben, dass die Grenze zwischen universell gültigen Prinzipien und kulturellen Eigenheiten objektiv definiert werden kann.

Der unerschütterliche Glaube, den Alice Schwarzer fordert, ist mir fremd und suspekt, gerade hier in Iran, wo man täglich den Folgen der Unerschütterlichkeit von Gläubigen ausgesetzt ist. Das islamistische System nimmt einem die Lust auf jede Art von Glauben, und zugleich meint man, ihm nur etwas entgegensetzen zu können, wenn man sich auch in eine Unerschütterlichkeit rettet.

Wenn wir uns nicht mehr relativieren, sondern unsere Werte absolut setzen, dann verstoßen wir gerade dadurch gegen sie. Ich weiß einfach nicht, welche meiner Prinzipien ich verraten soll. Ich weigere mich, überhaupt welche zu verraten, und verrate sie natürlich auch dadurch ständig. Ich verliere meinen Ort, und zwar nicht nur in der Fremde, in Iran. Wenn ich zu meinen kurzen Besuchen nach Hause zurückkehre, stelle ich fest, dass auch Deutschland kein sicherer Rückzugsort mehr ist, an dem man eine Zeit lang unbehelligt sein könnte. Genau dieselben Fragen bedrängen uns auch dort.

Wenn wir den Muslimen mit unerschütterlichem Glauben entgegentreten, verleugnen wir die eigenen Widersprüche. Wir predigen ihnen Aufklärung und Säkularismus und merken gleichzeitig in der Auseinandersetzung mit dem Islam, wie wenig wir uns unserer säkularen Überzeugungen sicher sind. Wir erzählen ihnen, dass allein in der Trennung von Staat und Kirche das Heil liegt, obwohl wir – beispielsweise in der Diskussion über das Kreuz in Klassenzimmern staatlicher Schulen – weit entfernt sind, uns über eine konsequente Trennung einig zu sein. Im Karikaturenstreit stellen wir fest, dass keine Einigkeit über die Grenzen von Meinungsfreiheit herrscht, im Kopftuchstreit diskutieren wir über die Einschränkung von Persönlichkeitsrechten.

Wir sind nicht sicher, ob wir der Herausforderung des Islam mit konsequenterem Säkularismus oder, im Gegenteil, einem stärkeren staatlichen Einsatz für christliche Werte, also weniger Säkularismus, begegnen sollen. Wir preisen den Säkularismus als Errungenschaft des Christentums, weil allein das christliche Abendland Aufklärung, Toleranzphilosophie und Säkularismus hervorgebracht habe, und unterschlagen dabei, wie erbittert sich die christliche Kirche gegen die Aufklärung gewehrt hat. Die Auseinandersetzung mit dem Islam konfrontiert uns mit den tiefen Widersprüchen unserer eigenen, aufgeklärten Religiosität.

Auch viele iranische Intellektuelle sind in den Widerspruch zwischen Menschenrechts-Universalismus und der Suche nach dem eigenen Weg verstrickt. Immer wieder fordern Regimekritiker, dass der Westen sie stärker unterstützen solle, indem er eine stärker von Prinzipien geleitete, weniger konziliante Politik gegenüber dem Regime in Teheran verfolgt. Gleichzeitig reagieren sie aber sehr empfindlich auf alles, was sie als westliche Einmischung ansehen, und verlangen, dass der Westen Iran die Möglichkeit lassen solle, seinen eigenen Weg zu finden.

Auf die Suche nach diesem Weg haben sich seit den neunziger Jahren die Vordenker der iranischen Reformer gemacht. Sie wollen die universellen Menschenrechte mit der eigenen Kultur versöhnen, indem sie zu zeigen versuchen, dass der Islam nicht im Widerspruch zu den Menschenrechten stehen muss. Die Widersprüche zwischen den Menschenrechten und dem Islam bestünden nur in der traditionellen, unzeitgemäßen Lesart der Islamisten, sagen sie. Sie könnten durch eine Neuinterpretation des Islam aufgelöst werden, wie sie etwa Abdulkarim Sorusch und auch der ehemalige Präsident Chatami vorschlagen. Sie vertreten die Ansicht, dass die menschliche Erkenntnis religiöser Wahrheit im Verlauf der Geschichte Veränderungen unterliegt. Dieser Ansatz ermöglicht es, auch die Stellung der Frau und das Geschlechterverhältnis im Islam in einer Weise neu zu interpretieren, die den Islam mit der Gleichbehandlung von Frauen und Männern vereinbar macht.

Mehr noch: Geistliche wie Ajatollah Montaseri in Ghom oder religiöse Intellektuelle wie Sorusch sind der Überzeugung, dass die Menschenrechte zentrale Prinzipien des Islam sind. In seiner berühmten Rede im Juni 2002 fordert der Universitätsprofessor und Kleriker Haschem Aghadschari einen »islamischen Humanismus«, einen Humanismus also, der auf religiösen Prinzipien gegründet ist. Menschenrechtsverletzungen sind seiner Ansicht nach Verletzungen der religiösen Prinzipien des Islam. »Menschen haben Rechte«, sagt er. »Jedermann darf sein, was immer er sein möchte. Wir dürfen nicht sagen, wenn du nicht mit uns bist, können wir mit dir machen, was wir wollen. Wenn wir uns so verhalten, treten wir unsere eigenen religiösen Prinzipien mit Füßen.«

Für die Rede, in der er mit dem konservativen Klerus scharf ins Gericht geht, wird Aghadschari verhaftet und zum Tode verurteilt. Nach massiven Studentenprotesten und einer Intervention Chatamis wird das Urteil revidiert.

Als verdienter Revolutionär und Kriegsinvalide, der an der Front ein Bein verloren hat, ist Aghadschari im System der Islamischen Republik nicht leicht angreifbar. Er ist kein säkularer Intellektueller, dem man vorwerfen kann, ein Lakai des Westens zu sein. Aber seine Rede zeigt, wie weit sich die Reformer vom Islamismus der Revolution entfernt haben. In seinem berühmten Ausspruch hatte Revolutionsführer Chomeini die Menschenrechte, die Aghadschari nun als religiöse Prinzipien preist, einmal als »eine Sammlung korrupter Regeln« bezeichnet, »die sich die Zionisten ausgedacht haben, um alle wahren Religionen zu zerstören«. Abgesehen von derlei Polemik kritisierte Chomeini an den Menschenrechten vor allem ihre Fixierung auf die individuellen Freiheitsrechte des Menschen. Für ihn – ebenso wie einst für die Sowjetunion, wie heute für China und auch die Islamisten – sollte das Gemeinschaftswohl, das Wohl des Kollektivs vor den Interessen des Einzelnen Vorrang genießen.

Die meisten Reformer leugnen, dass es zwischen Islam und Menschenrechten gravierende Widersprüche gibt. »Nach dem Islam sind Mann und Frau gleich«, sagt der den Reformern nahestehende Ajatollah Sanei. »Ich bin der Meinung, dass der Islam nicht nach Hautfarbe, Rasse oder Geschlecht unterscheidet.« Sogar die Scharia, sagt er, stehe nicht im Widerspruch zu den Menschenrechten. Neunundneunzig Prozent aller durch die Scharia vorgesehenen Strafen seien »so wie überall auf der Welt«, nur ein Prozent, etwa die Steinigung bei Ehebruch, sei anders.

Der Kleriker Mohsen Kadivar dagegen hebt die Widersprüche zwischen den Menschenrechten und dem Islam in seiner traditionellen Lesart hervor. »Der traditionelle Islam«, sagt Kadivar, »ist nicht mit den

Menschenrechten vereinbar.« Er kenne keine Grundrechte, die für alle Menschen gelten. Im traditionellen Islam genössen Andersgläubige geringere Rechte als Muslime, Frauen geringere als Männer, und Geistliche genössen Vorrechte gegenüber anderen Mitgliedern der Gesellschaft. Es gebe Einschränkungen der Meinungs- und Religionsfreiheit. Eine Reihe von Stellen des Koran, ja auch Äußerungen des Propheten, stünden im Widerspruch zu den Menschenrechten. »Deshalb«, so Kadivar, »bedarf es einer neuen Lesart des Islam, um ihn mit den Menschenrechten vereinbar zu machen.«

In ihrem Bestreben, den Islam mit den Menschenrechten zu vereinbaren, argumentieren die Reformer sehr ähnlich wie John Locke, der Philosoph der Aufklärung, vor mehr als vierhundert Jahren. Wie Locke in seiner »Epistola de Tolerantia«, dem Brief über die Toleranz, legt Sorusch besonderen Wert auf den Gedanken, dass religiöser Glaube nicht erzwungen werden dürfe und nicht erzwungen werden könne. Unter Verweis auf die viel zitierte Koransure »Es gibt keinen Zwang in der Religion« (Sure 2, Vers 256) begründet er, wie Locke, die Religionsfreiheit damit, dass nur die innere Einsicht eines freien Individuums zu echtem Glauben führen könne, nicht aber der durch eine Regierung oder eine Gemeinschaft ausgeübte Zwang.

Für Sorusch und auch für den Geistlichen Mohammad Schabestari, dessen Denken dem von Sorusch sehr ähnlich ist, folgt daraus, dass unter den Bedingungen der Demokratie und der Achtung der Menschenrechte, nicht aber unter einer religiösen Herrschaft, die echte Religiosität am besten gedeihe. Wie im Denken der Aufklärer geht es nicht darum, die Religion zu entmachten, sondern sie zu bewahren. Das neue anthropozentrische Weltbild ist in den Augen der Reformer die Voraussetzung für eine wahre, nicht äußerliche Religiosität und dient damit tatsächlich der Religion.

Die Vordenker der Reformer, desillusioniert nach zwanzig Jahren islamischer Herrschaft in Iran, sind damit, wenn auch nicht immer explizit, bei genau jenen Ideen des Säkularismus angekommen, die im Westen im Verlauf der Jahrhunderte die Schwächung der christlichen Religion und den Machtverlust der Kirche bewirkt haben. Das macht sie angreifbar vonseiten der Islamisten und Konservativen. In den Augen konservativer Muslime ist das aufgeklärte Christentum ein abschreckendes Beispiel: »Was ist aus eurem Glauben geworden?«, fragen sie. Der Machtverlust der christlichen Kirchen ist ihnen eine Mahnung. »Der Vatikan«, so hat Ali Laridschani, der unter Ahmadineschad Chef des nationalen Sicherheitsrats wurde, einmal verächtlich gesagt, »ist doch nur Dekoration.« Ihr seid aufgeklärt, aber wir glauben wirklich.

Die Reformer versuchen, sich den Auswirkungen der westlichen Moderne zu stellen, die die iranische Gesellschaft durchdringt. Und sie haben auf der Suche nach einer Lösung für ihre Probleme mit der Moderne die europäische Philosophie studiert, obwohl ihnen der westliche Weg für die iranische Gesellschaft nicht erstrebenswert erscheint. Sie setzen sich intellektuell intensiv mit der Moderne auseinander, eine Tatsache, die wir im Westen kaum zur Kenntnis nehmen, weil wir unser Augenmerk in der islamischen Welt nach wie vor eher auf das Traditionelle, das Rückständige, das Exotische oder das Bedrohliche richten. Wir sagen ihnen, dass sie zuerst einmal die Aufklärung nachholen müssen, bevor wir bereit sind, ernsthaft mit ihnen zu reden. Wir sagen es im Tonfall von: Mach erst einmal deine Hausaufgaben.

Das aufklärerische Denken in Iran vollzieht sich unter ganz anderen Bedingungen als in Europa vor vierhundert Jahren. Der Nachvollzug der Gedanken der Aufklärung geschieht gegen den Widerstand nicht nur des traditionellen Klerus, sondern auch der Islamisten, die auf ihre Art eine moderne, zugleich aber radikal intolerante Lesart des Islam vertreten. Und das aufklärerische Denken im Islam ist, obwohl es europäisches Denken aufnimmt, zugleich der Versuch einer Abgrenzung gegen den Westen. Das Denken der Reformer ist getragen von der Hoffnung, dass dem Islam gelingen könnte, was dem Christentum nicht gelang: sich zu modernisieren, ohne in der Gesellschaft an Bedeutung zu verlieren.

Der damalige Präsident Chatami hat diese Hoffnung in einem Interview, das ich gemeinsam mit anderen Journalisten während seines Besuchs in Berlin im Juli 2000 geführt habe, damit begründet, dass Islam und Freiheit in der Geschichte nicht im Gegensatz zueinander gestanden hätten. »In der westlichen Freiheitsbewegung der vergangenen Jahrhunderte«, so sagte Chatami, »stand Freiheit gegen die Religion. Das war der große Fehler der Kirche. Es war das Problem, dass sich die Kirche gegen die Aufklärung wehrte. Deshalb entstand ein Gegensatz zwischen Religion und Freiheit. Das Ergebnis dieses Gegensatzes war der Säkularismus. Im Osten ist es anders verlaufen: Wenn sich im Osten eine Freiheitsbewegung gegen Fremdherrschaft bildete, dann geschah dies auf der Grundlage der Religion. Auch im Islam gibt es konservative und rückständige Denker. Aber im Osten, auch in Iran, geschahen alle Revolutionen für Freiheit auf der Grundlage der Religion. Es bestand kein Gegensatz zwischen Religion, Demokratie und Freiheit.«

In seiner Argumentation setzt Chatami individuelle Freiheit mit Freiheit von Fremdherrschaft gleich. Im Westen standen am Ende des Prozesses der Aufklärung die individuellen Freiheitsrechte des Menschen. Der Islam verbündete sich mit dem Kampf gegen Kolonialherrschaft und westliche Einflussnahme, nicht aber mit dem Kampf für individuelle Freiheitsrechte. Bis heute meint Freiheit im politischen Gebrauch in Iran vor allem Unabhängigkeit und Befreiung von westlicher Dominanz, aber nicht individuelle Freiheit in unserem Sinn. Der Satz: »Es ist der größte Fehler der Amerikaner anzunehmen, dass die Iraner Freiheit wollen, obwohl sie in Wirklichkeit Unabhängigkeit wollen«, zeigt die Schwierigkeit, sich darüber zu verständigen, was mit Freiheit gemeint sei.

Die Unschärfe, wie sie sich hier im Denken Chatamis zeigt, ist symptomatisch. Sie durchzieht das ganze Denken der Reformer und ist Folge ihrer Angst, dass am Ende ihrer Reformen der westliche Individualismus stehen wird. Die Angst davor, dass die Kritik am eigenen System sie in die Arme des Westens treibt, ist ein wichtiger Grund für das Scheitern der Reformer. Ihre ganze Bewegung ist von dem Bestreben geprägt, die Revolution nicht zu verraten und die eigene Identität zu bewahren, die der Definition nach eine nichtwestliche sein muss. Die Abgrenzung vom Westen ist lebenswichtig.

Aus diesem Blickwinkel wird verständlich, warum die Reformer die roten Linien, die markieren, was das System nicht zu sagen erlaubt, so bereitwillig respektierten. Sie ließen sich zum Schweigen bringen, weil sie selbst fürchteten, die Konsequenzen ihres Denkens auszusprechen. Sie mussten verborgen bleiben, weil sonst Identitätsverlust drohte. Die größte Schwäche der Reformer lag nicht, wie im Westen gemeinhin angenommen, in der Schwäche von Parlament und Präsident im Machtgefüge der Islamischen Republik, sondern in der Inkonsistenz ihrer Position.

Chatami suchte einen dritten Weg, der sich von der radikalen Abwehr, die die Islamisten dem Westen entgegensetzen, aber auch von der naiven Gefolgschaft des Westens, wie sie der Schah betrieb, unterscheiden sollte. Er ging vorsichtig, er tastete sich vor, hielt dann aber doch, ängstlich geworden, an und blieb stehen.

Für uns ist die Unklarheit der Reformer irritierend. Wir wissen nicht, was wir von ihnen halten sollen. Wir sind nicht sicher, ob sie so denken wie wir. Meinen sie, wenn sie Demokratie und Freiheit sagen, dasselbe wie wir?

Das anfängliche Wohlwollen des Westens gegenüber Chatami und seiner Bewegung gründete auf der impliziten Erwartung, dass die Reformer zwangsläufig irgendwann beim westlichen Säkularismus ankommen würden. Gerade vor dem Hintergrund des Zusammenbruchs der Sowjetunion erschienen die Reformen in Iran als Beginn eines Systemwechsels. In den neunziger Jahren, als Francis Fukuyamas These vom Ende der Geschichte Hochkonjunktur hatte, lag die Erwartung nahe, dass die Islamische Republik früher oder später ebenso implodieren würde wie das Sowjetreich.

Aber diese Sichtweise ließ das tiefe Misstrauen, das die Iraner dem Westen aufgrund der Demütigung der kolonialen Vergangenheit und der Schah-Zeit entgegenbringen, außer Acht. Das islamische Regime versteht es bis heute sehr geschickt, dieses Misstrauen zu seiner eigenen Legitimierung und Stabilisierung zu nutzen. Und der Westen leistet ihm Schützenhilfe. Vieles spricht dafür, dass die Gegnerschaft des Westens dem islamischen Regime das Überleben sichert.

Zwar sind die antiwestlichen Gefühle der Iraner weniger wahrnehmbar als in der arabischen Welt, weil sie von der Diskreditierung des islamischen Systems überlagert werden. Aber der Umkehrschluss, dass die Iraner, die das eigene System kritisieren, deshalb prowestlich oder gar proamerikanisch seien, ist falsch. Obwohl die Sehnsucht nach einem guten Westen fortbesteht, hat der Westen seine Anziehungskraft und Vorbildfunktion weitgehend eingebüßt. Die Iraner wollen nicht sein wie wir.

Die doppelte Gegnerschaft – gegen den Westen und gegen das islamische System in seiner heutigen Form – führt zu einer sehr komplizierten, widersprüchlichen Gefühlslage, die Roja einmal als »intellektuelle Heimatlosigkeit« beschrieben hat. Mir scheint es manchmal wie im Märchen vom Hasen und dem Igel: Wohin auch immer der Hase aus den Fängen der Islamisten flüchtet, steht schon der westliche Igel und verkündet triumphierend: Ick bin all da.

Einmal sitze ich mit Sohrab Mahdavi, dem Begründer des Teheraner Internetmagazins »Tehranavenue.com«, auf dem Balkon seines Büros. Wir sprechen über das Verhältnis iranischer Künstler zum Westen. »Wir tragen die Überlegenheit des Westens immer in uns«, sagt Sohrab. »Wir können dem Westen nicht entkommen. Der Westen ist ein Paradigma, das uns dominiert. Wir können ihn nicht ignorieren. Wir müssen immer dagegen anarbeiten.«

»Der Schriftsteller Cheheltan«, antworte ich, »hat einmal gesagt, dass islamische Gesellschaften den Westen, insbesondere in seiner kulturellen Dimension, als schwere seelische Belastung begreifen.«

»Der Westen ist viel mehr als das«, antwortet Sohrab. »Er hat ein Janusgesicht mit vielen schönen und bösen Zügen. Er ist Verlangen, Schönheit, Effizienz, Leistung. Der Westen ist Klarheit und Transparenz. Der Westen ist Schmerz und Völkermord, aber auch Menschlichkeit und Milde. Der Westen ist Rationalität. Der Westen ist das Imperium.«

In ihrem Wunsch nach einer eigenen, nichtwestlichen Moderne sind sich die Reformer mit dem Großteil der Bevölkerung einig. Diese Sehnsucht nach einer guten Moderne entspringt der Angst vor dem Verlust der eigenen Tradition. Es ist die Sehnsucht nach einer Versöhnung von Freiheit und Religion, individuellen und gemeinschaftlichen Interessen, Fortschritt und Bewahren, die im Denken der Reformer, aber auch in unzähligen Gesprächen mit Freunden zum Ausdruck kommt. Wie kann es gelingen, individuelle Menschenrechte und Gemeinwohl miteinander zu vereinbaren, die individuellen Freiheiten zu schützen und zugleich die positiven Aspekte der Tradition mit ihrer Betonung der Gemeinschaft zu bewahren: Familie, Solidarität, nichtstaatliche soziale Netze und Verantwortungsbewusstsein für die Gemeinschaft?

Die iranische Reaktion auf die Verwerfungen des Modernisierungsprozesses ist besonders widersprüchlich, weil sich in Iran ausgeprägtes Traditionsbewusstsein mit einem fast ungebrochenen Fortschrittsglauben paart. Es ist diese Quadratur des Kreises, an der sich die Islamische Republik seit fast dreißig Jahren abarbeitet. In der persischen Kultur genießen Wissen und Wissenschaft besondere Hochachtung. Die Fortschrittsverachtung der Taliban ist den iranischen Islamisten fremd. Sogar in der Verfassung der Islamischen Republik ist die Förderung von wissenschaftlichem und technischem Fortschritt festgeschrieben. Nur vor diesem Hintergrund lässt sich die Kompromisslosigkeit erklären, mit der die Iraner im Nuklearstreit, dem zentralen Konflikt mit dem Westen, auf ihrem Recht bestehen, die Technik der Urananreicherung für ihre, wie sie behaupten, rein zivilen Zwecke zu beherrschen. Mit seinem Schlagwort von der »nuklearen Apartheid« wehrt sich Präsident Ahmadineschad dagegen, dass Iran vom nuklearen Fortschritt ausgeschlossen wird. In den Augen der meisten Iraner will der Westen ihnen das im Atomwaffensperrvertrag verbürgte Recht auf Zugang zur Nukleartechnologie verweigern und Iran in Rückständigkeit halten. Im Nuklearstreit kämpft Iran darum, an der technischen Moderne teilzuhaben, ohne sich dabei im Gesellschaftlichen und Politischen dem Westen angleichen zu müssen.

Die Spannungen des Übergangs von der Tradition zur Moderne sind verwoben mit dem Bestreben, das Fremde abzuwehren und das Eigene zu bewahren. Und obwohl die Modernisierung keineswegs nur von außen, vom Westen bestimmt ist, werden die als negativ wahrgenommenen Folgen der Modernisierung dem Westen angelastet. Hinzu kommt, als drittes Paradigma, der Gegensatz von Islam und Christentum. Die direkte Konkurrenz und der Ausschließlichkeitsanspruch der monotheistischen Religionen sind wichtige Gründe dafür, dass die islamische Welt so viel größere Schwierigkeiten hat und so viel stärkere Abwehrreaktionen gegen den Westen und die Moderne zeigt als andere Kulturen, beispielsweise die asiatischen. Nirgendwo sonst greift die Kritik und Abwehr der westlichen Moderne so sehr auf die Religion zurück wie in der islamischen Welt.

In meiner ersten Zeit in Iran habe ich einmal einen Professor an der Universität in Täbris gefragt, was seiner Meinung nach die wichtigste Veränderung der Islamischen Revolution gewesen sei. »Respekt«, antwortete der Professor, der während der Revolution im Ausland studiert hatte. Vor der Revolution hätten seine westlichen Kommilitonen auf ihn herabgeblickt, nach der Revolution aber habe man ihm plötzlich Respekt entgegengebracht, weil Iran sich aus der Abhängigkeit vom Westen befreit habe und seinen eigenen Weg gegangen sei. Bis heute ist die Vorstellung eines eigenen Weges eng mit dem Islam verbunden.

Minderwertigkeitsgefühle gegenüber dem Westen treten dagegen in der islamischen Welt zunehmend in den Hintergrund, und das nicht nur in den reichen Golfstaaten wie Dubai, die sich dem Westen mittlerweile überlegen fühlen, und zwar in kultureller und religiöser ebenso wie in wirtschaftlicher Hinsicht. Auch bei Ahmadineschad geht es nicht mehr darum, Benachteiligung und Rückständigkeit zu überwinden, um zu einer globalen, westlich geprägten Kultur Zugang zu erhalten. Vielmehr werden im Politischen und Religiösen das Wertesystem des Westens, seine Bewertungs- und Deutungshoheit fundamental in Frage gestellt. An die Stelle des Strebens nach Anerkennung und Aufstieg innerhalb einer vom Westen festgelegten Hierarchie tritt zunehmend eine Infragestellung der Hierarchie. Ahmadineschad kritisiert die nach dem Zweiten Weltkrieg entstandene Weltordnung, die Verfasstheit der Vereinten Nationen, speziell des UN-Sicherheitsrates ebenso wie die westliche Demokratie. Geradezu herablassend verkündet er in seinem Brief an den amerikanischen Präsidenten Bush im Mai 2006 das Scheitern und den Niedergang westlicher Ideologie: »Der Liberalismus und die westliche Form von Demokratie sind nicht in der Lage gewesen, die Ideale der Menschlichkeit zu verwirklichen. Aus heutiger Sicht sind diese beiden Grundkonzepte gescheitert. Wer hinter die Dinge blickt, kann bereits das Knirschen des Zusammenbruchs und Niedergangs der Ideologie und der Denkweise des liberaldemokratischen Systems vernehmen.«

Selbst bei Regimegegnern in Iran schwingt ein bewundernder Unterton in der Stimme mit, wenn sie davon sprechen, wie Ahmadineschad dem Westen die Stirn bietet. »Ihr glaubt, dass ihr die Zivilisation erfunden habt«, sagt Roja, »aber ihr seid nicht besser als wir. Und es geht euch auch nicht besser als uns. Eure Aufklärung ist eine Illusion, eure Freiheit ist Trug. Der Westen ist auch unterdrückt. Er ist nur auf eine andere Weise unterdrückt.« Es klingt nicht froh, nicht einmal schadenfroh.

Chatami hat in einer Rede vor dem diplomatischen Corps Anfang 2000 etwa Folgendes gesagt: Was ist der Grund dafür, dass der Westen die Herausforderung durch Marxismus und Kommunismus erfolgreich bestanden hat? Und seine Antwort lautete: Der Westen war nicht deshalb überlegen, weil er unerschütterlich an seiner Position festhielt, sondern deshalb, weil er die berechtigte Kritik am Kapitalismus aufnahm und seine Weltsicht und sein Gesellschaftssystem im Sinne der Kritik veränderte. Der Westen konnte bestehen, weil es ihm gelang, ein hohes Maß an sozialer Gerechtigkeit herzustellen. Dasselbe müsse der Westen nun noch einmal leisten in Bezug auf die Dritte Welt. Nur wenn es dem Westen gelänge, globale Gerechtigkeit herzustellen, könnten seine Prinzipien glaubhaft und seine Rolle in der Welt erhalten bleiben.

Chatamis Lob der Flexibilität des Westens ist tief in der persischen Kultur verwurzelt. Es entspricht ganz der Art, wie die Iraner traditionell anderen Kulturen begegnen: nicht mit plumper Abwehr, sondern mit einer Anpassung, die den Gegensatz mildert, um das Eigene zu bewahren. Chatami bezog seine Überlegungen auf das Verhältnis des Westens zur Dritten Welt. Möglicherweise wären sie aber auch eine Anregung dafür, wie wir unser Verhältnis zur islamischen Welt entwickeln könnten: mit einer Mischung aus Flexibilität und Beharrlichkeit.

Bam

Die Menschen reisen bei Nacht,
und ihr Schicksal reist ihnen entgegen.

Ausspruch Imam Husseins
in einem Märtyrerspiel

Juni 2003 – Bam

Bam. Ein Name wie ein Schlag. Ein Paukenschlag, ein Glockenschlag, ein Trommelschlag. Ein Name wie eine Ohrfeige, rechts und links. Bam. Bam. Ein Schlag, als bekämest du eins übergezogen. Direkt über den Schädel, sodass du ganz benommen aus dem Auto steigst vor den Mauern der uralten Lehmfestung mitten in der Wüste. Du denkst, es ist die Nachmittagshitze, Mitte Juni, das ist keine gute Reisesaison mehr für den Süden Irans. Aber das dumpfe Gefühl wird auch nachts nicht weichen, wenn du im Hotelzimmer unter dem Ventilator liegst. Und nicht am nächsten Morgen. Es wird sehr lange nicht weichen. Du wirst die Hitze verlassen, die Stadt, das Land, aber der Alptraum wird andauern bis in den deutschen Winter hinein, in den Dezember, wenn diese Stadt zerstört werden wird. Mit einem Schlag.

Bam. Ein Name wie ein Einschlag. Ein Geschoss, eine Granate, irgendetwas, das einen großen Krater reißt, einen Abgrund, von dem du den Blick nicht zu wenden vermagst. Ein Einschlag so laut und so nah, dass du lange Zeit nicht sicher bist, ob es nicht auch dich getroffen hat. Und es hat dich getroffen, deshalb bist du so benommen, aber es hat dich nicht voll erwischt, nicht so wie die Zehntausenden, die im Dezember unter den Trümmern der Stadt liegen werden.

Du nimmst deinen Weg durch das Labyrinth der Zitadelle. Du suchst Schatten, einen Weg im Schatten der ein wenig zu säuberlich wiederaufgebauten Mauern, ein schattiges Plätzchen, wo du dich, an eine Lehmmauer gelehnt, einen Moment lang ausruhen kannst. Wenn du dich wieder rühren kannst, malst du mit den Fingern Muster in den Staub oder liest Clara aus einem Pixi-Buch vor: Schneewittchen und die sieben Zwerge. Du bist ihretwegen ständig in Sorge. Hier drohen überall Stolperstufen, lauern überall Abgründe für ein kleines Mädchen von noch nicht zwei Jahren. Du sehnst dich zurück nach der Apathie der langen Autofahrt durch die Wüste, wo du sitzen bleiben und die Augen schließen durftest. Du wunderst dich nicht, dass du so erschöpft bist. Zwei Kinder in weniger als anderthalb Jahren, und zwei Kriege. Afghanistan, dann der Irak. Und davor das Warten auf den Krieg, die lange Ruhe vor dem Sturm, von dem man nicht wusste, wie heftig er sein würde.

Dein buntes Kopftuch ist der einzige Farbfleck in dem Beigegrau und dem hitzeblassen Blau des Himmels. Du löst den Knoten unter dem Kinn und bindest das Kopftuch im Nacken, damit der Hals ein wenig Luft bekommt. Du machst dir keine Gedanken über die Schwellung etwas oberhalb des linken Schlüsselbeins, linksklavikal, wie sie den Ort in der Diagnose nennen werden, zwei Tage später, wenn du das erste Mal das persische Wort für Tumor hören wirst.

Bam. Der Schlag wird eine tote Stadt treffen. Eine Ruinenstadt vernichten, eine Trümmerstadt zertrümmern. Schon vor dem Beben ist sie ein lebloser Ort, kein Zweig, kein Blatt, nur Lehm und Staub. Schon vor der Totenstille ist sie ein einsamer Ort. In diesen zwei Tagen seid ihr fast die einzigen Besucher.

Du schleppst dich durch die Ruinen nach oben bis auf einen der Türme und schaust über die zinnengezahnte Mauer hinaus in die Wüste. Wo ist der Wind, den du dir unten versprochen hattest? Du siehst, wie er in einigen Kilometern Entfernung die Dattelpalmen zaust. Von oben ist die Oasenstadt zu sehen, die Neustadt von Bam, der Ort des wirklichen Lebens, der bald genauso ein Trümmerhaufen sein wird wie die Zitadelle. Kilometerweit ziehen sich die Palmenhaine, vom Wüstenstaub bedeckt. Aus dieser Gegend kommen die besten Datteln der Welt. In einem Aufflackern von Sinnlichkeit spürst du im Mund ihre konzentrierte Süße, das klebrige Fleisch, die pelzige Umhüllung des Kerns, mit dessen Spitze die Zunge noch spielt, wenn das Fleisch schon lange zergangen ist. Du denkst an das allabendliche Fastenbrechen im Ramadan, wenn mit dem ersten Tee Datteln gereicht werden, kleine Bomben von Energie, die in den Mündern explodieren und die eingefallenen, von Hunger und Durst fahlen Gesichter wieder beleben.

In der Nacht träumst du von Neuseeland. Dorthin werdet ihr ziehen. Du betrachtest ein Buch mit ganzseitigen Fotos der üppigen, grünen Landschaft. Im Traum atmest du die gute Luft. Es sei das grünste Land der Welt, sagt jemand. Welch ein Gegensatz zu Iran, denkst du. Aber was wird T. dort machen? Er wird, sagt beruhigend deine Mutter, ein Schloss renovieren. Im Traum siehst du das Schloss. Beim Erwachen ist dein Gesicht nass von Schweiß.

Am nächsten Morgen kehrt ihr noch einmal in die Zitadelle zurück, um bei Sima, die in den kleinen, niedrigen Räumen über dem Eingangstor ein Teehaus betreibt, zu frühstücken. Es gibt Spiegelei in kleinen Pfannen, frisches Brot, Joghurt und Honig. Du wunderst dich nicht, dass du keinen Appetit hast.

Die Zimmer des Teehauses sind vollgestopft mit Ramsch, auf dem eine dicke Schicht Wüstenstaub liegt. Eine Oase zeitgenössischer, menschlicher Geschmacklosigkeit inmitten der schlichten Strenge der Festung. Die größte Attraktion ist ein Wasserspiel, ein Gesteck aus Plastikblumen, durch das eine braune Brühe rinnt. Als der Strom ausfällt, schweigen die Ventilatoren und das Plätschern. Du trittst aus dem Teehaus. Der Himmel ist schon gelblich von Hitze.

Auf dem Platz vor der Festung breitet T. ein Tuch aus und wechselt Clara die Windeln, umgeben von einer Traube von Frauen in schwarzen Tschadoren, die sich laut darüber wundern, welche Tätigkeiten in der westlichen Hemisphäre von Männern verrichtet werden. Du stehst ans

Taxi gelehnt und unterhältst dich mit deiner Freundin über die Vereinbarkeit von Kindern und Beruf, über Karrierepläne, über die Zukunft.

März 2003 – Teheran

In der Zeit des Wartens auf den Krieg, in dieser nervösen Endzeitstimmung, beginnen die stechenden Schmerzen in der Brust, die immer gegen Abend stärker werden. Du gehst zu einem bekannten Teheraner Lungenspezialisten, sitzt in einem Wartezimmer voller hustender Patienten. Wie üblich lässt man dich vor. Der Arzt stellt einige allgemeine Fragen. Dann Wiegen. Hier wird immer bei allen Ärzten gewogen, wahrscheinlich, weil die Waage die einzige technische Ausstattung ihrer Praxen ist. Auf dem Tisch steht ein Glas mit milchiger Flüssigkeit, in der drei Fieberthermometer stecken. Der Arzt zieht eines davon heraus. »Nehmen Sie das in den Mund.« Nach einiger Zeit verlangt er es zu zurück, ein kurzer Blick, dann stellt er es wieder in das Glas. Seine Diagnose: unklar, aber nichts Ernstes.

Zur Sicherheit schickt er dich noch ins Krankenhaus zum Röntgen. Die Röntgenabteilung ist im Keller neben dem Ultraschallzimmer, das du von den Schwangerschaftsuntersuchungen kennst. »Sprechen Sie Englisch oder Persisch?«, fragt der Röntgenarzt. »Persisch«, antwortest du. Er erklärt auf Englisch, wie du atmen sollst. Mit geschlossenen Augen atmet er dir vor, leidenschaftlich. Er schaut indigniert, als du nur atmest und nicht auch leidenschaftlich die Augen schließt.

Dann ist er in Eile, im Fernsehen läuft ein wichtiges Fußballspiel. Seine ganze Abteilung sitzt vor dem Fernseher und begleitet das Spiel mit Ah- und Oh-Rufen. Als die Röntgenaufnahme fertig ist, wirft er einen flüchtigen Blick darauf. Nein, kein Wasser in der Lunge, alles in bester Ordnung. Er steckt die Aufnahme in einen großen, braunen Umschlag und ruft noch beiläufig »Auf Wiedersehen«, den Blick schon wieder auf den Bildschirm gerichtet.

Später werden die Ärzte sagen, dass man zu diesem Zeitpunkt schon hätte sehen müssen, dass das Mediastinum, der Raum zwischen den beiden Lungenflügeln, erweitert war durch die angeschwollenen Lymphknoten, das erste sichtbare Anzeichen für Morbus Hodgkin, Lymphdrüsenkrebs.

In der Zeit des Wartens auf den Krieg bebt nachts die Erde, zwei Uhr zwanzig, Stärke vier, Epizentrum Teheran. Du hast wegen der Schmerzen in der Brust ohnehin wachgelegen. T. ist sofort hellwach und springt mit einem Satz aus dem Bett. Neben dem Bett steht die Tasche mit etwas Kleidung für die Kinder, dem Satellitentelefon, Passkopien, Autoschlüsseln und etwas Geld bereit. Als du nach ihr greifst, ist der Erdstoß schon vorüber. Statiker haben das Haus vor einiger Zeit in Augenschein genommen und den besten Fluchtweg bestimmt. Im Garten lagert Trinkwasser. Wenn Leute fragen, ob es in Iran nicht furchtbar gefährlich sei, antwortest du immer: Der Straßenverkehr und ein starkes Erdbeben, das sei das einzig Gefährliche in Iran.

Deine iranischen Freunde stehen der Erdbebengefahr vollkommen fatalistisch gegenüber. Alle wissen, dass sich niemand an die Bauvorschriften hält. Gerade in den am stärksten gefährdeten Stadtvierteln entstehen immer mehr, immer höhere Luxushochhäuser. Deine Freunde treffen nicht die geringsten Vorkehrungen, selbst wenn sie die von den UN angefertigten Karten gesehen haben, die zeigen, dass die größten Verwerfungen durch genau jene Stadtteile von Nordteheran gehen, in denen sie wohnen. Aber welche Vorkehrungen könnte man vernünftigerweise treffen? Wenn das Haus zusammenbricht, wirst auch du kaum schnell genug hinauskommen.

Du liegst noch lange wach. Langsam beginnt das Schmerzmittel zu wirken. Merkwürdig, eine so große, so reale Gefahr, gegen die man so gut wie keine Vorkehrungen treffen kann. Du willst den Fatalismus der Orientalen nicht akzeptieren, du bestehst darauf, die Gefahr mit rationalen Maßnahmen zu verringern, dieser lächerlichen Tasche, die du im

Ernstfall vermutlich vor lauter Beben noch nicht einmal ergreifen könntest. Wer wird am Ende besser vorbereitet sein? Diejenigen, die sich in das Unausweichliche fügen oder diejenigen, die die Unausweichlichkeit bestreiten?

Weihnachten 2003 – Deutschland

Schon drei Tage lang die Fernsehbilder aus Bam, das Klagen und Weinen der Überlebenden, das Wimmern der Verletzten. Tote in Decken, in weißen Totentüchern, unter der Erde, dem Lehm, den Ruinen, den Trümmern. Über Tausende von Kilometern glaubst du den Leichengeruch zu riechen. Anfangs fehlt es an allem, selbst für die Toten, an Schaufeln, um Gräber auszuheben, an weißem Tuch, um die Leichen einzuschlagen, an Wasser, um sie zu waschen. Aber die iranische Katastrophenhilfe ist gar nicht so schlecht organisiert, mit Erdbeben haben sie Erfahrung. Bald gibt es Zelte und Konserven für die Lebenden und Bulldozer zum Ausheben der Massengräber für die Toten.

Sie streiten über die Zahl der Toten und Verletzten. Sie sagen, dass sie Bam nicht wieder aufbauen werden, nicht an diesem Ort jedenfalls, direkt über der tektonischen Nahtstelle zwischen der arabischen und der eurasischen Platte. Die meisten Häuser sind zerstört oder beschädigt, und auch das jahrtausendealte, unterirdische Bewässerungssystem der Dattelhaine. Sie überlegen, ob sie nicht auch Teheran an einen anderen Ort verlegen sollten. Gibt es in Iran überhaupt erdbebensicheres Gebiet?

März 2004 – Teheran

Im Frühjahr kehrst du nach Teheran zurück. Die Therapie ist beendet, und die Ärzte sagen, dass du gesund bist und deine Prognose gut ist. Es wird noch Jahre dauern, bis du selbst auch daran glaubst.

Deine Haare sind schon wieder nachgewachsen. Wenn du den Flaum auf deinem Kopf betrachtest, musst du an den Film des iranischen Regisseurs Abbas Kiarostami denken, in dem sich eine junge Frau aus Protest gegen den Kopftuchzwang eine Glatze scheren lässt.

Bald nach deiner Rückkehr bebt in Teheran wieder die Erde. Du sitzt gerade bei Freunden auf dem Balkon. T. reagiert blitzschnell, packt Clara und rennt mit ihr unterm Arm durch das Haus nach draußen. Sie ist sehr erschrocken und weint lange. Schließlich hört sie auf und fragt: Warum haben wir geweint?

Das Erdbeben fordert fünfunddreißig Tote und zweihundertzwanzig Verletzte in den Dörfern nördlich von Teheran. Wieder sind sich die Hauptstädter für ein paar Tage bewusst, auf welch schwankendem Boden sie leben, wieder herrscht aufgeregte Hilflosigkeit, wieder diskutiert man über die Verantwortungslosigkeit der Verantwortlichen. Jeden Tag sagt ein anderes Institut den genauen Zeitpunkt des großen Bebens für übermorgen voraus. Aber das große Beben von Teheran ist wie jeder Tod: wann es kommt, ist ungewiss, nur dass es kommt, ist gewiss. Die Zeitungen rechnen vor, wie viele Tausende Häuser erdbebensicher gemacht werden müssten und was das kosten würde. Für ein paar Nächte ziehen Menschen in die Parks und Grünanlagen der Stadt. Junge Mädchen gehen geschminkt und toupiert ins Bett für den Fall, dass sie nachts auf die Straße hinaus müssen. In ganz Teheran sind Trillerpfeifen ausverkauft, mit denen sich Verschüttete, so hofft man, bemerkbar machen könnten.

Im Fernsehen beschwert sich ein Erdbebenexperte, dass er immer nur ins Fernsehen eingeladen wird, wenn das Erdbeben schon passiert ist. Er verabschiedet sich vom Moderator mit einem herzlichen »Bis zum nächsten Mal!«. Danach erscheint ein Mullah auf dem Bildschirm. Er rät, zu beten und auf Gott zu vertrauen.

Freunde und Fremde

Lass dich nicht so sehr entmutigen,
dass du dich auch von den Freunden
abwendest, o Hafez, denn Gewalt
und Tyrannei werden nicht bleiben.

Hafez

Hussein, unser Freund aus dem politischen Establishment, kommt mich während der Therapie in Deutschland besuchen. Er war vor einiger Zeit selbst an Morbus Hodgkin erkrankt, und das gemeinsame Schicksal dieser seltenen Erkrankung verbindet uns. Er nennt mich seine Schwester, und wie ein großer Bruder macht er mir Mut und gibt mir Ratschläge.

Ich frage ihn, ob er nach der Krankheit etwas in seinem Leben geändert hat. »Nein«, sagt er. Er nimmt die Krankheit frag- und klaglos als sein Schicksal an. Er grübelt nicht über die Ursachen von Krebs, und er glaubt nicht, dass er durch sein Verhalten die Heilungsaussichten verbessern und die Rückfallgefahr verringern kann.

Während der Therapie betäubt er sich mit Schlaftabletten und orientalischer Musik. Er betet. Er sagt, er habe nie daran gezweifelt, dass er wieder gesund werden wird. Nach der Therapie geht er nicht zur Kur, wie es seine deutschen Ärzte ihm raten, sondern fährt auf die Hadsch, auf Pilgerfahrt nach Mekka.

Unmittelbar im Anschluss an eine Therapie, die sein Immunsystem vollständig außer Kraft gesetzt hat, fährt Hussein nach Mekka, an einen Ort, von dem selten ein Pilger gesund zurückkehrt, weil dort unzählige Viren und Bakterien aus aller Herren Länder auf engstem Raum zusammenkommen. Die Pilgerfahrt nach Mekka ist für ihn der einzig vernünftige Weg aus der Krankheit. Alles andere, sagt er, sei Unsinn.

Auch Roja kommt mich in Deutschland besuchen. Sie kommt mit einem riesigen Topf weißer Lilien im Arm und großer Verspätung, weil sie trotz einer Tasche voller Geschenke unbedingt noch die Blumen kaufen wollte und dann mit S-Bahnen, Kontrolleuren und Stationen nicht zurechtkam. Dabei ist sie in Paris fünfzehn Jahre lang jeden Tag Metro gefahren. Ihr Scheitern an der deutschen S-Bahn interpretiert sie als Indiz ihrer Lebenskrise. Während des ganzen Besuchs kommt sie nicht darüber hinweg. So unselbständig sei sie schon geworden, sagt sie. Sie ist wütend auf ihren Mann im fernen Iran. »Natürlich weiß ich, dass es nicht seine Schuld ist«, sagt sie. »Warum bin ich trotzdem wütend auf ihn?«

T. findet Rojas Temperament schwer erträglich. Sie sei so laut, sagt er. Roja sagt, sie sei gar nicht so laut, T. sei sehr leise. Sie findet die Stimmung in unserem Krankenhaushalt zu schwermütig, und sie findet T. viel zu rational. Sie kritisiert sein Bedürfnis, alles zu ordnen und unter Kontrolle zu halten. Sie meint, seit ich krank bin, habe er nun auch mich unter seine Kontrolle gebracht. »Er schirmt alles von dir ab. Wie ein Schild stellt er sich zwischen dich und die Welt. Du musst aufpassen, dich nicht so entmündigen zu lassen«, sagt sie. »Du machst da gerade eine sehr iranische Erfahrung.«

Roja sagt, in Iran fühle sie sich wie die kleinste in einem Satz russischer Matroschkas, wie jene innerste Puppe, umgeben von vielen Hüllen: Die Hülle des Hedschab, die Hülle der ständig anwesenden Verwandtschaft, die Hülle des eigenen Hauses, die Mauern, die das Grundstück begrenzen.

»Das Perfide ist, dass die Hüllen dich zugleich gefangen halten und beschützen«, sage ich.

Ich gebe Roja recht: Seit wir in Iran leben, lasse ich mich tatsächlich immer mehr beschützen und beschirmen, und das nicht erst seit meiner Krankheit. Auch ich bin, seit wir in Iran leben, immer unselbständiger geworden. Für Dinge, die ich früher allein geregelt, Gänge, die ich allein unternommen habe, bitte ich nun T. mich zu unterstützen oder zu begleiten. Es ist, als leide ich an einer langsam fortschreitenden Lähmung, die es mir immer schwerer macht, mich zu bewegen, die mich träge macht und mich dazu bringt, Auseinandersetzungen auszuweichen. Es ist ein fast unmerklicher Verfall, und wenn ich später darüber nachdenke, bin ich schockiert, wie bereitwillig ich mich entmündigen lasse.

Was ist das? Gefällt es mir im Käfig?

Die Entmündigung geht nicht von T. aus, aber er gibt meinem Bedürfnis nach Unterstützung gern nach, vielleicht, weil es ihm gefällt, wenn ich seine Unterstützung brauche, vielleicht, weil er sich als Mann mitschuldig fühlt, dass dieses Land für Frauen so schwierig ist. Als könnte die Diskriminierung der Frauen dadurch gemildert werden, dass die Männer sich vor uns stellen und uns die Realität vom Leibe halten. Ich sehe, dass iranische Frauen ihre Frustrationen mit dem Regime und dem Patriarchat an den eigenen Männern auslassen, die vielleicht gar nicht so denken. So verlangen sie von den fortschrittlichen Männern, die sich eigentlich eine Gleichberechtigung der Geschlechter wünschen, andauernde Wiedergutmachung. Und indem die Frauen das einfordern, zementieren sie die Ungleichheit.

Die weibliche Passivität ist eine Reaktion auf die Unerträglichkeit der Außenwelt, die man nicht ändern zu können glaubt. Keinen Widerstand zu leisten bedeutet, der Entmündigung Vorschub zu leisten. Auf der anderen Seite kostet es viel Kraft, immer wieder allein hinauszugehen, geradezustehen, zu kämpfen. Ich fühle mich zusätzlich gelähmt, weil Iran schließlich nicht mein Land ist. Es ist nicht an mir, hier für Veränderungen zu kämpfen. Oder ist das nur eine Ausrede? Sich nicht zu widersetzen heißt, sich immer ein wenig zu verbiegen. So wird man sehr biegsam. Man lernt, Grenzverletzungen nicht mehr wahrzunehmen. Aber andererseits erfordert es so viel schmerzliche Aufmerksamkeit für das Fremde, die Grenze zwischen der erträglichen und der unerträglichen, der notwendigen und der übertriebenen Anpassung jeden Tag bewusst neu zu ziehen.

»Es ist sehr brutal«, sage ich zu Roja, als wir in Deutschland zusammen im Garten sitzen, »an einer Krankheit zu leiden, deren Ursachen man nicht kennt.« T. meint, es sei kein Zufall, dass ich an Krebs im Immunsystem erkrankt bin, an jenem Ort, wo der Körper das Eigene vom Fremden unterscheidet, wo er das Fremde abwehrt, sich selbst verteidigt und Eindringlinge angreift.

Aus ihrer Geschenktasche fördert Roja für mich vier Spitzentangas zutage. Seit Wochen verbinde ich mit meinem Körper nichts als Blutwerte, Schmerzen, Übelkeit und Angst. Ich habe mir weite, hässliche Hosen gekauft. Ich möchte mich verkriechen und verhüllen. Tanga ist alles, was ich im Moment nicht bin: erotisch, lustvoll, lebensbejahend, selbstbewusst. Ich bin so körperfeindlich wie die Islamische Republik. Ich trage Tag und Nacht ein Kopftuch, absurderweise deshalb, weil ich keine Haare habe. Ich bin froh, wenn ich nichts spüre. Und da kommt Roja mit ihrer Reizwäsche, zerrt an meinen Hüllen, zieht mich aus und sagt: »Stell dich nicht tot.«

Keine meiner westlichen Freundinnen würde mir ein so intimes Geschenk machen. Aber der Intimbereich ist in meiner Freundschaft mit Roja anders definiert als in westlichen Freundschaften. Mit ihr spreche ich offener über Sexualität als mit meinen europäischen Freundinnen, zugleich schafft die Verschiedenheit unserer Biografien auch immer wieder Distanz. Diese Freundschaft ist sprunghaft und diskontinuierlich, Perioden großer Nähe wechseln mit Zeiten großer Distanz. Es gibt keine Verlässlichkeit und keine gemäßigte Temperatur. Wenn ich frage, erhalte ich oft keine Antwort. Aber dann ist Roja irgendwann plötzlich da. Wenn sie kommt, reißt sie sofort Barrieren ein. Sie kommt in meine Intimsphäre gestürmt, wirbelt darin herum und ist dann wieder verschwunden. Rückzüge und Zurückweisungen wechseln mit Perlen der Freundschaft wie bei unserem Abschied von Iran, als Roja im Morgengrauen zu uns kommt, um uns zum Flughafen zu begleiten. Um uns aufzuheitern, erzählt sie uns die ganze Fahrt zum Flughafen Witze.

Meine Krankheit hat mich den Iranern nähergebracht. Nicht nur, dass ich von ihnen sehr viel Solidarität und Sympathie erfahre. Die Krankheit hilft auch, Trennendes zu überbrücken. Irgendwie bin ich in den Augen der Iraner menschlicher geworden. Weniger westlich. Nun bin ich nicht mehr die westliche Journalistin, sondern ein Mensch, der mit einer schweren Krankheit kämpft.

In den letzten Monaten unserer Zeit in Iran, als bereits eine gewisse Verklärung und eine Neigung zum Müßiggang einsetzt, verbringen wir am Wochenende oft einen Tag draußen in Rojas Obstgarten.

Wenn wir uns später an den Obstgarten erinnern, sagt Clara jedes Mal: »Und dann bogen wir von der Hauptstraße ab und fuhren auf der Schotterstraße bis zum großen Tor. Dann stieg der Fahrer aus und öffnete das Tor, und da waren Roja und Gilda und ihr Vater und all die anderen Leute.« Und dann erinnern wir uns an den Obstgarten und das Haus, an das Pferd und die Hühner und den wilden Truthahn, den Gilda heldenmutig einsperrte, wenn die kleinen Mädchen sich fürchteten. Wir erinnern uns an den Schnee auf den Bergkuppen am Horizont und daran, wie jemand den Kassettenrecorder in einem der Autos anstellte und wir alle im Hof tanzten. Und wenn ich fertig bin mit Erzählen, sagt Marina immer: »Und was noch?«

Roja hatte den Obstgarten von ihrem Vater geerbt. Seit ich sie kenne, ist sie in einen endlosen Erbschaftsstreit mit ihren Halbbrüdern über das Land der Familie in Schiras verwickelt. Aber der Obstgarten, etwa eine Autostunde von Teheran entfernt gelegen, scheint ganz und unumstritten ihr zu gehören, und im Frühling und Sommer verbringen Roja und ihr Mann die meisten Wochenenden dort mit Freunden und Verwandten in wechselnder Zahl und Zusammensetzung. Der Obstgarten ist ein großes verwildertes Grundstück mit alten Apfel-, Pfirsich- und Granatapfelbäumen, zwei Häusern – im zweiten leben die afghanischen Angestellten – und einem riesigen leeren Swimmingpool.

Wenn wir am späten Vormittag in den Obstgarten kommen, sind wir oft die ersten Gäste. Das heißt, eigentlich sind wir nicht »Gäste« in dem Sinne, in dem man in Deutschland bei Freunden zu Gast ist. Wir machen keinen Besuch, vielmehr werden wir, sobald wir aus dem Auto steigen, Teil eines gemeinschaftlichen Daseins, das in seiner Zeitlosigkeit als Relikt aus einer fernen Vergangenheit vor der Erfindung des Terminkalenders erscheint. Es gibt keine Pläne, Termine und Zwecke. In diesem Zusammensein verschwinden Rollen, Funktionen und Aufgaben. Es ist schwer zu sagen, was wir den ganzen Tag lang tun. Wir sitzen im Schatten des Maulbeerbaums auf den mit orientalischen Kissen ausgelegten, hölzernen Bettgestellen, knacken Pistazien und Sonnenblumenkerne, wir unterhalten uns, gehen zum Pferd und zum Truthahn und wieder zurück, wir helfen in der Küche bei der Zubereitung des Essens und sehen Rojas Mann zu, wie er die Kebabs über dem Kohlefeuer brät. Der Fahrer spielt mit den Männern Backgammon und alle hätscheln die Kinder. Wir verbringen Zeit. Wir sind.

»Manche Tage«, sagt Roja, »sind nicht dafür da, etwas zu erreichen. Und es ist unser Fehler, wenn wir versuchen, sie zu ›produktiven‹ Tagen zu machen … so ein kapitalistischer, westlicher, konsumeristischer Unsinn! Manche Tage sind dafür da, im Schatten zu liegen und kalte Drinks zu nehmen und Backgammon zu spielen beim Plätschern eines fließenden Bächleins. Das ist persische Lebenskunst!«

Nach dem Essen gehen die Frauen manchmal im Obstgarten spazieren. Sie bleiben innerhalb der Mauern, weil sie keine Lust haben, das Kopftuch aufzusetzen. Man kann etwa hundert Meter in die eine und hundertfünfzig Meter in die andere Richtung gehen, gerade genug, um sich nicht allzu sehr eingesperrt zu fühlen. Diese Spaziergänge, auf denen es nichts zu sehen gibt als den Garten und die Mauer, sind wunderbare Gelegenheiten für ein ruhiges Gespräch.

Roja hat seit einiger Zeit aufgehört zu arbeiten, weil das Ministerium ihr endgültig die Arbeitserlaubnis entzogen hat. Sie ist erleichtert, dass die zermürbenden Auseinandersetzungen nun vorbei sind. Aber sie ist auch wütend, dass es für sie in ihrem Land nicht möglich ist, als Journalistin zu arbeiten. Sie sieht, dass sich andere iranische Journalisten mit dem Regime arrangieren und für ausländische Zeitungen und Agenturen schreiben. »Passen Sie sich doch ein bisschen an«, hat man ihr im Ministerium geraten. Aber zu so viel Berechnung und Beherrschung, zu so viel Verbiegen und Verstellung ist sie nicht bereit. »Ich komme aus einer Dissidentenfamilie«, sagt sie.

Sie bekommt eine Halsentzündung. Sie kann nicht mehr schlucken, stattdessen quillt grüngelber Eiter aus ihrer Kehle. »Ich habe in den vergangenen Monaten so viel schlucken müssen«, sagt sie, »so viele Lügen über islamische Demokratie.«

Die Verwandten können nicht verstehen, warum sie unbedingt arbeiten will, wenn sie ebenso gut das bequeme Leben einer Oberschichtsfrau führen kann. Sie bewundern ihren bemerkenswerten Geschmack, mit dem sie ihr neues Haus eingerichtet hat. »Ja«, sagt Roja spöttisch, »ich bin mit dem ›Elle-Dekor‹-Geschmack gesegnet. Und wenn ich erst den ganzen Tag ›fashion TV‹ gucke, wird meine Inkubationszeit vorbei sein und ich kann, befreit von Aspirationen als Journalistin, den Schritt in die Gesellschaft machen und werde in Ehren wieder aufgenommen in die elitären Zirkel Teherans, in denen Arbeit der Haushaltshilfe vorbehalten ist!«

Einmal geht Roja auf eine Kundgebung. Sie weiß eigentlich selbst nicht genau, warum, jetzt, da sie nicht mehr arbeitet und sich auch nicht politisch engagiert. Vielleicht aus Neugier, aus Interesse an dem, was in ihrem Land passiert, vielleicht aus dem Bedürfnis, irgendwie dabei zu sein, nicht nur abseitszustehen. Als sie noch mit Journalisten arbeitete, war sie immer im schwarzen Kapuzentuch auf solche Kundgebungen gegangen. Aber dieses Mal setzt sie ein buntes Kopftuch auf. Sie weiß, dass das unpassend und auffällig ist, aber sie hat das Gefühl, dass das Regime sie mit seinem Arbeitsverbot genau in diese Rolle gedrängt hat: Jetzt ist sie eine jener Nordteheraner Luxusfrauen mit ihren bunten Kopftüchern.

Sie setzt sich am Rande der Kundgebung auf eine Bank und macht sich Notizen.

Ein buntes Kopftuch, lackierte Fingernägel und ein Notizbuch sind verdächtig, zumal in der angespannten Atmosphäre der Kundgebung. Sie wird verhaftet.

»Wo ist der andere Fahrer?«, fragt Gilda, als sie und Rojas Mann auf der Polizeiwache eintreffen. Sie sind gekommen, um eine Kaution zu hinterlegen und Roja abzuholen.

»Welcher andere Fahrer?«, fragt Roja.

»Der von dem anderen Wagen, mit dem du zusammengestoßen bist«, antwortet Gilda. Roja sieht, wie ihr Mann ihr hinter Gildas Rücken Zeichen macht. Sie seufzt. Sie versteht.

»Er konnte schon gehen«, sagt sie, obwohl sie eigentlich findet, dass Gilda alt genug ist für die Wahrheit: dass Roja verhaftet worden ist, weil sie ein buntes Kopftuch getragen hat.

»Wie seid ihr zusammengestoßen?«, fragt Gilda.

»Eine Frontalkollision«, antwortet Roja.

»Sie bringen mich dazu, dieses Land zu hassen«, sagt sie, als sie von der Verhaftung erzählt. Aber es ist nicht nur das Regime, das sie davon abhält, ihr Leben in Iran zu leben. Es sind auch die Brüche ihrer eigenen Biografie zwischen Iran und dem Westen, das eigene Bewusstsein, das gespalten ist zwischen zwei Kulturen und zwei Lebensweisen. Mindestens ebenso wie das islamische Regime quält sie die ständige Präsenz des Westens: des Westens als Lebensentwurf, des Westens, der Werte setzt und bestimmt, was das heißt: Erfolg, Fortschritt, Schönheit, Freiheit, Demokratie. Der Westen, der sich nicht ignorieren lässt. Immer gibt es eine andere Welt, ein anderes, mögliches Leben als Bezugs- und Fluchtpunkt.

Die traditionellen, behüteten Lebensräume sind ebenso Sehnsuchtsorte wie der freie Westen. Aber in der Realität müssen beide immer wieder enttäuschen. Im Westen, in Paris, wohin sie immer wieder aus den engen Räumen der iranischen Familie und der Islamischen Republik flieht, hält sie es nie lange aus. Aber auch die persische Lebenskunst, von der sie spricht, bietet immer wieder nur für kurze Zeit Zuflucht.

Nach der Frontalkollision verschwendet Roja keine Energien mehr auf die Auseinandersetzung mit dem System. Stattdessen gelingt es ihr plötzlich, ihre überbordende, chaotische Kreativität in Bahnen zu lenken und einige ihrer Ideen künstlerisch umzusetzen. Bald hat sie ihre erste Ausstellung, zuerst in Teheran, dann auch im Ausland. Dort begleitet sie ihre Ausstellungen mit Auftritten, einer Mischung aus Vortrag, Statement und Performance, in denen sie auch auf die Politik Bezug nimmt. So verschafft sie sich mit Hilfe der Kunst eine politische Ausdrucksmöglichkeit. Mir scheint, dass sie sich nun viel näher ist als zuvor: Sie bewegt sich in einem Zwischenraum zwischen Kunst, Politik und Gesellschaftskritik.

Eine Zeit lang überlegt Roja, den Kontakt zu uns abzubrechen, weil der Geheimdienst sie unseretwegen vorlädt. Ein paar Mal muss sie zum Gespräch erscheinen und sich über uns ausfragen lassen. Sie will nicht kollaborieren, aber sie kann sich auch nicht entziehen. Obwohl es nichts zu erzählen gibt, fühlt sie sich durch die erzwungene Berührung mit dem Regime beschmutzt.

Tagtäglich erleben wir, wie verschwommen unter dem islamischen Regime die Grenzen der Kollaboration sind. Alle unsere Freunde waten ständig durch dieses sumpfige Gelände: der Filmemacher, der seine Filme nicht nur für die ausländischen Festivals dreht, sondern sie auch in die iranischen Kinos bringen will und Geld und Genehmigungen von staatlichen Stellen braucht. Der Architekt, der die neue iranische Botschaft in Berlin baut. Die Freunde, die an Wahlen teilnehmen, weil sie hoffen, auf diese Weise Einfluss nehmen zu können. Journalisten, Künstler, Schriftsteller, die sich der roten Linien der Zensur bewusst sind und sie berücksichtigen, auch wenn sie sie nicht akzeptieren. Einige versuchen, keinerlei Berührung mit dem Regime zu haben. Die Iraner nennen sie Tanasoh Talab, die nach Reinheit streben. Sie boykottieren die Wahlen. Sie versuchen, unter dem Regime neben dem Regime zu leben. Sie wollen in ihrem Land leben, aber mit der Regierung nichts zu tun haben. Aber ist nicht, wer nicht protestiert, schon Mitläufer? Und ist nicht, wer mitläuft, schon Kollaborateur?

Unsere Freunde stecken tagtäglich im Konflikt zwischen ihrem Patriotismus, dem Wunsch, in Iran zu leben, und der Kollaborationsbereitschaft, die das erfordert. Sie versuchen, zwischen dem Regime und dem Land zu unterscheiden. Sie sagen, sie seien hier, weil sie in ihrem Land etwas ändern wollen. Sie hoffen, dass ihre Anwesenheit schon einen Unterschied macht. Sie wollen, dass auch wir zwischen Iran und Islamischer Republik unterscheiden, aber sie wissen selbst nicht immer, wo die Grenze verläuft. Es gibt keine klare Trennlinie.

Diejenigen, die das Land verlassen, haben es in dieser Hinsicht leicht – und das sind viele, Iran hat einen hohen »Braindrain«. Für sie gibt es keine Grauzonen mehr, sie können eine klare Position einnehmen. Sie distanzieren sich von denjenigen, die in Iran bleiben. Sie werfen ihnen vor, Handlanger des Regimes zu sein. Diejenigen, die bleiben, sprechen dagegen den Exiliranern das Recht ab, überhaupt noch mitzureden. Sie sagen, dass sie nicht mehr wirklich verstünden, was in Iran los sei. Und dass sie es sich leicht machten, indem sie einfach verschwänden.

Auch wir selbst bleiben von diesen Fragen nicht verschont. Wir glauben, uns rein halten, uns heraushalten zu können, weil dies nicht unser Land ist und wir klar definierte Funktionen haben. Aber was ist mit den Kontakten mit offiziellen Vertretern des Regimes, den Beamten des Außenministeriums etwa, Kontakten, die manchmal über die Grenzen des dienstlich Gebotenen hinausgehen? Und was ist mit meiner Arbeit als Journalistin? Bin ich immer kritisch genug? Habe nicht auch ich eine rote Linie verinnerlicht, an die ich mich halte, um lästige Auseinandersetzungen mit dem Kulturministerium zu vermeiden? Eigentlich beginnt es schon mit dem Kopftuch. Indem ich mich einer diskriminierenden Anordnung füge, die ich ablehne, indem ich zulasse, dass das islamische Regime an meinem Körper seinen Machtanspruch exerziert, indem ich keinen Widerstand leiste, stütze ich Tag für Tag das Regime.

Roja nennt die Unausweichlichkeit der tagtäglichen Kollaboration eine Form des Missbrauchs. »Es ist wie Kindesmissbrauch«, sagt sie, derselbe perfide Mechanismus, durch den das Opfer zur Komplizenschaft gezwungen wird, dieselbe Unmöglichkeit, sich dagegen zu wehren, weil das die eigene Existenz in Frage stellen würde. Ich weiß nicht, ob ich ihr recht geben soll. Manchmal macht mich der passive, duldende Widerstand der Iraner ungeduldig. »Ihr seid doch keine Kinder«, sage ich zu Roja. Wenn man etwas ändern will, reicht es eben nicht, einen hellblauen statt eines dunkelblauen Mantels anzuziehen. Irgendwann muss man den Mantel ausziehen und kämpfen. »Wir haben schon eine Revolution gehabt«, sagt Roja dann, »und das Ergebnis kennst du.«

Auch in der Freundschaft mit Roja ist die Dynamik von Anziehung und Abstoßung zwischen Orient und Okzident, ihnen und uns, präsent. Die latente Hierarchie, die im Verhältnis zum Westen immer mitschwingt, dominiert unsere Freundschaft nicht, aber sie lässt sich auch nie ganz überwinden. Trotz aller Freundschaft und Sympathie, vertrauten Frauengesprächen, persönlicher Nähe, gegenseitigen Besuchen und intellektuellen Diskussionen, allem gemeinsamen Erleben und Reisen bleibt unterschwellig doch immer etwas von dem hierarchischen Denken spürbar. Bisweilen ist es ermüdend, immer dagegen anzukämpfen. Die Neigung der Iraner, die geringste Respektlosigkeit als Demütigung auszulegen, entspringt der Angst, von uns nicht als gleichwertig anerkannt zu werden, vielleicht auch der Angst, nicht gleichwertig zu sein. Aufgrund dieser Grundannahme sind sie leicht zu kränken, weshalb wir uns zu ständigen Respektsbezeugungen genötigt sehen. Wir sollen mit unserem

Respekt zeigen, dass wir uns nicht für überlegen halten. Formellen Hierarchien, die die gefürchtete Ungleichheit unsichtbar machen, messen sie eine für uns unverständliche Bedeutung bei.

In den Augen des Westens, sagt Roja, sei sie unterlegen, allein schon deshalb, weil sie nicht aus dem Westen kommt. »Du gibst mir keine Chance, dich als gleich anzusehen«, antworte ich ihr. »Du unterstellst, dass ich dich nicht wirklich respektiere, weil ich aus dem Westen komme, und obwohl ich mich ständig mühe, das Gegenteil zu beweisen, glaubst du es mir doch nie ganz.«

Ich bin der Westen in seiner weichsten, am meisten abgemilderten Ausprägung: als Frau, Freundin, Mutter, schon gar als Kranke. Aber ich bleibe der Westen. Die Gleichheit, die ich behaupte, wird ständig durch die eingefahrenen Rollen unterminiert: die Rollen von Täter, Kolonialherrn und orientalistischem Voyeur-Forscher gegen die Rollen von Opfer, Objekt von Unterdrückung und der Neugierde und Gegenstand der Beobachtung. Als ich Roja erzähle, dass ich sie zu einer wichtigen Figur in meinem Buch machen möchte, freut sie sich spontan. Sie ist stolz und geschmeichelt. Mit der Zeit aber kommen ihr Zweifel, und irgendwann wirft sie mir vor, unsere Freundschaft zu missbrauchen. Es hat nichts mit dem zu tun, was ich schreibe, sondern damit, dass sie es instinktiv ablehnt, Anschauungsmaterial und Objekt der Analyse zu sein. Auch im Schreiben, zumal im Schreiben westlicher Journalisten über Iran und iranische Frauen, nimmt sie einen Gestus der Beherrschung wahr. Sie fühlt sich ebenso wütend wie hilflos gegenüber den Klischees, die den Iranerinnen vom Westen zugeschrieben werden.

Tatsächlich lässt sich vielleicht noch in meinem Schreiben über sie der kolonialistische, der orientalistische Gestus ausfindig machen: Ich bestimme und wähle aus, ich präge ein Bild, gegen das sie sich nicht wehren und noch nicht einmal Einspruch erheben kann, weil sie kein Deutsch versteht.

Roja lässt mich nah an sich heran und sie hilft mir, ihr Land zu verstehen, rational und emotional. Aber zugleich begegnet sie meinem Wunsch, zu verstehen und zu berichten, auch mit instinktivem Misstrauen. In das Bemühen, ihr eigenes Land für Fremde verständlich zu machen und deren Bild von Iran zu beeinflussen, das Streben nach Anerkennung und Respekt mischt sich immer wieder auch Abwehr. Es ist ein Widerspruch, der bestehen bleibt: Sie möchte dazu beitragen, dass im Westen ein positives, differenziertes Bild von Iran entsteht, aber das Misstrauen gegenüber den Berichterstattern sitzt tief, so tief, dass auch unsere Freundschaft es nicht vollständig überwinden kann.

Ihre Abwehr ist ein Rückzug in die Rätselhaftigkeit, ein Versteckspiel, eine Selbstverschleierung. Es bereitet den Iranern eine kindliche, subversive Freude, wenn westliche Berichterstatter in der Einschätzung ihres Landes falsch liegen. Voller Häme berichten iranische Zeitungen nach der Wahl von Ahmadineschad zum Präsidenten darüber, dass der britische Botschafter eine scharfe Zurechtweisung aus London erhalten habe, weil er – wie die überwiegende Mehrheit der Berichterstatter – das Wahlergebnis falsch vorhergesehen hatte. »Wir haben wieder einmal die ganze Welt getäuscht«, sagt Roja triumphierend.

Zu streiten beginnen wir erst einige Zeit nach meiner Abreise. Bei den Besuchen, die ich etwa zweimal im Jahr in Iran mache, fällt mir auf, dass es eine Unterscheidung von »Wir« und »Ihr« gibt, die es vorher so ausgesprochen nicht gegeben hat. »Deine Kanzlerin«, sagt Roja vorwurfsvoll, »hat Ahmadineschad als Hitler bezeichnet!« Roja sagt, der Westen sei ignorant, der Westen sehe alles in Schwarz und Weiß. Ich sage, dass sich auch im Westen viele um Differenzierung bemühen und dass auch ich unter der Polarisierung leide: »Ich kann versuchen zu erklären, warum Ahmadineschad gewählt wurde und warum er sagt, was er sagt. Aber dass ich in Iran gelebt habe, erhöht paradoxerweise nicht meine Glaubwürdigkeit. Im Gegenteil gibt es Anlass, mich für voreingenommen, für eine Iran-Freundin, eine Muslim-Freundin zu halten. Trotzdem ist dein Urteil über den Westen zu rigide. Genauso wenig wie es dir gefällt, wenn dein Land mit dem religiösen Regime oder der Scharia gleichgesetzt wird, gefällt es mir, wenn du so tust, als dächten im Westen alle wie George W. Bush.«

Etwa ein Jahr nach unserer Abreise höre ich das erste Mal, dass Roja sich als Muslimin bezeichnet. »Seit wann siehst du dich als Muslimin?«, frage ich sie. »Ich werde so gesehen«, sagt sie. »Der Westen sieht mich so, weil ich Iranerin bin.« – »Aber du hast doch immer gesagt, dass du mit dem Islam gar nichts anfangen kannst«, sage ich. »Warum nimmst du diese Zuschreibung an? Warum wollt ihr immer Opfer sein?« – »Du hast leicht reden«, sagt Roja. »Hat Bush damit gedroht, deine Heimat zu bombardieren oder meine?«

Lust und Tod

Warum schließen sich so viele der Klage an?
Was macht ihre Anziehung aus?
Wozu verhilft sie den Menschen?

Elias Canetti, Masse und Macht

November 2000

Trommelschläge, bedrohlich, unheilverkündend, sich nähernd durch das Dunkel, dann plötzlich übertönt vom Schrei der Trompete, mächtig, schrill und klagend. Menschen schleppen sich über die Bühne, im Rhythmus des Schmerzes, die Körper gekrümmt, niedergedrückt von einer Trauer, die schon am Anfang unausweichlich ist und am Ende den ganzen Raum füllt.

In Teheran wird »Antigone« gegeben. Es ist die »Antigone« des Sophokles, aber nicht als griechische Tragödie, sondern als »Tasijeh«, als schiitisches Märtyrerspiel.

In der griechischen Tragödie tut Antigone das, was sie für ihre göttliche Pflicht hält: Sie bestattet den Bruder Polyneikes, der im Kampf gegen seine Heimatstadt Theben gefallen ist. Antigone weiß, dass sie damit gegen das Gebot ihres Onkels Kreon verstößt, des Herrschers von Theben, der die Bestattung des Vaterlandsverräters Polyneikes untersagt hatte und sich dabei ebenfalls auf göttlich begründetes Recht berief. Antigone stellt in einem tragischen Konflikt die eigene, religiös begründete Moral über das staatliche Gesetz und bezahlt diese Entscheidung mit dem Tod.

In Teherans größtem Theatersaal, der »Halle der Einheit«, ist Antigone eine Märtyrerin. Sie geht für ihren Glauben und ihre Überzeugung in den Tod wie Imam Hussein in der Schlacht von Kerbela. Und die Exzesse der Trauer über Antigones Sterben, das Sterben, das ihr vorausgeht und ihr nachfolgt, sind im Stil der schiitischen Märtyrerspiele gestaltet, wie sie jedes Jahr im Trauermonat Moharram auf unzähligen Straßen und Plätzen Irans aufgeführt werden.

In den neun Tagen, die Aschura, dem Todestag Husseins, vorausgehen, wird in den zahlreichen Episoden des »Tasijeh« der Leidensweg des Enkels Mohammeds nachgespielt, der den Schiiten als wahrer, rechtmäßiger Nachfolger des Propheten gilt.

Im Jahre 680 stellte sich Hussein mit seinen zweiundsiebzig Mann in der Schlacht von Kerbela der Übermacht von viertausend sunnitischen Gegnern. Der Überlieferung nach streifte er sich selbst das weiße Leichenhemd über und ging in den sicheren Tod. »Tasijeh« wiederholt Jahr für Jahr im aussichtslosen Kampf Husseins gegen den Tyrannen Schemr den fundamentalen Kampf zwischen Gut und Böse. Und für die Schiiten ist der Opfertod des Guten ein sichereres Zeichen Gottes, als es die Niederlage des Bösen jemals hätte sein können.

Vom schiitischen Klerus wegen seiner Volkstümlichkeit stets mit Misstrauen bedacht, blieb »Tasijeh« über Jahrhunderte populär, ein grellbuntes Straßenschauspiel, bei dem – ähnlich wie im christlichen Passionsspiel – die Zuschauer Kampf, Leiden und Trauer ihrer Helden unmittelbar miterleben. Gespielt wird die immer selbe Geschichte, die alle Zuschauer seit früher Kindheit kennen, ein Theater, das dazu dient, Gefühle auszulösen und auszuleben. Das Publikum begleitet das Geschehen mit Zwischenrufen, Gefühlsausbrüchen und Tränenströmen. Bald beweinen die Zuschauer Frauen und Kinder Husseins, die vor seinen Augen ermordet werden, bald geben sie ihrem Hass auf Schemr, den Mörder Husseins, Ausdruck. Es soll vorgekommen sein, dass ein Schemr-Darsteller von der aufgebrachten Menge gelyncht wurde. Die Grenze zwischen Publikum und Schauspielern wird aufgehoben: Je nach Szene ist das Publikum bald Hochzeitsgesellschaft, bald Trauergemeinde. Jedes Jahr erneuert sich im »Tasijeh« die emotionale Bindung der Gläubigen zum zentralen Mythos der schiitischen Kultur, der Selbstopferung im Angesicht des übermächtigen Feindes.

Die Regisseurin Pari Saberi hat für ihre »Antigone« die Form des »Tasijeh« gewählt, weil es, wie sie sagt, »die traditionelle Form der Tragödie in Iran ist«. In ihrer Inszenierung überschneiden sich Märtyrerkultur, Politik und Religion und spannen ein dichtes Netz von Anspielungen auf die politischen Auseinandersetzungen der Islamischen Republik. Schließlich trifft der Konflikt zwischen individueller, aber göttlich fundierter Moral und staatlich verordneter Moral jener Macht, die sich ebenfalls auf die Religion beruft, den Kern der ideologischen Kämpfe zwischen Reformern und islamistischen Konservativen in Iran. Während die Reformer wie Antigone eine individuelle religiöse Wahrheit behaupten, postuliert die konservative Machtelite das von ihnen definierte religiöse Gesetz als absolute Wahrheit. »Wer gegen das Gesetz verstößt, kann kein Freund Gottes sein«, predigt Kreon. Und Antigone beharrt: »Ich habe mein eigenes Gesetz.«

Die Anspielungen gehen noch weiter: Pari Saberis Antigone ist nicht nur eine schiitische Märtyrerin, sie ist auch eine Frau unter dem Joch männlicher Herrschaft. Kreon, der wie Husseins Mörder Schemr im Märtyrerspiel ganz in Blutrot gekleidet ist, spannt von der ersten bis zur letzten Minute seine Muskeln in der Körperhaltung männlicher Aggression: Die Brust vorgestreckt, die Schultern zurück, die Fäuste immer zum Schlag bereit. Mit großen Schritten durchmisst er den Raum, den er zu beherrschen glaubt. »Solange ich lebe, hat keine Frau das Recht, Gesetz zu machen«, schleudert er ihr entgegen. Dass sein Gesetz missachtet wird, ist bedrohlich, dass es aber von einer Frau missachtet wird, bringt die gesamte Ordnung ins Wanken. Antigone setzt Kreon inmitten des Waffengeklirrs der Männer eine weibliche Stimme entgegen: »Nicht, um zu hassen, sondern um zu lieben, sind wir geschaffen.« Die Todesstrafe, die Kreon über sie verhängt, entspricht dem Lebensgefühl so vieler Frauen in der Islamischen Republik: Tod durch Einmauerung.

Auf der Bühne ist Antigone am Ende gefangen im riesigen schwarzen Netz des Todes, das der Kreis der Männer über sie geworfen hat und festzurrt. Die Verfechterin des eigenen Gesetzes muss unterliegen wie Imam Hussein. Aber auch Kreon ist vernichtet, als sein Sohn und seine Ehefrau Antigone in den Tod folgen. »Es ist so schwer, nachzugeben«, klagt er noch kurz vor dem Ende. Als er sich eines Besseren besinnt, ist er umgeben von Blut und Leichen.

Ganz zum Schluss umschließt der Chor Kreon und die Toten in einem schwarzen Ring, begleitet vom Trauergesang und dem Trommelrhythmus der Tar, eines großen Tamburins. Die Menschen wanken über die Bühne in der Endlosbewegung der Trauerekstase, sich selbst geißelnd mit Peitschen aus Eisenketten: die Rituale von Aschura.

April 2001

Tschisar ist ein Stadtviertel im Norden Teherans, das für seine traditionsreichen Aschwa-Feiern bekannt ist. Eine Generation zuvor war Tschisar noch ein Dorf weit jenseits der Stadtgrenze, in dem nur ein gutes Dutzend Familien lebten. Jetzt hat die Stadt es verschlungen.

Alis Familie organisiert seit Generationen die Feiern in Tschisar. Sein Vater, so schätzt Ali, hat allein in diesem Jahr umgerechnet etwa zwölftausend Euro für die Speisungen gespendet, die an sechs Abenden hintereinander für Tausende von Menschen bereitet werden. Ali, ein Naturwissenschaftler an der Universität Teheran, ist in diesen Tagen wie sein Vater, sein Bruder, seine Cousins und sein Onkel mit der Organisation beschäftigt. Zu den Feierlichkeiten in Tschisar, die sich über mehrere Tage erstrecken, gehören »Tasijeh«, Gebete, Speisungen und die traditionellen Trauerprozessionen. Aschura ist ein gesellschaftliches Ereignis, an dem keineswegs nur die Armen des Viertels teilnehmen. In diesen Tagen wird das Viertel zu einer Gemeinschaft, in der soziale Unterschiede vergessen sind.

Ort der Speisungen und der Feierlichkeiten sind die Moschee und der angrenzende kleine Friedhof, um dessen steinerne Grabplatten sich auch jetzt die Menschen versammeln, nachdem die erste Trauerprozession des Nachmittags beendet ist. In einem langen Zug sind Männer und Jungen durch die Hauptstraße des Viertels gezogen, in der Hand die Geißeln aus Eisenketten, die abwechselnd über die rechte und über die linke Schulter auf den Rücken niedergehen.

Die Speise der Tausenden wird in einer gigantischen Küche neben der Moschee bereitet. Diese Hölle von sechzig Grad Hitze ist eine Männerwelt, per Fließband ist sie mit der Moschee verbunden, in der spätabends das Essen ausgegeben wird – an Männer und Frauen in getrennten Räumen. In der Küche schmatzt es über dreißig Feuern in riesigen Töpfen, in denen jeweils Reis für zweihundert Personen brodelt. Mit dem Ruf »Gegrüßt sei der Prophet!« machen sich die Männer ans Abgießen. Höhepunkt der Speisung ist das Mittagessen am Tag von Aschura, zu dem neuntausend Gläubige erwartet werden. Schon dreißig Stunden vorher köchelt dafür der Fessendschun, eine äußerst gehaltvolle, köstliche Walnusspaste, die zu Reis gegessen wird. Ein Lastwagen liefert gerade die eins Komma zwei Tonnen Reis für das Mahl an. Daneben werden mit einer Motorsäge fünfhundert Kilo gefrorenes Lammfleisch zerkleinert.

Gegen zehn Uhr abends beginnt von der Moschee aus abermals der Trauerzug der Männer. Die schwarze Masse schiebt sich durch die engen Gassen zum Märtyrerfriedhof. »Hussein, geliebter Hussein«, singen sie begleitet vom Sinesani, den rhythmischen Schlägen auf die Brust. Im Inneren des Zuges führen die jungen Männer den Gesang an, außen gehen die Älteren und die Kinder, die Kleinsten sitzen auf den Schultern. »Hussein, morgen wirst du vor den Augen der Mutter zum Märtyrer«, singen sie.

T. und ich stehen, die Rücken an die Lehmmauer eines Hauses gepresst, in einer schmalen Gasse. Es ist so eng, dass die Männer uns beim

Vorübergehen berühren. Sie sind fast alle schwarz gekleidet, die meisten bärtig. Während zu den Speisungen auch die Wohlhabenderen des Viertels kommen, sind die Prozessionen Sache der einfachen Leute, der traditionellen, konservativen Unter- und Mittelschicht. »Das ist das Milieu Ahmadineschads«, erklärte mir ein Bekannter nach der überraschenden Wahl des kleinen Mannes zum Präsidenten. »Er ist einer von denen, die an Aschura in der Prozession mitlaufen und sich mit Eisenketten geißeln.« Chatami, den distinguierten Intellektuellen, der aus einer gelehrten Klerusfamilie stammt, kann man sich in der Prozession nicht vorstellen.

Zwei Stunden lang ziehen die Männer in der Dunkelheit durch die Gassen von Tschisar, dann kehren sie in die Moschee zurück. Die Alten und Kinder sind nach Hause gegangen, aber für die jungen Männer beginnt nun eine lange Nacht der Trauer. Ali bringt uns in einen Nebenraum der Moschee, vorbei an den bärtigen Basitschi, den Volksmilizen, die den Eingang bewachen. Sie begegnen uns freundlich, sie scheinen unser Interesse zu schätzen, obwohl die Anwesenheit einer Frau hier alle Regeln verletzt.

Der dunkle Raum, den wir betreten, ist schon gänzlich mit Männern gefüllt. Wir kauern uns auf eine Treppe, von der aus wir – selbst weitgehend unsichtbar – den Raum überblicken.

Im Halbdunkel stehen die Männer dicht an dicht. Mindestens zweihundert mögen es schon sein, und noch kommen immer mehr, als plötzlich das Schluchzen des Vorsängers in das Dunkel hineinbricht:. »Ya Hussein, ya Hussein!« Und die Männer fallen ein. »Ach Hussein, ach Hussein!«, ertönt nun ihr Trauergesang, erst fest und getragen, dann aber, als sie sich langsam tiefer und tiefer in die Ekstase hineinsteigern, immer heiserer, schmerzlicher, hemmungsloser. Langsam wiegen sie die Oberkörper vor und zurück, unendlich wiederholt sich die Bewegung, unendlich wiederholt sich auch die Klage, begleitet vom Rhythmus der Schläge auf die Brust. »Ya Hussein, ya Hussein!«

Es ist stickig. Viele der Männer haben sich die schwarzen Hemden vom Leib gerissen. Schweiß glänzt im spärlichen Licht auf den Oberkörpern, die sich unnatürlich hell von der umgebenden Schwärze abheben. Sie krümmen die rechten Hände zu kleinen Schalen und schlagen sich damit gegen die linke Brust, mal schwer und langsam, mal schnell und erregt. Wenn der Gesang für kurze Zeit verstummt, sind in dem dunklen Raum nur noch die dumpfen Schläge auf die nackte Haut und der Widerhall in den Brustkörben zu hören.

Je mehr sich der Rhythmus festigt, umso deutlicher gibt der Schlag der Hände den Schlag der Herzen vor, der sich langsam zu einem einzigen Herzschlag vereint. In seinem Gleichklang löst sich das Bewusstsein des Einzelnen auf, bis die Männer nur noch Körper sind, ein einziger, alle umfassender Schmerzenskörper. Sie haben alles Begrenzende preisgegeben, Bewusstsein, Selbstkontrolle, Selbstschutz und Schmerzempfinden in einer Vereinigung von beängstigender Schönheit und unterschwelliger Erotik.

»Brüder des Blutes« nennen sie diese Gemeinschaften, deren Zusammenhalt auch in die Tagwelt hinein Bestand hat. Hier wird eine Art der Männlichkeit zelebriert, die unserer Kultur fremd ist: eine Männlichkeit der Selbstentäußerung und der Emotionalität, in der sich Trauer und Stärke in einer Weise vermischen, wie sie uns unbekannt ist. Diese Trauer ist nicht nur die Trauer über den Tod des geliebten Imam, sie ist auch eine lange, nächtliche Liebkosung des Todes. In der Trauerekstase wird die verschlossene Erotik befreit. Die Aufgabe alles Persönlichen nimmt den Tod und die Einheit mit Gott vorweg. Es ist eine Todesliebe, die alle höchsten Insignien der Liebe in sich trägt: bedingungslose Hingabe, Schönheit, Aufopferung.

Mit der Zeit beginne ich, den Rhythmus der Schläge in meinem Leib zu spüren. Mir scheint, dass auch das Kind, das sich darin zu bewegen begonnen hat, dem großen Rhythmus unterworfen wird. Die Schläge dröhnen im ganzen Körper, im Kopf, in der Brust, im gewölbten Bauch, der sich verhärtet und zusammenzieht. Wir beide, der weibliche Embryo und ich sind fremde Organismen in diesem Männerkörper. Ich spüre das Bedürfnis zu schreien, schrill, weiblich und hysterisch. Ich möchte hinaus, möchte Luft, Ruhe, Stille. Ich will mich selbst zurück. Dies ist kein Ort, der Beobachter duldet. Wer sich hierher begibt, wird erfasst, hineingezogen, verschlungen oder ausgestoßen.

Bevor die Moderne in Iran Einzug hielt, begruben die Teheraner ihre Toten auf kleinen Friedhöfen. Es waren intime, lauschige Orte, von Mauern umfriedet, von Pinien und Platanen beschattet. Am jeweiligen Stadtrand gelegen, wurden sie bald von der ständig wachsenden Stadt erreicht, überlagert oder umschlossen. Über Generationen bewahrten und pflegten die Familien dort ihre Gräber.

Aber dann beschloss in den siebziger Jahren die Stadtverwaltung, dass die Toten künftig zentral zu begraben seien. Mehr Hygiene, bessere Kontrolle, das waren die Gründe. Und so gibt es heute nur noch einen einzigen Friedhof für den Moloch von offiziell zwölf, tatsächlich wohl schon fünfzehn Millionen Einwohnern. Man wählte ein Areal in der Wüste südlich der Stadt und nannte den Ort Behescht-e Sahra, Sahras Paradies, nach der Tochter des Propheten Mohammed und Ehefrau des ersten schiitischen Imams Ali. »Wir Schiiten sind alle Sahras Kinder«, sagt Ismail Daneschpasu von der Friedhofsverwaltung, »deshalb haben wir den Friedhof nach ihr benannt. Und Paradies, das ist doch klar, weil alle Muslime ins Paradies kommen.«

Im Diesseits hat Behescht-e Sahra nichts Paradiesisches an sich. Der Massenbetrieb wird auf einem gigantischen Areal abgewickelt, das von vier- bis achtspurigen Straßen durchzogen ist. Am Donnerstag, wenn die Iraner traditionell ihre Toten besuchen, geht es in Behescht-e Sahra genauso zu wie im übrigen Teheran: es herrschen Stau und Verkehrschaos. Hupend und fluchend versuchen Angehörige der Toten, sich einen Weg zu den Gräbern zu bahnen. Motorräder, auf denen ganze Kleinfamilien Platz finden, kurven zwischen den Autos nach vorne. Abgase stinken zum Himmel. Große Trauergesellschaften, die sich zu einem der traditionellen Gedenktage, drei, sieben, vierzig Tage oder ein Jahr nach dem Ableben eines Angehörigen an dessen Grab einfinden, mieten ganze Autobusse. Dutzende von ihnen sind an den Rändern der Friedhofsstraßen geparkt.

Wenige Meter vom brandenden Verkehr hat sich eine Trauergesellschaft um ein Grab versammelt. Die Frauen sitzen direkt am Rand des Grabes um ein mit Blumen geschmücktes Porträt des Verstorbenen. Sie kauern am Boden, die Köpfe gesenkt, die Tschadore über das Gesicht gezogen. Die Männer halten ein wenig Abstand. Auch von ihnen haben viele das Gesicht in den Händen verborgen. Schluchzen schüttelt die Körper. Man reicht Pappkartons herum, aus denen jeder sich durch einen Schlitz mit Papiertaschentüchern bedienen kann. Ein Vorsänger mit Mikrofon überschallt die Szenerie mit schluchzendem Klagegesang, von scheppernden Lautsprechern unerträglich verstärkt. Er ist kein Mullah, sondern trägt einen silbrigglänzenden Anzug wie ein Schlagerstar.

Begräbnisfeiern und Totengedenken sind die zentralen Riten der iranischen Alltagskultur, sogar wichtiger als eine Hochzeit und schon gar als eine Geburt. Als wir zu Claras Geburt drei Monate nach Aschura Geburtsanzeigen verschickten, waren viele unserer iranischen Bekannten irritiert. Manche glaubten, es handele sich um Todesanzeigen.

Obwohl Tote nach islamischer Sitte rasch begraben werden – ein Gebot der Hygiene in heißen Ländern –, ziehen sich die Totenfeiern in Iran über viele Tage hin. Beileidsbekundungen und Kondolenzbesuche sind selbst bei entfernten Bekannten ein unbedingtes Gebot der Höflichkeit, auch dann, wenn man den Toten überhaupt nicht gekannt hat. Die Bekanntschaft mit einem Angehörigen ist ausreichend für den Besuch einer der Trauerzeremonien oder einen Kondolenzbesuch zu Hause.

In den Zeitungen werden nicht nur Todesanzeigen veröffentlicht, sondern auch ausgedehnte Beileidsbekundungen: Im Namen Allahs, des

Allmächtigen, des Gnädigen, die Firma Iran Chodro kondoliert ihrem Mitarbeiter, dem Ingenieur Mohammad Karimi, zum bedauernswerten Hinscheiden seiner Frau Mutter, möge Allah …

März 2002

Aber der Tod hat nichts Individuelles. Die Trauer der Hinterbliebenen ehrt die Person des Toten, aber sie verdrängt sie auch. Im Zentrum steht nicht der Tote, sondern die Trauer und der Tod.

Seit die Moderne in Teheran Einzug hielt, sind die Begräbnisse aus den traditionellen Kreisen von Familie und Dorf in den Massenbetrieb von Behescht-e Sahra verstoßen worden. Hier laufen die Beerdigungen wie am Fließband. Die Abfertigung der Toten ist effektiv organisiert, der Friedhof, so heißt es, sei als einer der ersten Betriebe Irans computerisiert worden.

Mit seiner Einlieferung wird der Tote zu einer Nummer. Sie begleitet die Angehörigen von der Waschung des Toten über das Ablesen von Koranversen bis zum Grab. Schließlich prangt sie auf Pappe gekritzelt, die an einem Holzstöckchen befestigt wird, auf dem Grabhügel.

Die Areale, wo die meisten Toten begraben werden, nennen sie das Reich der »allgemeinen Gräber«. Dort liegen die Toten dicht an dicht, kein halber Meter trennt die Grabplatten voneinander. Feld um Feld füllt sich mit Toten, durchschnittlich hundertdreißig kommen jeden Tag hinzu, fast fünfzigtausend pro Jahr. Wie viele Tote genau in Behescht-e Sahra liegen, weiß auch die Friedhofsverwaltung nicht. Längst musste das ursprüngliche Areal von mehr als drei Quadratkilometern erweitert werden. Die fast fünf Quadratkilometer, die man jetzt hat, reichen höchstens noch für zwei Jahre. Derzeit bemüht sich die Verwaltung um den Erwerb von weiteren zehn Quadratkilometern.

Behescht-e Sahra gilt als einer der bestorganisierten Betriebe des Landes. Man unterstehe zwar der Stadtverwaltung, sagt Daneschpasu, aber als eigene Organisation mit unabhängigen Finanzen. Macht der Friedhof Gewinn? »Wir tragen uns selbst.« Das ist vermutlich untertrieben. Denn in Sahras Paradies regiert der Markt. Als die Gräber einmal knapp wurden, fanden sich plötzlich große Anzeigen in den Zeitungen: »Kaufen Sie sich jetzt ein Grab, in einem Monat wird es teurer.« Ein blühendes Geschäft mit Grabplätzen setzte ein. Als das Platzangebot durch die Erweiterung des Friedhofs vergrößert wurde, sanken die Preise auf dem Gräbermarkt wieder. Trotzdem konnte sich nur jeder Zwanzigste ein Grab in guter Lage unter Pinien leisten. Ein Grab der gehobenen Klasse, zweistöckig, kostet den Jahreslohn eines Lehrers. Die Familien jedes dritten Toten, sagt Daneschpasu, bekommen das Grab kostenlos, weil sie kein Geld hätten. Für Transport und Waschen des Toten müssten lediglich etwa vierzig Euro bezahlt werden, und wer auch die nicht aufbringen könne, erhalte alles umsonst. Aber dort, wo sich die »allgemeinen Gräber« befinden, treffe ich niemanden, der nicht mindestens achtzig Euro bezahlt hat.

Um die Mittagszeit herrscht beim Gebäude, in dem die Toten gewaschen werden, der größte Andrang. Die Leiche von Maniehs Schwester ist heute Morgen hierhergebracht worden. Jetzt wird sie gewaschen. Manieh und die anderen Frauen gehen durch die linke Tür in das Waschhaus. Männliche Angehörige von männlichen Toten betreten die Männerhälfte durch die rechte Tür. Die Leichen werden durch die Hintertür hineingetragen. Sie liegen auf Bahren aus orangefarbener Plastikplane, die zwischen zwei Eisenstangen gespannt ist.

Das Waschen war früher der letzte Liebesdienst, den die engsten Familienangehörigen den Toten erwiesen, eine Handlung, die im Schein von Kerzen und im Duft von Weihrauch mit Wasser aus kupfernen Waschschüsseln vollzogen wurde. In Beheschtt-e Sahra wird das Waschen der Toten von professionellen Wäscherinnen und Wäschern erledigt, jeweils sechs weibliche und sechs männliche Tote zur gleichen Zeit, in getrennten Räumen. Die Angehörigen sind nur noch Zuschauer.

Eine gläserne Wand trennt die Trauernden von den Toten. Als Manieh, von zwei anderen Frauen gestützt, den Zuschauerraum betritt, ist der Boden knöcheltief mit vollgeweinten Papiertüchern übersät. Ihre Augen sind rotgeweint. Ihre Blicke schweifen suchend durch den Raum jenseits der Glaswand über die nackten Leichen, bis sie ihre Schwester entdeckt hat, die noch angezogen auf einer Bahre liegt. Manieh weint laut auf, stürzt zu der Glasscheibe und presst Gesicht und Hände dagegen. Eine Wäscherin im dunkelgrünen Stoffkittel mit gelber Plastikkappe auf dem Haar und weißem Mundschutz schneidet der Toten mit einer großen Schere die Kleidung vom Leib. Dann hebt sie gemeinsam mit einer anderen Wäscherin die nackte Leiche in ein langes steinernes Becken und spritzt sie mit Wasser aus einem Plastikschlauch ab. Die Hände in Gummihandschuhen, beginnen die Wäscherinnen dann die eigentliche Waschung, rasch, aber sorgfältig mit Schwamm und Seife.

Die Bewegungen der Wäscherinnen jenseits der Wand sind routiniert und ruhig. Ihre scheinbare Gefühllosigkeit steht in scharfem Gegensatz zu der ekstatischen Emotionalität diesseits der Glaswand. »Ya Hussein, ya Hussein«, ertönt auch hier der Schmerzensruf, mit jeder Toten beklagen sie den Tod des Imams. »Ach Hussein, ach Hussein«, wehklagen die Frauen. Das Diesseits ist so vom Lamento der verschiedenen Trauergesellschaften erfüllt, dass aus dem Waschraum kein Laut zu vernehmen ist. Die Geräuschlosigkeit der Waschung lässt sie noch aseptischer, noch künstlicher erscheinen.

Einige Frauen schlagen die Köpfe gegen die Glasscheibe. Andere fahren mit den Händen am Glas entlang und liebkosen es, als berührten sie die Tote selbst. Als Manieh sich, außer sich vor Trauer, den Kopf an der Scheibe zu verletzen droht, ziehen die Frauen sie fort. Ihr Kopftuch ist heruntergerutscht, die Haare hängen wirr ins Gesicht. Sie trommelt mit den Fäusten auf ihre Brust und wiederholt, hysterisch nach Luft schnappend, immer wieder ihr »ya Hussein, ya Hussein«, unterbrochen von hemmungslosem Heulen, bis sie schließlich ohnmächtig zusammenbricht.

Das gleißend helle Licht lässt die Hautfarbe von Maniehs Schwester noch wächserner erscheinen. Jede Narbe, jedes Fältchen sind sichtbar. Vom Brustbein bis zur Scham verläuft ein Obduktionsschnitt, der nur mit groben Stichen wieder zugenäht worden ist. Die Mutter von vier Kindern wurde tot in ihrem Bett aufgefunden, kaum vierzig Jahre alt. Mord oder Selbstmord, darüber hat auch die Obduktion keine Gewissheit gebracht.

Als das Waschen beendet ist, wird die Tote wieder auf die Plastikbahre gehoben, unter die die Wäscherinnen ein Fahrgestell schieben. Von einer Rolle an der Wand schneiden die Wäscherinnen den weißen Stoff für das Totenhemd. Mehrfach wird die Leiche damit umhüllt, bevor der Stoff schließlich an Kopf und Füßen sorgfältig verknotet wird. Nach etwa einer halben Stunde ist die Prozedur beendet.

Die Angehörigen scheinen die Hässlichkeit des Ortes nicht zu sehen, nicht die Sterilität von Gummi und Plastik, nicht die Routine der maskierten Wäscherinnen mit ihren mechanischen Bewegungen. Sechsmal nebeneinander, dutzendfach nacheinander, ist der Trauer kaum noch etwas Persönliches geblieben. Umso stärker zeigt sie sich als Ritual. Umso irritierender wird der öffentliche Gefühlsausbruch. Hier werden die Gefühle nicht mehr in eine traditionelle Öffentlichkeit getragen, in die Dorfgemeinschaft oder Großfamilie, sondern in die Anonymität eines modernen Großbetriebs.

Während mich das öffentliche Waschen der Toten als fast obszöne Verletzung der Intimität schockiert, scheint es für die Angehörigen ein willkommener Anlass, ihre Trauer in der Öffentlichkeit auszuleben. Von den starken Gefühlen, die mit Eros und Tod verbunden sind, trägt die iranische Kultur genau jene in die Öffentlichkeit, die wir ins Private verbannen. Und umgekehrt tabuisiert die iranische Kultur jene Gefühle, die wir öffentlich machen.

Während unsere Kultur den Tod tabuisiert und die Trauer im Privaten verbirgt, ist in Iran im öffentlichen Raum, in dem starke Gefühlsäußerungen sonst kaum einen Platz haben, allein die ostentative Trauer gestattet. Das öffentliche und sehr körperliche Ausleben der Trauergefühle steht im Gegensatz zu unserer Vorstellung von Innerlichkeit, die uns erst als Beweis der »Echtheit« von Gefühlen gilt. In diesem Fall ist es unsere westliche Kultur, die die verborgene, verinnerlichte Trauer als das »wahre« Gefühl versteht, während die öffentliche Trauer als äußerlich, theatralisch und »unecht« erscheint.

Genau umgekehrt verhält es sich mit der Sexualität. Der Ekstase der Trauer, die in Iran in der Öffentlichkeit bewusst hervorgerufen und gesteigert wird, steht die Furcht vor ungehemmter Sexualität gegenüber, die deshalb reglementiert, kontrolliert und ins Verborgene gedrängt wird. Die Trauer stärkt das Gemeinschaftsgefühl. Sie schafft eine Gruppenidentität und erhöht die Opferbereitschaft. Die Sexualität dagegen kann die Gemeinschaft gefährden, wenn sie nicht strengen Regeln unterworfen wird.

Während uns laute Trauer als eine Form seelischer Entblößung beschämt, ist es in der iranischen Kultur die körperliche Blöße, die Scham hervorruft. Das gilt aber offenbar nicht für die Toten: Die Nacktheit, die den Lebenden in der Sauna von einer unüberwindlichen Scham verboten war, wird hier den Toten ohne Scheu angetan.

Und während für uns der entblößte Körper als natürlich, echt und in einem positiven Sinne lustvoll verstanden wird, spielt die persische Kultur mit einer Erotik des Verbergens, in der die Scham die Schönheit noch verstärkt. Möglicherweise erscheint den Menschen hier unsere in der Kunst, im Fernsehen, in der Werbung und in der Mode zelebrierte Nacktheit, unsere Verbindung von Nacktheit, Sexualität und Begehren als genauso äußerlicher, »unechter« Zugang zur körperlichen Liebe, wie uns die rituelle Trauer als äußerliche Emotionalität erscheint.

Draußen werden die Toten unter einem hohen offenen Dach abgelegt, bis zu sieben Tote haben hier nebeneinander Platz. Jede Trauergemeinde findet sich hinter ihrem Toten ein, die Männer vorn, die Frauen dahinter, so wie es der Koran vorschreibt. Dort stehen sie wie unordentliche Schulklassen, die auf dem Hof auf den Abmarsch warten. Vorne neben jedem Toten rezitiert je ein Mullah aus dem Koran. Sie stehen so dicht nebeneinander, dass sich ihre Worte zu einem einzigen Singsang vermischen.

Wenn der Mullah fertig ist, schultern die zuvorderst stehenden Männer die Bahre und tragen den Toten hinaus zu seinem Grab. Meistens wird allerdings, weil der Weg zum Grab viel zu weit ist, ein Leichenwagen bemüht, der hinter dem ersten Tor wartet und den Männern ihre Last abnimmt. Die Angehörigen folgen dann jammernd und klagend, von den Abgasen umweht, dem Leichenwagen.

In den besseren Regionen des Friedhofs sind bereits vorgefertigte Betonschablonen für Gräber in den Boden gegossen. Die meisten Toten werden dagegen wie Maniehs Schwester direkt in den gelblichen Wüstenboden gesenkt. Wochen, oft erst Monate nach der Beerdigung werden die Felder zubetoniert und für diejenigen, die es sich leisten können, steinerne Grabplatten in den Beton gelassen.

Auf dem frischen Gräberfeld picknicken an diesem Donnerstag Hunderte von Familien bei ihren Toten. Sie haben Blumen und Kerzen, Orangen, Datteln und Kekse mitgebracht, manche auch einen Teekocher. Sie kauern auf der nackten, lehmigen Wüstenerde zwischen den Müllresten vergangener Picknicks. Kinder laufen umher. Bettler, die von den Gaben der Trauernden leben, schleichen gebeugt zwischen den Gräbern umher. Koranrezitative, Trauergesang und Schluchzen vermischen sich mit fröhlichem Schnattern und Tratschen.

Auch Manieh ist, nachdem die Totenklage vorüber ist, mit einigen anderen Frauen in eine Unterhaltung vertieft. Noch zeichnen die Tränenspuren ihr Gesicht, aber als eine der Frauen einen Witz macht, lacht sie herzlich auf.

Die Versehrten

Denn es gibt auf Erden kein zweites Volk, das mit abgrundtiefer Skepsis einen so unstillbaren Durst nach dem Absoluten, nach ekstatischer Hingabe und Selbstaufgabe, verbunden hätte.

Rudolf Gelpke über die Perser

»Hinter dem Anschlag auf Hadscharian und den Morden an den Intellektuellen«, sagt einer unserer Freunde, »steht eine geheimbündlerische Verschwörung«. Die Mörder würden zu einer Gruppe von Fundamentalisten gehören, den »Fedajan-e Islam«, zu Deutsch: die bereit sind, sich für den Islam zu opfern. »Sie fürchten um das Erbe der Revolution«, sagt er. »Sie wollen um jeden Preis verhindern, dass in Iran Reformen stattfinden. Und dieses Ziel rechtfertigt für sie alle Mittel.« Unser Freund meint, dass die Fundamentalisten den gesamten Staat unterwandert haben, dass sie einen »geheimen Staat im Staate« geschaffen haben, der die wahre Macht besitzt. Die sichtbare Front mit ihren politischen Institutionen, der Exekutive und der Legislative, sei in Wirklichkeit machtlos.

Ich habe mir angewöhnt, derartigen Verschwörungstheorien, für die gerade die ältere Generation in Iran eine große Vorliebe hat, nicht allzu viel Beachtung zu schenken. In meiner Arbeit muss ich mich an das halten, was sichtbar und überprüfbar ist. Aber was, wenn ich mich auf diese Weise ständig täuschen lasse und die wahren Zusammenhänge gar nicht verstehe? Was, wenn ich mit meinem Insistieren auf Sichtbarkeit und Rationalität den Verhältnissen hier gar nicht gerecht werde? Andererseits, wie soll ich über etwas Verborgenes berichten, in das ich keinen Einblick, zu dem ich keinen Zugang habe?

Jene Bereiche von Politik und Gesellschaft, in denen unser Freund die »wahre Macht« vermutet, sind für mich kaum zugänglich: Zu dem, was er »Staat im Staate« nennt, gehören die Revolutionswächter, die religiösen Stiftungen, konservative Politiker und die fundamentalistische Schlägertruppe »Ansar-e Hisbullah«. Die Revolutionswächter unterhalten keinen Kontakt zu westlichen Journalisten. Konservative Politiker weigern sich, Interviews zu geben. Dasselbe gilt für die religiösen Stiftungen, in deren Händen sich die wirtschaftliche Macht konzentriert. »Ansar-e Hisbullah« blockt alle Kontaktversuche ab. Sie wollen nicht gesehen werden.

Aber die Ermittlungen im Fall Hadscharian führen, wie bei den Serienmorden, zu den Fundamentalisten. Der Schütze des Attentats ist ein Student und Mitglied der »Ansar-e Hisbullah«. Er und sein Komplize benutzen bei dem Anschlag ein Motorrad des Typs, wie ihn üblicherweise die Revolutionswächter besitzen.

Die Armee der Wächter der Islamischen Revolution – persisch: Sepah Pasdaran – wurde im April 1979 gegründet, weil die islamischen Revolutionäre neben der regulären Armee eine Volksarmee mit unabhängigem Kommando schaffen wollten. Sie misstrauten den regulären Streitkräften, die eine wichtige Stütze des Schahs gewesen waren, und fürchteten einen – möglicherweise vom Ausland gestützten – Militärputsch. Die Revolutionswächter sollten von einem kleinen professionellen Kommando befehligt werden und aus etwa einer halben Million Freiwilligen oder Teilzeitmilizen bestehen. Dazu sollten viele Millionen Reservisten angeworben werden, die im Bedarfsfall mobilisiert werden konnten. »Ein Land mit zwanzig Millionen jungen Leuten muss zwanzig Millionen Bewaffnete oder zwanzig Millionen Soldaten haben. So ein Land wird niemals zerstört werden«, sagte Chomeini, als er im November desselben Jahres die Volksmilizen der »Basitschi-e Mostasafan«, wörtlich: die Mobilisierten der Unterdrückten, ins Leben rief.

Im Frühjahr 2000 wird Mohsen Resai, der ehemalige Oberkommandierende der Pasdaran, in einem Interview gefragt, warum sich die Revolutionswächter in die Präsidentenwahlen 1997 eingemischt haben, obwohl Chomeini die Einmischung des Militärs in die Politik verboten hatte. »Die Pasdaran sind keine Militärs«, antwortet darauf Resai, »sondern eine ideologische Streitmacht. Pasdaran sind Menschen, die für die Islamische Revolution Sorge tragen. Wenn wir uns nicht einmischen würden, hätten wir keine Existenzberechtigung.« Die Volksarmee, die ursprünglich die Einmischung der Militärs in die Politik hatte verhindern sollen, ist zu einer militärischen Institution geworden, die selbst massiv Einfluss auf die Politik nimmt.

»Wenn die Pasdaran nicht gewesen wären, hätte Iran den Krieg verloren. In der öffentlichen Meinung waren es die Revolutionswächter, nicht die Armee, die gekämpft hat«, so hat unser Freund Resa, der ehemalige Revolutionswächter, gesagt. Der Krieg war es auch, der den Revolutionswächtern zu einer politischen und wirtschaftlichen Machtstellung verhalf, die sie bis heute behalten haben. Sie profitieren von Privilegien und Gesetzesausnahmen, sie erhalten vom Staat Aufträge für den Ausbau von Infrastruktur und in der Ölindustrie. Als bewaffnetes Wirtschaftsunternehmen haben die Pasdaran zum Teil mafiöse Strukturen entwickelt. Schmuggel, Drogenhandel und der illegale Verkauf von Öl an der nationalen Ölgesellschaft (NIOC) vorbei gehören zu ihren Einnahmequellen. Seit dem Krieg unterstehen den Revolutionswächtern Häfen am Persischen Golf, über die sie damals Nachschub und Waffen organisierten.

Die Reformer versuchen, die Macht der Pasdaran mit legalen Mitteln zu bekämpfen. Sie wollen sie zwingen, die illegalen Finanzquellen aufzugeben, und verstärken daher die Bemühungen im Kampf gegen Schmuggel und Geldwäsche, beschneiden Steuerausnahmen und Monopolrechte für religiöse Organisationen und führen einen einheitlichen Wechselkurs ein. Aber der Erfolg bleibt gering.

Eng mit den Pasdaran verbunden sind die religiösen Stiftungen, jene staatlichen Wohltätigkeitsimperien, in denen sich wirtschaftliche und politische Macht untrennbar miteinander vermengt. Nach der Revolution wurde den damals gegründeten islamischen Stiftungen das enteignete Eigentum der Familie und der engsten Vertrauten des Schahs überschrieben. Offiziell dienen die Stiftungen wohltätigen Zwecken, zugleich sichern sie der konservativen politischen Klasse den Zugriff auf einen bedeutenden Teil der iranischen Wirtschaft. Niemand weiß genau, wie hoch heute der Anteil der Stiftungen am Bruttosozialprodukt ist, die Schätzungen schwanken von ein Viertel bis fünfzig Prozent. Zur Märtyrerstiftung etwa sollen vierhundert Unternehmen gehören, Fabriken, landwirtschaftliche Betriebe, Zeitungs- und Buchverlage.

In den späten neunziger Jahren beginnen die Iraner, die Geschichte und die Mythen des Krieges gegen den Irak zu hinterfragen. In der Öffentlichkeit wird Kritik an der Entscheidung der iranischen Führung laut, den Krieg auch nach der Rückeroberung Chorramschahrs im Mai 1982 weiterzuführen. Damals hatten die iranischen Streitkräfte das gesamte von den Irakern besetzte iranische Territorium zurückerobert. Der Angriffskrieg Saddam Husseins war gescheitert. Zu diesem Zeitpunkt, so meinen heute viele Iraner, hätte Teheran Frieden schließen müssen. Aber der greise Revolutionsführer Chomeini ließ sich von den Militärs und Politikern, allen voran dem damaligen Präsidenten Rafsandschani, zur Fortsetzung des Krieges überreden. Der Krieg gab dem jungen islamischen Regime die Möglichkeit, die Bevölkerung weiterhin im Namen der Revolution zu mobilisieren und seine innenpolitischen Gegner auszuschalten. Anstatt einen für Iran günstigen Frieden zu schließen, wurde sechs Jahre lang weitergekämpft. Die meisten Opfer des Krieges fielen in diese Zeit, als sich Iran schon nicht mehr verteidigte, sondern in einem ergebnislosen Stellungskrieg mit dem Gegner rang.

Zu Beginn des Krieges, der nur wenige Monate nach der Revolution ausbrach, hatten sich in Iran nationale und religiöse Motivation der Kämpfer zu einer schier grenzenlosen Opferbereitschaft vereinigt. Religiöses Sendungsbewusstsein und nationale Landesverteidigung fielen zusammen. Iran und Islam waren dasselbe. Aber je länger der Krieg dauerte, desto mehr sank die Moral. Am Ende musste der Staat weltliche Anreize bieten, um die Soldaten zu motivieren. Von Billigkrediten über Studienplätze an der Universität bis hin zu Kühlschränken bot er alles auf, um den Kampfgeist am Leben zu erhalten.

Die jugendlichen Kämpfer wurden mit dem Glauben an die Front geschickt, sie sollten Jerusalem und Kerbela aus den Händen der Ungläubigen befreien: »Der Weg nach Al-Qods (Jerusalem) führt über Kerbela« (die heilige Stätte der Schiiten im Irak).

Für sie, die sich schon in Kerbela gesehen hatten, war der Waffenstillstand von 1988 eine Enttäuschung. Wie unser Freund Resa sagte, weinten viele von ihnen, als der Waffenstillstand verkündet wurde. Aber sie konnten nicht dagegen protestieren, weil Chomeini selbst, der sakrosankte Führer der Revolution, der UN-Resolution zustimmte. Mit seinen berühmten Worten vom »bitteren Kelch«, den er gegen seinen Willen leeren müsse, willigte er in einen Waffenstillstand ein, dessen Bedingungen schlechter waren, als das, was Iran 1982 hätte erhalten können.

Mit der Wahl Mahmud Ahmadineschads zum Präsidenten im Sommer 2005 kamen diejenigen, die damals weinten, an die Macht. Er repräsentiert die zweite Generation der Revolutionäre, das Fußvolk von 1979. »Sie waren es«, sagt einer unserer Freunde, »die im Krieg gegen den Irak gekämpft haben, sie waren die Leidtragenden, als Saddam chemische Waffen einsetzte, deren Grundstoffe vom Westen geliefert wurden. Und jetzt bekommen sie vom Westen Belehrungen über Massenvernichtungswaffen zu hören. Sie sind sehr misstrauisch gegen den Westen. Und sie haben das Gefühl, dass die ältere Generation sie verraten hat.«

Ihre Kriegsnostalgie ist der Schlüssel zum Verständnis der iranischen Führung um Ahmadineschad. In ihren Augen ist der Krieg gegen den Irak, den sie als Stellvertreter des Westens sehen, nicht zu Ende gekämpft worden. Nach acht opferreichen Kriegsjahren wurde Iran um den glorreichen Sieg betrogen und erntete stattdessen einen Kompromissfrieden. Die iranische Variante der Dolchstoßlegende nährt neue Kriegs- und

Opferbereitschaft. Den Kriegsnostalgikern ist es gerade recht, wenn der Atomstreit mit dem Westen in die Eskalation treibt. Wovor sollten sie sich fürchten? Sie haben schon einmal der ganzen Welt widerstanden. Und nun eröffnet sich ihnen die Chance zu neuem Kampf.

Bis heute ist der Fronteinsatz eine Art von Währung im politischen Machtkampf Irans. Je länger ein iranischer Politiker an der Front war, je schwerer er verwundet wurde, je höher der Blutzoll, den er und seine Familie für die Islamische Republik entrichtet haben, desto größer sein moralisches Ansehen und seine Glaubwürdigkeit. Gerade das aber ist eine Schwachstelle Ahmadineschads. Was er, der bei Kriegsbeginn fünfundzwanzig Jahre alt war, während der acht Kriegsjahre gemacht hat, liegt weitgehend im Dunkeln. In seiner Internet-Autobiografie lässt sich Ahmadineschad weitschweifig über die Schlechtigkeit der Aggressoren und den heroischen Abwehrkampf der Iraner aus, hüllt sich aber über die eigene Rolle in Schweigen. Mal heißt es, er habe hinter der Front in den Kurdengebieten des Irak an repressiven Spezialeinsätzen mitgewirkt. Mal heißt es, er habe die acht Jahre in der Etappe verbracht. Sicher ist, dass er während des Krieges ein Studium an der Technischen Universität in Teheran inklusive Doktorarbeit absolvierte. Jedenfalls wurde er nicht verwundet, auch seine Brüder überlebten den Krieg. Das ist schon fast rufschädigend.

Ein Mitglied des inneren Machtzirkels in Teheran, Sohn eines Großajatollahs und als einer der Pragmatiker um Rafsandschani ein erbitterter Gegner Ahmadineschads, erzählt, wie er Ahmadineschad einmal zur Rede stellte: »Ich war acht Jahre an der Front und du nur zwei«, habe er ihm gesagt, »wie kommst du dazu, dich zum Gralshüter der Revolution, zum Helden der Märtyrergeneration aufzuspielen?«

Nach dem Krieg wird das Andenken eine wichtige Säule der politischen Propaganda. In ausgedehnten Feierlichkeiten, mit Kriegsfilmen, Gedenkstätten und Pilgerfahrten an die Schauplätze des Krieges wird die

Erinnerung an die Zeit der Einigkeit und des Leidens wachgehalten. Das staatliche Fernsehen, in dessen Leitung der fundamentalistische Flügel der Pasdaran stark vertreten ist, widmet Kriegsdarstellungen einen bedeutenden Teil seiner Sendezeit. Das Genre des Kriegsfilms scheint schier unerschöpflich, immer neue Epen der »Heiligen Verteidigung« werden abgedreht.

Jedes Jahr im Mai wird in Iran der Befreiung von Chorramschahr mit großen Feierlichkeiten gedacht. Dann sind die Straßen von Teheran plakatiert mit Fotos der Gefallenen unter dicken Lettern: »Sie hielten stand, damit wir bleiben konnten.«

Wer hielt stand? Wer konnte bleiben?

Das Andenken an den Krieg eint die iranische Gesellschaft, aber es spaltet sie auch. Die Armen glauben, sie hätten gekämpft, während die Reichen sich drückten. Die Regimegegner denken, das Regime hätte gekämpft, um sein Überleben zu sichern. Und das Regime will glauben machen, dass alle gekämpft haben. Einig ist man sich darin, dass Iran Opfer war: Opfer Saddam Husseins und Opfer des Westens, der den Irak politisch und militärisch unterstützte.

Für viele Iraner sind Revolution, Krieg und die blutigen Machtkämpfe der Frühzeit der Islamischen Republik miteinander verwoben. In den Patriotismus mengt sich Enttäuschung über die Radikalisierung der Revolution, die sich viele als eine demokratische, nichtislamische vorgestellt hatten. Sie sind hin und her gerissen, achten einerseits die Opfer des Krieges, lehnen es andererseits ab, wie diese von der politischen Führung instrumentalisiert werden, um Unterstützung zu mobilisieren. Vor allem die junge Generation will sich vom Andenken an den Krieg befreien, weil es auch zu ihrer Disziplinierung benutzt wird: Weil sie sich geopfert haben, dürft ihr das Erbe der Revolution nicht verraten, lautet die offizielle Linie der Propaganda.

»Die Kriegsopfer verdienen unser Mitleid und unseren Respekt«, sagt ein Student, »aber ihre Namen werden missbraucht. Das Regime sichert sich damit Macht und Geld.« Und ein anderer ergänzt: »Offiziell heißt es, sie starben für die Islamische Republik, das sagen sie, damit die Leute die Islamische Republik unterstützen.«

Die Filmregisseurin Tahmineh Milani glaubt, dass es vielen Kriegsopfern trotz ihres offiziell propagierten hohen Ansehens schlecht geht. »Die Märtyrer und Kriegsversehrten bekommen nicht die Art von Aufmerksamkeit, die sie verdient hätten«, sagt sie. Milani weiß, wovon sie spricht: Sie hat ihren schwer kriegsversehrten Bruder bis zu seinem qualvollen Tod vor wenigen Jahren gepflegt. »Offiziell heißt es: ›Wir kümmern uns um die Kinder unserer Märtyrer‹, aber tatsächlich werden sie vergessen«, sagt Milani. Viele lebten in Armut. Vor allem Frauen, deren Männer gefallen sind, hätten es sehr schwer. Und in einer patriarchalischen Gesellschaft wie der iranischen litten Kriegsinvaliden besonders darunter, wenn sie die Rolle des männlichen Versorgers der Familie nicht ausfüllen könnten. In ihrem Film »Die ungewollte Frau« thematisiert Milani auch das Schicksal der Angehörigen von Kriegsopfern. Ein Handlungsstrang erzählt von der Tochter eines Märtyrers, die aus sozialer Not zur Prostituierten wurde. Dieser Teil wurde von der Zensur verboten.

Das zwanzigstöckige Gebäude des Sassan-Krankenhauses, in dem die meisten Chimiai, die Opfer von Chemiewaffen, in Teheran versorgt werden, liegt an einer viel befahrenen, mehrspurigen Straße. Doktor Dschamali, Lungenspezialist und Direktor des Krankenhauses, ist für die Therapie der Kriegsversehrten zuständig. Insgesamt gebe es in Iran heute vierhunderttausend Kriegsinvaliden, sagt er, darunter fünfzigtausend Chemiewaffenopfer, die unter den Langzeitfolgen der Angriffe mit Senfgas litten. Geschädigt sind zumeist Augen, Haut und Lunge. Die Opfer leiden unter Husten und Atembeschwerden, die durch die starke Luftverschmutzung in Teheran zusätzlich verschlimmert werden. Die Therapie kann den Verfall der Lunge verlangsamen. Heilen kann sie nicht.

Doktor Dschamali lässt einen Kriegsversehrten kommen, damit ich mich mit ihm unterhalten kann. Die Krankenzimmer könne ich nicht besuchen, weil dort gerade Angehörige zu Besuch seien. Ahmad Monnadi kommt im hellgrünen Krankenhauspyjama ins Zimmer. Er ist sechsunddreißig Jahre alt, aber die Bartstoppeln und die gräuliche Gesichtsfarbe lassen ihn viel älter erscheinen. Mit gebrochener Stimme, immer wieder geschüttelt von Hustenanfällen erzählt er, wie er mit sechzehn Jahren freiwillig in den Krieg zog. Zweimal sei er Chemieangriffen ausgesetzt gewesen. Heute muss er alle paar Wochen wegen akuter Lungenprobleme für mehrere Tage ins Krankenhaus. Dann bekommt er kaum noch Luft und hustet Blut. Ein großer Teil seiner Lunge ist nicht mehr funktionsfähig. Er ist unverheiratet und lebt bei seinen Eltern. »Ich habe alles im Leben verloren«, sagt er. Die staatliche Hilfe bezeichnet er als »begrenzt«. In Anwesenheit des Arztes und einer Dame von der Märtyrerstiftung ist Monnadi zurückhaltend. Ohnehin zeigt er kein großes Interesse, mit mir zu sprechen. Er ist müde und bitter.

Nur einmal gewinnt Monnadi Interesse am Gespräch: »Europa redet immer über Menschenrechte«, sagt er, »aber sie haben die Chemikalien für die Kampfstoffe an den Irak geliefert. Und warum haben wir bis heute keine finanzielle Kompensation von Deutschland erhalten?«

Ist es eine Genugtuung für ihn, Saddam Hussein jetzt vor Gericht zu sehen? »Natürlich war ich froh über den Sturz Saddams, aber ich verstehe nicht, warum der Westen das so spät getan hat. Als Saddam Chemiewaffen hatte, hat der Westen ihn nicht aufgehalten. Und dann, als er keine Chemiewaffen mehr hatte, haben sie ihn gestürzt.«

Fühlt Monnadi sich durch die staatliche Propaganda missbraucht? »Ich bin ein Volksheld, weil ich mich für das Volk geopfert habe«, sagt er. Sein Tonfall lässt nicht erkennen, ob er glaubt, was er sagt. Monnadi hat alles geopfert: seine Jugend, seine Gesundheit, die Aussicht auf Ausbildung, Arbeit und Heirat. Wie sollte er sich eingestehen können, dass dieses Opfer sinnlos war? Die Kriegsversehrten, deren Schicksal für Propaganda-Zwecke ausgenutzt wird, sind wie Missbrauchsopfer, die nicht akzeptieren können, dass sie missbraucht werden, weil dies zu schmerzhaft wäre.

Bis heute steckt der Krieg in Monnadis Körper, er zerfrisst seine Lunge. Er ist eine einfache Wahrheit, die nicht zu leugnen ist, eine Vergangenheit, die nie vergehen wird.

Was erwartet Monnadi von seinem Leben? »Das Ende, es ist nicht wichtig.«

Zu Hause in Südteheran ist die Luft wieder einmal so schlecht, dass Mohammad-Resa Rahimi kaum atmen kann. Also treffen wir uns im äußersten Norden der Stadt in der Nähe des Dorfes Kani im Obstgarten seines Vaters, der vor wenigen Wochen verstorben ist. Die Ernte der Kaki-Früchte ist gerade eingebracht. Um das ärmliche Haus herum stapeln sich die Kisten mit den leuchtend orangenen Früchten. Als Rahimi hier vor vierzig Jahren aufwuchs, lag der Obstgarten auf dem Land. Heute ist er umgeben von hohen Wohnsilos, die den Blick hinunter auf die Stadt und die Ebene verstellen. Damals hielt in der nahen Moschee Ajatollah Kani seine berühmten Predigten gegen das Schah-Regime. Dort wurde der junge Rahimi, der die Moschee regelmäßig besuchte, zum Revolutionär. Als der Krieg ausbrach, war es selbstverständlich, dass er sich freiwillig meldete. »Wir waren die Generation, die den Islam liebte«, sagt er. »Wir haben die Schah-Zeit noch erlebt.«

Auch im Innern des Hauses steht der einzige Raum voller Obstkisten, sogar auf dem Bett, dem einzigen Möbelstück, stapeln sie sich. Draußen kämpft eine frostige Wintersonne gegen den Dunst. Drinnen ist es kalt. Wir setzen uns auf den Fußboden. Rahimis Frau bringt einen Elektroofen und eine Decke, in die ich meine Beine wickeln kann. Später gibt Rahimi mir seine Aba, seinen Priesterumhang, den ich um die Schultern hülle. Seine Frau bringt Tee und eine Schale Orangen. Rahimi schält Orangen und bietet sie uns an. Ein iranischer Journalist, der sich auf den Irak-Krieg spezialisiert hat, hat mich zu Rahimi gebracht, weil ich fern aller Offiziellen mit einem Kriegsinvaliden sprechen wollte. Von meinen Bekannten in Nordteheran kannte bezeichnenderweise niemand einen Kriegsinvaliden.

Das Gespräch ist schwierig. Rahimi ist sehr freundlich, aber unsicher. Ich weiß nicht, ob er Angst hat, etwas Falsches zu sagen, oder ob er befürchtet, sich mir nicht verständlich machen zu können. Jedenfalls blickt er, wenn ich auf Persisch eine Frage an ihn richte, zunächst hilfesuchend zu dem iranischen Journalisten. Der erläutert ihm dann die Frage, und weil Rahimi weiterhin unsicher scheint, erklärt der Journalist ihm im Flüsterton, was er antworten soll. Die beiden beraten eine Weile. Dann gibt mir Rahimi laut eine Antwort. Aber sie ist so kompliziert formuliert, von religiösem Vokabular, Metaphern und Gleichnissen durchsetzt, dass ich sie nicht verstehe. Der Journalist übersetzt dann Rahimis Antwort zurück ins Alltagspersische und erläutert, was Rahimi mir, von ihm selbst souffliert, hatte sagen wollen. Es ist nicht klar, ob die Vermittlung des Journalisten das Gespräch mit Rahimi ermöglicht oder verhindert.

Als der Krieg ausbrach, wurde Rahimi nicht eingezogen. Sein Vater war damals schon alt, die Mutter krank, und es galt, drei jüngere Geschwister zu versorgen. Aber er meldete sich freiwillig, »aus Pflichtgefühl«, wie er sagt. Schon nach wenigen Monaten an der Front wurde er verwundet, verlor ein Auge und fast noch einen Arm. Danach pendelte er zwischen dem Krankenhaus, wo er sich immer neuen Operationen unterzog, und der Front. Er begann, Theologie und Soziologie zu studieren, und ging als Geistlicher in den Krieg. Wenn er zu Hause war, diente er bei den Revolutionswächtern, beim örtlichen »Komitee«, das die Einhaltung der von den neuen Machthabern verhängten Sittenregeln überwachte. In der bürgerlichen Mittelschicht waren diese Sittenwächter gefürchtet und verhasst. Sie drangsalierten Frauen, weil Haare unter ihrem Kopftuch hervorschauten, und drangen in Privatwohnungen ein, um sie nach Alkohol zu durchsuchen.

Und heute? Hasst heute Rahimi jene junge Generation, die sein Opfer nicht mehr achtet, die das Regime, für das er Jahre seines Lebens und seine Gesundheit geopfert hat, abschaffen will?

»Die heutigen Jugendlichen sind mit den Werten der damaligen Zeit nicht vertraut. Sie wissen nicht, um welchen Preis wir unsere Unabhängigkeit erkämpft haben«, sagt Rahimi vorsichtig.

»Die iranische Gesellschaft liebt und achtet die Kriegsopfer, aber die Medien stellen es fälschlicherweise so dar, als ob alle Bedürfnisse der Kriegsversehrten erfüllt würden. Deshalb glaubt das Volk, dass die Regierung alles tut, um uns zu helfen. Deshalb gibt es eine Distanz zwischen dem Volk und den Kriegsversehrten.«

Und wie war es mit Chorramschahr, dachte nicht auch er damals, dass der Krieg nun zu Ende sein müsste? »Darüber haben wir uns keine Gedanken gemacht. Wir waren Befehlsempfänger. Wir folgten dem Imam Chomeini. Wir wussten nicht, dass sie ihn angelogen hatten. Damals war die öffentliche Meinung für die Fortsetzung des Krieges.« Er überlegt eine Weile, bevor er ergänzt: »Das einfache, arme Volk war eher Anhänger der Revolution und der heiligen Verteidigung als die Mittelschicht, die Städter. Die Mehrheit des Volkes, die die Revolution gemacht hatte, zog in den Krieg und war die Stütze des Imams. Es sind nicht sie, die die Fortsetzung des Krieges heute kritisieren. Die, die jetzt Kritik üben, haben keine Rolle im Krieg gespielt. Sie haben sich nicht an der heiligen Verteidigung beteiligt. Sie sind ins Ausland gegangen. Und jetzt kommen sie und kritisieren.«

Dies ist schwieriges Terrain. »Warum«, schlägt Rahimi vor, »fragen Sie nicht meine Frau, wie es für sie ist, mit einem Invaliden zu leben?« Ich wende mich an seine Frau im schwarzen Tschador, aber sie möchte nicht über diese Frage reden. »Ich habe ihn wegen seiner Ideale geheiratet«, sagt sie. Rahimi schreibt religiöse Gedichte, er hat sieben Bücher veröffentlicht, über die Märtyrer, die Imame, den inneren Glauben des Menschen und seine Verbindung zu Gott.

Hat Rahimi bei den Präsidentenwahlen für Ahmadineschad gestimmt? »Ja«, sagt er, »denn Ahmadineschad verkörpert die Ideale der Kriegsgeneration. Wenn er Erfolg hat, werden die Ideale der Revolution verwirklicht.«

Rahimi begleitet uns durch den Obstgarten zum Auto. Er lässt den Kofferraum voller Pappkartons mit Kaki-Früchten laden. Dieses Geschenk gehört selbstverständlich zur Gastfreundschaft. Langsam weicht die Anspannung des heiklen Gesprächs. Er möchte mir etwas Nettes sagen, ein Kompliment machen. Ihm kommt ein Koranwort über die Schönheit der Frauen in den Sinn. Während er rezitiert, blickt er an mir vorbei hinunter auf die Stadt. Seine Stimme ist voll Wärme und Pathos, er lässt sich davontragen von der Schönheit des Zitats. »Ist das nicht wundervoll?«, sagt er am Schluss. »Gibt es in Ihrer Religion auch solche Schönheit?«

Macht und Martyrium

Oh Imam Mehdi, rette uns. Oh Allah, beschleunige sein Kommen, Gesundheit und Hilfe für deinen Führer, und mach uns zu seinen besten Helfern, und lass uns in seiner Gegenwart zu Märtyrern werden.

Gebet für die Wiederkehr des Mehdi

Hundertdreißig Kilometer westlich von Teheran führt von der Autobahn nach Ghaswin eine Bergstraße in Richtung Norden. In Haarnadelkurven windet sie sich bergan, bis sie nach einer Stunde auf etwa dreitausend Meter Höhe den Pass erreicht. Ende Februar liegt hier oben noch hoher Schnee. Auf der anderen Seite des Passes geht es in ebenso engen Kurven hinunter in ein breites Tal. In dessen Senke strömt von Pappeln gesäumt ein schlammiger, rötlicher Fluss. In zwei Monaten werden sich auch die Bergwiesen hier blutrot färben. Sie werden übersät sein von wilden roten Tulpen, dem Symbol der Märtyrer in Iran. Jetzt sind Wiesen und Bäume noch kahl, nur in besonders sonnigen Winkeln stehen die ersten Obstbäume in Blüte. Im Dorf an der Brücke über den roten Fluss ist die Welt bereits fast außer Reichweite: Das Mobiltelefon hat das Signal verloren. In dem schmucklosen Raum der örtlichen Post steht auf einem Tisch ein kleines rotes Plastiktelefon. Daneben sitzt der Postbeamte, ein Kriegsversehrter. Der eine Ärmel seines Hemdes hängt leer herunter. Mit der anderen Hand bedient er geschickt das Telefon. Während die übrigen Finger das Telefon halten, dreht er mit dem Zeigefinger die Wählscheibe und wählt die Nummer, die ich ihm auf ein Stück Papier geschrieben habe.

Jenseits des Flusses frisst sich die Straße immer tiefer in die bizarre Felslandschaft des Elburs-Gebirges, das die iranische Hochebene vom

Kaspischen Meer im Norden des Landes trennt. Der Gegenverkehr wird seltener, hin und wieder überholt unser Geländewagen einen Bauern auf einem Esel. In dem Dörfchen Gasorchan endet die Straße.

Am Ende des Dorfes steht ein alter Obstbauer zwischen Walnussbäumen. Er hat zwei verschiedene Schuhe an, und seine Hose ist geflickt. Er schimpft. Wie alle alten Bauern in entlegenen Dörfern der Welt schimpft er darüber, dass die Jungen in die Stadt gezogen sind und den Acker nicht bearbeiten wollen. Er schimpft auch über die Mullahs, obwohl, wie er erzählt, sein Großvater selber einer war, sogar gegen Resa Schah rebellierte und dafür vom Schah in Pferdemist getränkt wurde. Über den Alten vom Berge schimpft er nicht. »Er war ein Muslim«, sagt er. Und davon, dass er ein Ismailit und Ketzer war, will er nichts wissen. Er war ein Muslim, und Punkt, und dazu ein Herr, der den Leuten Brot und Arbeit gab. »Wir hier sind doch alle seine Nachfahren«, sagt er und nickt mit dem Kopf in Richtung des Berges, dorthin, wo zwischen Tal und Gebirge ein gigantischer Felsen von mehreren Hundert Metern Höhe in die Landschaft ragt.

An dessen Rückseite führt ein Fußweg bergan, der zunächst noch mit Felsstufen gut ausgebaut ist. Aber in der Höhe wird er zu einem schmalen und steilen Pfad. Die Erde ist vom schmelzenden Schnee aufgeweicht und rutschig. Am Ende des Weges geht es durch ein mächtiges Felsentor. Als ich hindurchtrete, öffnet ein Adler seine mächtigen Schwingen, verlässt seinen Horst und erhebt sich in noch höhere Lüfte. Vom Plateau aus öffnet sich der Blick auf das nach allen Seiten von hohen Bergen umschlossene, mehrere Kilometer breite Hochtal. Hier oben liegen die Ruinen einer Festung: Alamut.

Alamut – über Jahrhunderte ließ dieser Name das Abendland, seine Kreuzfahrer und Reisenden, aber auch islamische Herrscher erschauern. Die Hauptfeste des Geheimbunds der Assassinen gilt als Geburtsstätte des Selbstmordattentats. Hierher ließ im elften Jahrhundert der Assassinenführer Hassan-e Sabah, genannt der Alte vom Berg, junge Männer bringen, um sie zu Selbstmordattentätern auszubilden. Bewaffnet mit einem Dolch schickte er sie dann aus, auf dass sie die Mächtigen jener Zeit meuchelten. Von hier aus verbreitete er so viel Schrecken, dass mancher Herrscher aus Angst vor einem tödlichen Dolchstoß den Geheimbund lieber duldete, als den Kampf mit ihm aufzunehmen. Von hier aus wollte Hassan-e Sabah den schiitischen Glaubenszweig der Ismailiten an die Macht bringen.

Zugang zur Festung gewährt allein das schmale Felsentor. Rund um das Plateau fallen die Felswände Dutzende von Metern steil in die Tiefe ab. Ein eigenes Wasserreservoir aus unerschöpflicher Quelle versorgte die Assassinen im Falle der Belagerung. Von der Festung selbst sind nur noch Reste der Grundmauern geblieben. Ein örtlicher Führer von der iranischen Denkmalschutzorganisation hat in der Hoffnung auf ein Trinkgeld sein Mittagessen stehengelassen und ist mir auf den Felsen gefolgt. Er erklärt, wo vor tausend Jahren die Wachposten saßen und wo die Vorräte gelagert wurden. Er zeigt die Stelle, an der Hassan-e Sabah mit Seilen und Winden den – wie er sagt – ersten Fahrstuhl der Welt errichten ließ, und den Ort, an dem eine Gedenktafel im Fels die Namen der Selbstmordattentäter aufführte, die von den Ismailiten als Helden verehrt wurden. In ihren Augen waren sie als Märtyrer für die Sache des rechten Islam gestorben und hatten sich damit das Paradies verdient. Hinter der Festung, jenseits einer engen Schlucht, durch Felsen vor den Blicken geschützt, soll sich der Paradiesgarten befunden haben, den Hassan-e Sabah anlegen ließ, um den Jünglingen schon zu Lebzeiten vorzugaukeln, sie befänden sich im Paradies. Marco Polo beschreibt ihn als »den größten und schönsten Garten der Welt«. »Die besten Früchte wuchsen darin, während die Paläste mit goldenen Vogel- und Raubtiermotiven ausgemalt waren. In den Brunnen flossen Wasser, Honig und Wein. Die schönsten Jungfrauen und Edelknaben sangen, musizierten und tanzten dort.« Mit Opium habe Hassan-e Sabah die jungen Männer einschläfern und in den Garten bringen lassen, sodass sie sich beim Erwachen wahrhaftig im Paradies glaubten. Ließ er sie auf dieselbe Weise wieder auf die Festung zurückschaffen, waren sie bereit, alles zu tun, um an jenen Ort zurückzugelangen. Mit der Verheißung der Rückkehr ins Paradies gab er ihnen die Mordaufträge, bei deren Ausführung sie selbst vor dem Tod nicht zurückschreckten. Sie wurden zu Fedajin, den Zum-Opfer-Bereiten.

Marco Polo erschien es plausibel, dass es eines Paradiesgartens und des Opiums bedurfte, um die jungen Männer zu Selbstmordattentaten zu motivieren. Für die Attentäter von heute reicht die Verheißung des Paradieses und der fanatische Hass, der aus der Ohnmacht erwächst.

Seit jeher haben Alamut und die Assassinen die Fantasie des Abendlandes beflügelt. Bis heute benutzen das Englische und andere europäische Sprachen für Mörder oder Mordattentäter die Bezeichnung Assassinen, die sich vom Haschisch ableiten soll, mit dem die jungen Männer betäubt wurden. Das Persische hingegen kennt das Wort Assassinen für Attentäter nicht. Obwohl den Assassinen vor allem muslimische Herrscher und Kleriker, aber nur einige wenige christliche Kreuzfahrer zum Opfer fielen, werden die Assassinen noch Jahrhunderte nach dem Tod von Hassan-e Sabah als Gefahr für abendländische Reisende beschrieben, und ihr Bild wird fast bis in die Gegenwart hinein verzerrt und entstellt. Das Geheimbündlerische, die Opferbereitschaft der Fedajin, ihr Handeln aus dem Verborgenen heraus sowie die sinnlichen Reize des irdischen Paradiesgartens bedienten westliche Klischees über den Islam. In der Literatur diente die totale Herrschaft über den Willen der jungen Selbstmordattentäter und deren totaler Gehorsam dem Slowenen Wladimir Bartol Ende der dreißiger Jahre sogar zu einer Parabel über den Totalitarismus. Heute ergibt eine Suche im Internet, dass die weitaus meisten Hinweise auf Alamut und die Assassinen zu Computerspielen führen, deren Fantasy-Setting durch die Assassinen inspiriert ist.

In Iran ist Alamut heute fast vergessen. Das mag daran liegen, dass sich der Ismailismus hier nicht zur vorherrschenden Glaubensrichtung entwickelte, sondern der Zwölferschiismus Staatsreligion wurde. Jedenfalls hat die Islamische Republik, die die Selbstopferung für die Sache des Islam zur offiziellen Ideologie erhoben hat, Alamut nicht zu einem Wallfahrtsort gemacht. Offenbar liegt Iran nichts daran, als Urheimat des Selbstmordterrorismus zu gelten. Kaum ein Hinweisschild weist den Weg zur entlegenen Bergfeste. Hin und wieder kämen Besucher, sagt der Führer, auch einige Ausländer, aber viele seien es nicht. Seine Aufgabe sei es vor allem zu verhindern, dass das, was von der Festung noch übrig ist, von den Bewohnern der umliegenden Dörfer geplündert und verkauft wird.

Im Februar 2002 ruft auf der Internet-Website www.ansaronline.com eine fundamentalistische Organisation junge Iraner dazu auf, sich als Freiwillige für Selbstmordattentate zu melden. Im Falle eines Angriffs der Vereinigten Staaten gegen Iran, so die Website, sollten die jungen Männer in Amerika oder mit ihm verbündeten Staaten Selbstmordattentate verüben. »Ansar-e Hisbullah« (Anhänger der Partei Gottes) ist eine militante Gruppierung, die den Rückhalt mächtiger Konservativer genießt. Ihre Schlägertrupps stören Veranstaltungen von Reformpolitikern, drangsalieren kritische Studenten oder gehen gegen kulturelle Veranstaltungen vor, die sie für »unislamisch« befinden. Häufig angeführt von Kriegsveteranen sind sie so etwas wie die Freikorpsverbände der Islamischen Republik.

Ich habe die Hoffnung, an diesen verborgenen Teil des islamischen Machtgefüges heranzukommen, noch nicht aufgegeben. Wenn Ansar-e Hisbullah öffentlich für Selbstmordattentate wirbt, werden sie vielleicht auch mit mir reden oder mich mit einem der potenziellen Attentäter sprechen lassen?

Aber auf der Website ist keine Telefonnummer von Ansar-e Hisbullah angegeben, eine E-Mail bleibt unbeantwortet, und auch das Impressum der Ansar-Zeitschrift »Jalesarat al Hussein« führt nicht weiter. Schließlich hilft das Erschad, das Kulturministerium, mit einer Telefonnummer in Ghom. Aber Herr Charrasi, der Chef der Ansar-e Hisbullah in Ghom, befindet sich gerade auf Pilgerfahrt in Mekka. Ich solle später wieder anrufen.

»Ursprünglich war die schiitische Idee des Märtyrertums passiv und spirituell«, sagt Mohsen Kadivar, einer der aufgeklärtesten Reformkleriker Irans. Er würde mit mir lieber über die Chancen der Reformpolitik sprechen, aber schließlich lässt er sich auch auf das Thema Märtyrerkultur ein.

Das Märtyrertum stehe für die Schiiten im Zentrum ihrer Religion, weil ihre Begründer Hussein und Ali den Märtyrertod starben, sagt er.

Ursprünglich diente die Selbstopferung der Märtyrer nicht dazu, politische Ziele zu erreichen. Vielmehr ging es darum, in einer ausweglosen Situation den Tod und damit das höhere Leben der Unterwerfung vorzuziehen. Für die Anhänger Husseins stellte sich nach seinem Tod in Kerbela dieselbe Frage wie für die Anhänger Jesu nach dessen Tod am Kreuz: Warum ließ Gott Hussein, den rechtmäßigen Prophetennachfolger, unterliegen und sterben? Die Schiiten deuteten den Tod Husseins wie die frühen Christen den Tod Jesu nicht als eine Niederlage, sondern als ein freiwilliges und bewusst erbrachtes Opfer mit heilsgeschichtlicher Bedeutung. Der schiitische Märtyrer stellt sich in die Tradition dieses Opfers, in die direkte Nachfolge Husseins. Die Bereitschaft, das eigene Leben zu opfern, wird zur Zeugenschaft (Shahedat), zum Zeichen und Beweis.

Eng verbunden ist die schiitische Märtyrerkultur auch mit der schiitischen Mystik und ihrem Streben nach Einheit mit Gott. In der mystischen Dichtung Persiens ist die Beziehung von Falter und Flamme ein beliebtes Bild für die Liebe, sei sie nun die Liebe zu einem Menschen oder zu Gott. Die Vereinigung des Falters mit der Flamme ist nur um den Preis der Vernichtung möglich, so wie die Vereinigung mit Gott die Bereitschaft zur Selbstaufgabe verlangt.

Neben den spirituellen tritt – schon bei den Assassinen – der politische Aspekt des Märtyrertods. Der Märtyrertod wird zum Mittel im Kampf gegen eine übermächtige, als unrechtmäßig angesehene Herrschaft. »Wann immer Muslime gegen Unterdrückung aufbegehren, ob in Iran gegen die Schah-Herrschaft oder heute in Palästina, kommt die

Idee des Märtyrertums auf«, sagt Kadivar. Dabei seien, so Kadivar, nach Auffassung der meisten islamischen Gelehrten Selbstmordattentate nur als allerletzter Ausweg gerechtfertigt. »Solange Dialog und Diplomatie möglich sind, gibt es keine Notwendigkeit für Krieg und Märtyrertum.« Selbstmordattentate sind in seinen Augen im Grunde ein rückständiges und wenig effektives Mittel der Auseinandersetzung, bei dem der Preis in keinem Verhältnis zum Erfolg steht: »Unser Problem in der dritten Welt ist, dass wir unser Gehirn zu wenig benutzen und vergessen, dass man sein Ziel mit geringeren Kosten erreichen kann.«

Wo der Märtyrertod als Gewaltmittel in politischen Auseinandersetzungen eingesetzt wird, besteht – seit der Zeit Hassan-e Sabahs bis zur Islamischen Republik – die Gefahr des Missbrauchs. Im heutigen Iran dient die Märtyrerkultur dem Regime dazu, Unterstützung zu mobilisieren. Aus dem Tod im Kampf gegen ungerechte Herrschaft ist der Tod im Dienste der islamischen Herrschaft geworden. Im religiösen Staat wurde der Märtyrertod zum Massenphänomen. Kaum jemand stirbt noch in der Islamischen Republik, alle erleiden das Martyrium. Jeder Beamte, der im Dienst für den Gottesstaat auf welche Weise auch immer sein Leben lässt, erhält den Ehrentitel eines Märtyrers. Man stirbt den Märtyrertod im Straßenverkehr, bei einem Flugzeugabsturz oder durch ein Erdbeben. Die Inflation des Märtyrertods hat ihn entwertet und banalisiert. »Wenn man jeden Toten als Schahid betitelt«, so Kadivar, »sinkt der Marktwert des Märtyrertums wie der Goldpreis auf dem Basar.«

In Teheran ist kaum eine der großen Stadtautobahnen nicht nach einem Schahid benannt, ob sie nun Hemmat, Beheschti, Tschamran oder Babai heißen. Meterhohe Märtyrerporträts blicken von den Betonwänden der Häuser entlang der Autobahnen auf den Verkehr herab. Bärtige Kämpfer, manche von ihnen bereits aufgebahrt im Leichenhemd umgeben von Feldern roter Tulpen, mit dicken Kullertränen beweint, die über Kinderwangen hinablaufen. Einige der Märtyrer sind Weggenossen des Revolutionsführers Chomeini, die den Kämpfen der Revolution zum

Opfer fielen oder bei Bombenattentaten in deren Nachwehen ums Leben kamen. Die meisten aber fielen im Krieg gegen den Irak.

Damals mobilisierte die islamische Führung die jungen Männer mit Hilfe der Märtyrerkultur. Die iranischen Truppen kämpften im Glauben, dass sie auf dem Weg Gottes oder in der Gefolgschaft Husseins in den Tod gingen. Viele von ihnen, so berichten Kriegsteilnehmer, starben mit dem Namen Imam Husseins auf den Lippen. Sie glaubten, zu den Truppen des Imam zu gehören. Die Mütter sahen ihre Söhne in Kerbela. Damals nahm die iranische Gesellschaft die Märtyrerkultur an. Sie war deshalb so bedeutsam, vielleicht sogar kriegsentscheidend, weil Iran, waffentechnisch dem Irak weit unterlegen, sich auf seine Soldaten als »menschliche Welle« stützen musste. »Die jungen Männer räumten die Minen mit ihren eigenen Körpern«, so ein Kriegsveteran, »es war zum Teil wie ein Wettrennen, ohne Befehl der Kommandeure, jeder wollte der Erste sein.«

In zahlreichen Kriegsdarstellungen wird die Schönheit des Selbstopfers, des ultimativen Altruismus, besungen. »Mein Mann wurde im Krieg durch Chemiewaffen verwundet«, berichtet die vierunddreißigjährige Leili, die zusammen mit ihrem Mann in der Nähe der Teheraner Universität einen kleinen Buchverlag betreibt. In ihrem Verlag haben sie Erinnerungen von Kriegsteilnehmern, aber auch die Memoiren von Ehefrauen wichtiger Kommandeure im Krieg veröffentlicht. »Diese Leute sind mit Liebe in den Krieg gezogen«, sagt Leili, »in den Militäroperationen gab es Kämpfer, die sich auf den Stacheldraht legten, damit andere darübergehen konnten. Da konnte man eine wundervolle Hingabe sehen. Es gibt hier in Iran so viele reine und heilige Konzepte. Es tut mir leid, dass andere Menschen in der Welt diese Schönheit nicht verstehen können.«

Auf dem Plan, den die Friedhofsverwaltung von Behescht-e Sahra aushändigt, sind die Gräber der Märtyrer rot markiert. Sie liegen in der

Mitte des gigantischen Friedhofsareals. Die meisten Märtyrergräber sind über all die Jahre gepflegt worden. Viele sind zum Schutz vor der Sonne mit Wellblech überdacht. Jeder Tote hat seinen eigenen kleinen Schaukasten, hinter dessen Glas verblasste Fotos und Reliquien den siebenundzwanzigtausend Kriegstoten, die Teheran zu beklagen hat, ein Gesicht geben. Und noch immer kommen neue Märtyrergräber hinzu, wenn Soldaten nach jahrelangem Siechtum den Spätfolgen der Chemieangriffe erliegen.

Über einem der Grabsteine ist eine niedrige, steinerne Hütte errichtet. Wie eine Kapelle überwölbt sie das Grab. In dieser Hütte haust seit fast zwanzig Jahren die Mutter eines gefallenen Soldaten. Inzwischen ein winziges Hutzelweibchen mit krummem Rücken, lebt sie auf den zwei Quadratmetern Grabplatte, um ihrem einzigen Sohn nah zu sein. Anfangs kam sie, um das Grab zu besuchen. Dann blieb sie immer länger. Als sie schließlich auch die Nächte auf der Grabplatte verbrachte, ließ die Friedhofsverwaltung ihr das Grab überdachen. Seither ist sie hier zu Hause.

Trotz aller staatlichen Bemühungen schwindet das Andenken an die Märtyrer in der iranischen Gesellschaft mehr und mehr. Selbst die Angehörigen zeigen immer weniger Enthusiasmus, sich an dem Kult zu beteiligen. An einem Donnerstag, an dem die Iraner traditionell ihre Toten besuchen gehen, finden sich bei den Märtyrergräbern nur vereinzelte Besucher. Morvarid kommt noch jede Woche zum Grab ihres einzigen Sohnes, der im Alter von neunzehn Jahren an der Front fiel. Frisch verheiratet sei er gewesen, sagt sie, und habe seine Frau noch nicht angerührt, als er in den Krieg zog. »Die Jungen waren ja damals ganz wild darauf, an die Front zu kommen, sie spuckten auf ihr Leben.«

Worum genau ist es den jungen Männern damals gegangen, wollten sie denn den Märtyrertod sterben? »Er wollte sein Land verteidigen«, sagt Morvarid. »Mit Islam hatte das nichts zu tun.« So richtig stolz ist sie nicht auf das Märtyrertum ihres Sohnes. »Jede Mutter hätte lieber einen lebenden Sohn.«

Behsad ist Mitte zwanzig und kann sich kaum noch an den Krieg erinnern. Er besucht das Grab seines Cousins, auf dem er zwei Kerzen aufgestellt hat. Auch er ist überzeugt, dass sein Cousin damals in den Krieg zog, um sein Land zu verteidigen. Und er selbst, wäre er heute auch bereit, für sein Land zum Märtyrer zu werden? Behsad überlegt eine Weile. »Ganz ehrlich gesagt«, antwortet er schließlich, »für dieses Regime nicht.«

Vor dem Märtyrermuseum auf dem Gelände des Friedhofs klettern ein paar Kinder auf einem irakischen Panzer herum. Im Museum findet gerade eine offizielle Gedenkfeier statt. Revolutionswächter in Paradeuniform säumen die Straße, auch einige staatliche Würdenträger haben sich eingefunden. Für das gemeine Volk ist das Museum geschlossen. Vor dem Eingang verkaufen bärtige Hisbullahis Andenkenbildchen der großen Helden unter den Märtyrern.

Am nächsten Vormittag ist das Museum geöffnet, aber keiner geht hin. Der riesige Saal ist menschenleer. Hier sind in unzähligen Vitrinen von den Angehörigen der Märtyrer gespendete Devotionalien ausgestellt: Fotos, Kleidungsstücke, eine durchschossene Feldflasche, ein blutbefleckter Koran. Hinter einem der Gläser hängt ein blutdurchtränkter Abschiedsbrief, unterschrieben von dreißig Jungen, die sich ein Zelt teilten. Nach dem Tod des einen wurde er jeweils an den nächsten weitergereicht.

Das Heldenbild, das in der Ausstellung gepflegt wird, ist ein gänzlich anderes, als wir es aus Europa oder von den Gedenkstätten und Denkmälern kennen, die die Sowjetunion den Helden des »Großen Vaterländischen Krieges« setzte.

Heroisiert werden nicht der Kampf, das Töten und der Sieg, sondern Leiden und Sterben. Die Tapferkeit der iranischen Soldaten kommt weniger als männlicher Mut daher, sondern ist eine Hingabe, der fast etwas Weibliches anhaftet. Während der Kriegskult im Westen das Leid und die Grausamkeit des Krieges oftmals ausblendet, stehen sie in der iranischen Darstellung im Zentrum.

Die Fotos an den Stellwänden zeigen keine ordengeschmückten Helden, keine muskulösen Kämpfer, keine kraftstrotzenden Krieger. Es sind einfache Passfotos und vor allem Bilder von der Front, Aufnahmen gesichtsloser, verstümmelter Leichen, zerschmetterter Köpfe in blutigen Lachen, verbrannter Torsi. Was uns als blutiger Exhibitionismus erscheint, zeigt das Selbstverständnis einer Kultur, deren Grundmotiv es ist, Opfer zu sein. Nicht zufällig sprechen die Iraner von der »Heiligen Verteidigung«, nicht etwa von einem »Großen Krieg«.

Ali-Resa arbeitet im Museum und bietet eine Führung an. Stolz erzählt er die Geschichten der Kindersoldaten. Er weist auf die Personalausweise, auf denen die Jungen ihr Alter fälschten, um früher an die Front gelassen zu werden. Aber niemand kann diese Jungen für volljährig gehalten haben. Sie haben Kindergesichter, noch weich, rundlich und bartlos. Tausende von ihnen zogen für die Islamische Republik in den Tod, ausgerüstet mit »Paradiesschlüsseln«, kleinen Plastikschlüsseln, die sie an einer Kette um den Hals trugen, um damit nach dem Tod das Tor zum Paradies zu öffnen. Es heißt, dass die Kinder in die Minenfelder vorausgeschickt wurden, damit die Soldaten der Revolutionsgarden weniger Verluste zu verzeichnen hatten. »Der Dschihad kennt keine Kinder«, sagt Ali-Resa, der selbst erst Anfang zwanzig ist. »Niemand hat sie gezwungen.« Niemand hat sie abgehalten.

Sein Foto im Museum verrät noch keinen Charakter: ein glattes, rundes Jungengesicht. Und doch ist er der berühmteste der iranischen Märtyrer: Hussein Fahmide. Jedes Schulkind in Iran kennt die Geschichte des Dreizehnjährigen, der sich vor einen irakischen Panzer warf und sich und den Feind mit seinem Gürtel aus Handgranaten in die Luft sprengte. Er wurde zum Vorbild für die Selbstmordattentäter der libanesischen Hisbullah. Sein Gesicht zeigt sich, wenn man den grünlichen Fünfhundert-Rial-Schein gegen das Licht hält, im Wasserzeichen. Seine Geschichte wurde inzwischen mehrfach verfilmt. Als Zeichentrickfilm und als Episode der Serie »Kinder des Paradieses«, wo ein Neffe des Helden die Rolle Husseins spielt. »Nicht ich bin der Führer der Revolution«, soll Chomeini über Hussein Fahmide gesagt haben, »sondern Jungen wie Hussein Fahmide.«

Die Eltern Fahmide erfuhren vom Tod ihres Sohnes aus dem Radio. Hussein war seit einiger Zeit verschwunden. Dass er an die Front gehen wollte, hatte er den Eltern nicht erzählt. Aber als das Radio eines Tages, als die Familie gerade zu Abend aß, bekanntgab, ein Dreizehnjähriger habe sich mit einem Gürtel aus Handgranaten vor einen irakischen Panzer geworfen, wusste seine Mutter sofort: Das ist unser Hussein. Der Vater sagte: Das würde unser Junge niemals tun.

Zwei Monate hat es gedauert, Kontakt mit den Fahmides herzustellen. Schließlich hat die Märtyrerstiftung ein Treffen am Grab des Jungen arrangiert. Der Vater, weißhaarig und fast zahnlos, erscheint älter als fünfundsechzig Jahre. Er trägt einen abgewetzten, nicht ganz sauberen Anzug und ausgetretene Schuhe. Sein Blick hinter dicken Brillengläsern ist fast blind. Die Visitenkarte nimmt er nicht. Er könne sie sowieso nicht lesen, murmelt er. Durch seine Finger rinnt unaufhörlich eine Gebetskette aus weißen Steinen.

Die Fahmides sind eine Arbeiterfamilie mit sieben Kindern und »ungefähr zehn Enkeln«, wie Husseins Vater sagt. Zwei ihrer Söhne fielen im Krieg. Die Mutter im schwarzen Tschador zeigt kein Interesse am Gespräch. Nach zwanzig Jahren hat sie genug von ihrer Rolle als Märtyrermutter der Nation. Blumen oder Früchte hat sie nicht mitgebracht für die Gräber ihrer Söhne. Emotionslos und gelangweilt sagt sie ihren Spruch: »Ich bin stolz, einen so tapferen Sohn zu haben.« Und: »Ich bin glücklich, dass er bei Gott im Paradies ist.« Husseins Vater dagegen hat es zu seinem Lebensinhalt gemacht, Vater des berühmtesten iranischen Märtyrers zu sein. Er wird herumgereicht auf Versammlungen von Kriegsveteranen, spricht vor Schulklassen und Zusammenkünften von Basitschi. Das ist sein Leben. Seinerseits erwartet er nichts von der Märtyrerstiftung: »Wir haben unsere Söhne für Gott gegeben«, sagt er. »Wir wollten nichts dafür.« Seine Pension beträgt weniger als achtzig Euro im Monat.

Heute soll er vor einer Gruppe von Jugendlichen aus Maschad, der Pilgerstadt im Nordosten Irans, sprechen. Es sind konservative junge Männer, die sich als Zeichen der Religiosität so viel Bart stehen lassen, wie ihr jugendliches Alter hergibt. Viele tragen Palästinensertücher. Sie haben ihren Besuch mit einem Informationsfilm im Kinosaal des Märtyrermuseums begonnen, der an Grausamkeit nichts zu wünschen übrig ließ. Jetzt hocken sie in der Mittagssonne um Husseins Grab, in das ein schlichter Grabstein aus blassgrünem Marmor eingelassen ist. Darauf fristet in einem Plastiktopf eine gelbe Primel ihr Dasein.

Husseins Vater spricht. »Wir sind Muslime«, sagt er, »deshalb fürchten wir unsere Feinde nicht. In allem folgen wir unserem Führer. Denn wenn wir das nicht täten, wären wir keine Muslime.« Er spricht lange und aufrichtig über seinen Glauben. Über seine Söhne verliert er kaum ein Wort.

Als er seine Rede beendet hat, stimmt der Führer der jungen Männer einen Trauergesang an. Er singt von unserem Bruder, der sich opferte in der Nachfolge Imam Husseins. Die jungen Männer verbergen die Gesichter in ihren Händen und wiegen ihre Körper im Schmerz. Ihr lautes Schluchzen zieht über die Gräber. Endlos folgen die Strophen des Vorsängers aufeinander, dazwischen fallen alle in den Refrain ein. Schließlich verstummt der Gesang.

Bevor sich die Jungen erheben, berührt jeder noch einmal mit der Hand den grünen Marmor. Gemeinsam rufen sie wie einen Schwur: »Tod Amerika!« Selbst Husseins Vater wischt sich eine Träne hinter den dicken Brillengläsern aus dem Augenwinkel. Nur die Mutter lässt das alles unberührt. Sie wolle endlich nach Hause, murrt sie, sobald der Trauergesang verstummt ist, sie habe zu tun.

Nach zwei Wochen ist Herr Charrasi, der Führer von Ansar-e Hisbullah in Ghom, von der Hadsch zurück, aber ein Gespräch möchte er nicht führen. Er gebe keine Interviews, sagt er. Nach mehr als zwei Monaten und unzähligen Telefonaten gibt es keine Hoffnung mehr, dass einer der Radikalen mit einer Ausländerin spricht. Da kommt am Grab von Hussein Fahmide ein Mann auf mich zu: Anfang vierzig, gepflegter Vollbart, hellgrüner Anzug und das Hemd am Hals geöffnet. Er hat die Jungen auf den Friedhof begleitet und auch eine kleine Ansprache gehalten. Sie sollten sich, hat er gesagt, Hussein Fahmide zum Vorbild nehmen, so wie es die libanesischen Selbstmordattentäter getan hätten.

Der Mann ist freiwilliger Helfer der Märtyrerstiftung und ein Mitglied von Ansar-e Hisbullah. Und er ist bereit zu einem Gespräch. »Aber lassen Sie mich erst reden«, sagt er, »dann werde ich Ihre Fragen beantworten.«

Und dann hält er, während wir uns am Rand des Grabes auf die Steine hocken, eine einstündige Rede. Es ist eine Rede vom Hass auf Amerika, vorgetragen mit grimmigem Gesicht und fester Stimme, ohne zu stocken, so als habe er sie schon viele Male gehalten: Wie die Amerikaner fünfundzwanzig Jahre lang den Schah unterstützten, der Tausende zu Tode folterte, die Wirtschaft ausbeutete, Prostitution und Alkoholkonsum förderte. Fünfzigtausend Amerikaner, sagt der Mann, lebten damals in Nordteheran. Er erzählt, wie die Amerikaner nach der Revolution die bewaffnete Opposition gegen das Volk aufhetzten, die mit ihren Terroranschlägen Tausende ermordete. Wie die Amerikaner Saddam Hussein zum Krieg gegen die Islamische Republik anstifteten, wie sie ihm Waffen lieferten und militärische Hilfe leisteten. Und wie Imam Chomeini sagte, Amerika sei eine Kuh mit Hörnern, aber ohne Gehirn. »Ihre technologische Überlegenheit gründet darauf, dass sie unser Öl und unser Wissen gestohlen haben. Für sie ist die Welt ein Dschungel, in dem das stärkste Tier alle anderen unterdrücken kann. Sie schwimmen im Geld, aber für uns ist unsere Religion, der Islam, ein viel höherer Wert. Wir sind die Nachfolger des Imams und der Märtyrer. Wir lassen die Amerikaner nie wieder hierher, nur über unsere Leichen.«

Die Amerikaner seien doch nun schon mehr als zwanzig Jahre aus Iran vertrieben, sage ich. Und trotzdem lässt sich der Modernisierung der iranischen Gesellschaft kein Einhalt gebieten. Wie steht er dazu, dass sich immer mehr Iraner eine liberalere Gesellschaft wünschen?

»Wir müssen eine Liberalisierung der Gesellschaft verhindern, weil sie der Rückkehr Amerikas den Boden bereitet«, sagt der Mann. »Der allgemeine Sittenverfall ist Folge des Missbrauchs von Chatamis Reformen.« Gegen die Jugendlichen, die die islamische Kleiderordnung nicht mehr respektieren und sich auf Partys vergnügen, würden er und seine Leute kämpfen, so lange sie können. Sie kämpfen gegen das eigene Volk? »Wir kennen den Begriff Volk nicht«, sagt er, »wir kennen nur Muslime. Uns ist ein amerikanischer Muslim näher als ein iranischer Christ. Wir sagen nicht unsere Erde, Iran, wir sagen Islam.« Und mit welchen Mitteln wird der Kampf geführt? »Bis jetzt kämpfen wir mit Worten und Propaganda. Aber wenn der Führer eines Tages sagt, wir sollten in den Krieg ziehen und mit Waffen kämpfen, werden wir uns von unseren Frauen und Kindern verabschieden und ihm folgen.« Der Führer – das ist das iranische Staatsoberhaupt, der religiöse Führer, Ali Chamenei.

Anfangs zögert der Gesprächspartner, seinen Namen zu nennen. Die Fragen über sein eigenes Leben machen ihn misstrauisch. Aber schließlich gibt er doch seinen Namen preis und diktiert sogar die Telefonnummer dazu. Als Mohammad Josie sechzehn Jahre alt war, wurde er von der Sawak, dem Geheimdienst des Schahs, verhaftet und saß einen Monat im Gefängnis. Nach der Revolution studierte er an der Teheraner Universität Theologie, wurde aber nie Mullah. Seine Familie ist, was man in Iran eine Märtyrerfamilie nennt: Der älteste Bruder wurde unter dem Schah zu Tode gefoltert, zwei weitere fielen an der Front, der jüngere von ihnen war erst vierzehn Jahre alt. Mohammad selbst kämpfte acht Jahre an der Front, vom ersten bis zum letzten Tag des Krieges.

Jetzt ist Josie verheiratet, hat zwei Kinder und einen Reisladen in Farmanieh im Norden Teherans. Er steht, sagt er, auf der schwarzen Liste des israelischen Geheimdiensts. »Ich werde bald Märtyrer werden.« Drei Gräber von Hussein Fahmide entfernt ist noch ein Grabplatz frei. Das sei sein eigener, sagt er, den habe er schon vor einiger Zeit gekauft. Er ist überzeugt, dass das Gespräch mit einer westlichen Ausländerin ihn dem Grab einen großen Schritt näher gebracht hat. Zweifellos werde ich seinen Namen und seine Adresse irgendwohin weitermelden, wo man dann seine Mörder auf den Weg schickt. »Die Feinde werden den Weg zu mir finden.« Die Bitte, ein Gespräch mit einem jungen Mann zu vermitteln, der sich als Freiwilliger für ein Selbstmordattentat gemeldet hat, beantwortet er mit einem Grinsen. Das sei vollkommen ausgeschlossen. Ein solches Treffen wäre doch der sichere Tod für den jungen Mann.

Zwei Tage später ruft Mohammad Josie an. Sein Reisladen liegt nur etwa zweihundert Meter entfernt von dem ersten Internetcafé, das vor ein paar Jahren in Teheran seine Türen öffnete. Es ist ein Treffpunkt der Schickeria von Nordteheran, jener Jugendlichen, denen Josie den Kampf bis zum Ende angekündigt hat. Die Straße zwischen Internetcafé und Reisladen ist nach Josies gefallenen Brüdern, den »Märtyrerbrüdern Josie«, benannt. Direkt neben dem Eingang einer unscheinbaren Moschee, fast im selben Gebäude, hat Josie seinen Reisladen. In der Moschee gibt man sich Mühe, das Gotteshaus für die jungen Leute des Viertels attraktiv zu machen. Im Eingangsraum stehen zwei Tischtennisplatten. Hinter einer Vitrine liegt billiges Spielzeug aus. Das bekommen die Kinder geschenkt, wenn sie ein paarmal zum Beten kommen. Es ist dieselbe Art von Plastikkram, den die Kinder in Deutschland von der Sprechstundenhilfe bekommen, wenn sie beim Zahnarzt tapfer gewesen sind.

An den Wänden neben den Tischtennisplatten hängen in großen Schaukästen die Bilder der Märtyrer des Viertels. Wieder sind es Fotos grausam entstellter Leichen, abgerissener Körperteile, verbrannter Gesichter.

Die Glaskästen hat Amir-Hussein Heidari gestaltet. Mit seinen sechzehn Jahren gehört er zu jener Generation, die keine Erinnerung an Revolution und Krieg hat, jener Generation, die der Führung der Islamischen Republik so viel Kopfzerbrechen bereitet, weil sie sich von den alten Parolen nicht mehr angesprochen fühlt und eigentlich an überhaupt nichts mehr glaubt.

Amir-Hussein ist anders. Er verachtet die Mädchen seiner Generation, die sich nicht mehr richtig an die islamische Kleiderordnung halten, die das Kopftuch nach hinten rutschen lassen und sich schminken. Die Jungen, die sich auf Partys herumtreiben, wo getanzt wird und niemand mehr den Hedschab trägt, sind für ihn »wie Tiere im Wald«. Amir-Husseins Glaube an den Islam, den religiösen Führer und das Blut der Märtyrer ist ungebrochen. Und er ist, wie die Märtyrer der »Heiligen Verteidigung« bereit, für Glauben und Führer zu sterben.

Amir-Hussein sitzt in Josies winzigem Reisladen hinter einer Wand aus Reissäcken, über die eine Fahne der libanesischen Hisbullah gehängt ist. In der Ecke hängt ein Foto zweier libanesischer Selbstmordattentäter und ein Zeitungsausschnitt, der den letzten palästinensischen Selbstmordattentäter beim Abschied von seiner Mutter vor zwei Tagen zeigt. Auf dem kleinen Ladentisch stehen ein Telefon, ein Taschenrechner und eine Waage mit zwei Messingschalen. Hinter dem Tisch sitzt ein alter Mann, ein Kriegsversehrter. »Seit dem Krieg spricht er nicht mehr«, sagt Josie, »aber er versteht alles.«

»In dieser Welt, in der man einander nicht versteht und kein Mitleid mit den Unterdrückten hat«, sagt Amir-Hussein, »wo die Mächtigen vom Mitleid mit den Unterdrückten sprechen und es nicht üben, haben wir keinen anderen Weg, unser Mitleid zu zeigen, als den Weg der Märtyrer.« Amir-Hussein spricht ruhig und freundlich. Da ist kein Grimm, kein unterdrückter Hass, kein fanatisches Aufbegehren. Amir-Hussein führt keine antiamerikanische Propaganda. Er reproduziert nicht die Schablonen der Radikalen, aus ihm spricht der ehrliche Idealismus der Jugend. Auf seiner Oberlippe zeigt sich erster Flaum. Amir-Hussein ist sauber und gut gekleidet, dies ist keiner, den die Armut zum Fanatiker gemacht hat. Sein Vater ist Englischlehrer, die Familie gehört zur Mittelschicht. Und trotzdem will Amir-Hussein, »um Mitleid mit den Unterdrückten zu zeigen«, ein Selbstmordattentat begehen. »Wenn mein Führer es mir erlaubt, würde ich das für Palästina tun.«

Der Islam sei keine gewalttätige Religion, sagt Amir-Hussein. Gewalt sei immer nur der letzte Ausweg, wenn es keine anderen Wege mehr gebe. »Märtyrertum heißt nicht, dass man sich Bomben umschnallt, in ein Restaurant geht und sich mit Frauen und Kindern in die Luft sprengt«, sagt Amir-Hussein. »Der Islam sagt, dass man keine Unschuldigen töten soll. Wir kämpfen gegen Soldaten.«

Aber warum hängt dann das Bild eines palästinensischen Selbstmordattentäters hinter ihm, der ein halbes Dutzend Frauen und Kinder mit sich in den Tod gerissen hat?

Amir-Hussein zögert, da greift Josie in das Gespräch ein: »Das ist alles zionistische Propaganda«, sagt er.

Und bin Ladin, der 11. September? »Ich glaube nicht, dass das der richtige Weg war«, sagt Amir-Hussein, »schließlich waren auch viele Unschuldige in den Hochhäusern.«

»Deshalb«, sagt Josie, »wurden die Attentate des 11. September ja auch nicht von Muslimen begangen. Ist es nicht merkwürdig, dass keine Juden in den Hochhäusern waren? Das haben doch auch die Zionisten organisiert.«

Für Amir-Hussein ist das Selbstmordattentat die legitime Gewalt des Opfers. Sie ist moralisch gerechtfertigt: durch die Übermacht des Gegners, der, wie Amir-Hussein sagt, kein Mitleid kennt. Seine Übermacht lässt keine andere Art des Kampfes zu. Die Bereitschaft, sich selbst zu opfern, ist untrennbar mit dem absoluten Gehorsam gegenüber dem religiösen Führer verbunden. Der Führer allein entscheidet, wann ein Attentat moralisch gerechtfertigt und politisch oder militärisch notwendig ist.

Die religiöse Bedeutung des Märtyrertods verleiht auch der Sache, in deren Namen sich der Attentäter opfert, höhere Weihen. Nicht der Zweck heiligt die Mittel, sondern das heilige Mittel des Märtyrertods veleiht dem Kampf, etwa für die Sache der Palästinenser, den Nimbus des heiligen Krieges. Dabei wird zugleich der Kampf sakralisiert und der Märtyrertod profanisiert, weil der Kämpfer sein Leben für eine machtpolitische Auseinandersetzung opfert.

Bei Amir-Hussein vermischen sich fanatische Opferbereitschaft mit den Ideen der iranischen Reformer, Elemente eines totalitären Weltbilds einschließlich des Führerkults stehen neben einem Bekenntnis zur Toleranz gegenüber Andersdenkenden. »Das Beste, was Gott mir gegeben hat, ist, dass ich mit den jungen Leuten, die ganz anders denken als ich, Kontakt aufnehmen kann«, sagt Amir-Hussein. Er ist nicht für Verbote, sondern für Einsicht. Als die Schulleitung bei seinen Klassenkameraden verbotene Videos mit westlicher Popmusik konfisziert hatte, setzte sich Amir-Hussein dafür ein, dass die Jungen ihre Videos zurückbekamen.

Er denkt nicht wie die Traditionalisten, die die Modernisierung der iranischen Gesellschaft bekämpfen oder verleugnen, sondern er reagiert auf die Entwurzelung der Moderne mit einer Hinwendung zu Religion und Führer.

Dass er in seiner Klasse ein Außenseiter ist, stört Amir-Hussein nicht. »Viele junge Leute haben vergessen, dass wir dreihunderttausend Märtyrer für unser Land gegeben haben. Es ist meine Sache, sie daran zu erinnern.« So organisierte er einen Ausflug seiner Klasse nach Beheschte Sahra an das Grab von Hussein Fahmide.

Seit knapp einem Jahr ist Amir-Hussein bei den Basitschi. Er hat an der Ausbildung für Basitschi teilgenommen und den Umgang »mit allen Waffen« gelernt. Jetzt ist Amir-Hussein bei den Pischgaman, wörtlich: »Vorhut«, einer Jugendorganisation der Basitschi, die an den iranischen Schulen aktiv ist. Die Jüngsten sind als Pujandegan, »Suchende«, organisiert. In ihrer Mischung aus ideologisch-politischer und militärischer Ausbildung sind die Jugendorganisationen der Basitschi durchaus mit den faschistischen oder kommunistischen Jugendorganisationen vergleichbar. Allerdings gibt es keine Pflicht zur Mitgliedschaft. Darüber hinaus gibt es auffällige Ähnlichkeiten zwischen den Basitschi und den paramilitärischen Schlägertrupps der Faschisten: Auch sie stehen außerhalb der Sicherheitskräfte, haben aber dort Verbindungen. Auch sie rekrutieren sich weitgehend aus der lokalen Unterschicht. Jedes Viertel, jede Nachbarschaft, jede Moschee hat ihre kleine Truppe. Sie werden im Bedarfsfall als Ordnungskräfte eingesetzt, führen Straßenkontrollen durch, prüfen etwa, ob die jungen Frauen und Männer, die gemeinsam in einem Auto sitzen, auch ordnungsgemäß miteinander verheiratet sind. Auch Amir-Hussein ist nachts bei Straßenkontrollen im Einsatz. Dafür bekommt er ein Gewehr ausgehändigt.

Neben der Überwachung der »gesellschaftlichen Moral« werden die Basitschi auch dazu ausgebildet, gegen Demonstranten vorzugehen und Aufstände niederzuschlagen. Darüber hinaus soll die paramilitärische Eingreiftruppe auch der hohen Arbeitslosigkeit in den unteren Gesellschaftsschichten mit Arbeitseinsätzen beim Bau von Autobahnen und Brücken abhelfen.

In den neunziger Jahren, nach dem Ende des Krieges, bemüht sich der damalige Präsident Rafsandschani, die Gesellschaft zu entmilitarisieren und die Basitschi zu demobilisieren. Basitschi und Pasdaran sehen sich in ihrer Existenz bedroht. Die Basitschi, die mit dem Ende des Krieges ihre Funktion verloren haben, werden aus den Pasdaran ausgegliedert. Oftmals arbeitslos oder ohne festes Einkommen, erhalten sie nun vom Staat keine Unterstützung mehr. Unter Rafsandschani werden viele von ihnen aus ihren zuvor kostenlos zur Verfügung gestellten Wohnungen hinausgeworfen. Im Krieg sind sie als Helden gefeiert worden, nach dem Krieg werden sie zu sozialen Verlierern. Ihrem Selbstverständnis nach sind sie Kinder der Revolution. Aber die Revolution lässt sie im Stich. Von Chatamis Reformern fühlen sie sich noch mehr an den Rand gedrängt.

Von den Pragmatikern und Technokraten um Rafsandschani schlecht behandelt, radikalisieren sich die Basitschi. Bei ihnen fällt die Propaganda des konservativen Kandidaten Ahmadineschad im Wahlkampf 2005 auf fruchtbaren Boden: Er verspricht, dass nun endlich diejenigen, die im Krieg kämpften und hinterher leer ausgingen, zum Zuge kommen sollen. Er zieht gegen Rafsandschani zu Felde. Als sich der religiöse Führer kurz vor dem ersten Wahlgang hinter Ahmadineschad stellt, mobilisieren die Basitschi im ganzen Land ihre Mitglieder und Anhänger und verhelfen Ahmadineschad zum Wahlsieg.

Als ich mich von Amir-Hussein verabschiede, gibt mir Mohammad Josie noch ein Zitat Chomeinis mit auf den Weg: »Unsere Waffen sind unsere jungen Leute«, sagt er.

An einem Frühlingsabend treffen sich die jungen Leute in der Einkaufspassage an der Gandhistraße. Sie stehen, lässig an die halbhohen Wände gelehnt, im Freien oder sitzen dicht gedrängt in den verrauchten Coffeeshops, die einer neben dem anderen den ersten Stock belegen. Nirgendwo sitzen die Kopftücher so locker, sind die engen Mäntelchen der jungen Frauen so kurz. Junge Männer und Frauen trinken hier auf engstem Raum zusammen ihren Kaffee. Stünden noch ein paar Weingläser auf den Tischen und trügen die Frauen keine Kopftücher, könnte man sich in einer Kneipe in Italien oder Südfrankreich wähnen. An einem Tisch im Freien sitzen Pedram und Karim, zwei Studenten. Obwohl es schon dämmert, haben sie ihre modischen Sonnenbrillen nicht abgenommen. Karim trägt die Haare fast zur Glatze geschoren, Pedram das kurze Haar mit Gel gestylt. Auf dem Tisch liegen eine Schachtel Davidoff Lights, zwei Mobiltelefone – silbermetallic – und ein Autoschlüssel. Pedram und Karim finden die Vorstellung, sich über Märtyrertum zu unterhalten, etwa ebenso abgelegen wie Studenten, die man in einem Berliner Café auf die Dreifaltigkeit ansprechen würde. Keiner von ihnen und ihren Freunden weiß, was Alamut ist. Und die Frage nach Hussein Fahmide provoziert nur Gelächter. Einer erzählt den Witz, wie sie die Blackbox mit den letzten Worten von Hussein Fahmide fanden. Mit denen bittet er den Mullah, ihn nicht vor den Panzer zu stoßen.

Im Gespräch mit den jungen Leuten zeigt sich, wie die inflationäre Verwendung des Märtyrerbegriffs im und nach dem Krieg die Idee des Märtyrertums profanisiert hat. Keiner der etwa ein Dutzend Angesprochenen vor den Cafés verbindet mit Märtyrertum noch eine religiöse Vorstellung. Für sie bezeichnet der Begriff Märtyrer einen Soldaten, der im Krieg gefallen ist. Märtyrer ist zum Synonym von Kriegstoter geworden. Vor diesen haben viele nach wie vor Achtung. »Der Krieg ist eine Tatsache, die es gab, als wir sehr klein waren, und wir haben diesen tapferen Jungs viel zu verdanken«, sagt Pedram. »Aber mit Islam hatte der Krieg nichts zu tun, die Religion wurde vom Regime nur benutzt.«

Palästina ist für diese jungen Leute fast so weit entfernt wie für die Europäer. Zwar gibt es ein gewisses Verständnis für die palästinensischen Selbstmordattentäter. Auch Pedram ist der Ansicht, dass diese Leute aus Verzweiflung handeln, weil sie keinen anderen Weg sehen. Als Helden verehrt man sie deshalb nicht, und niemand hier würde auch nur im Entferntesten auf die Idee kommen, sich selbst für ein Attentat zu melden. Mit muslimischer Solidarität haben diese Leute nichts am Hut. Religion spielt in ihrem Denken eine untergeordnete Rolle, sie wollen in einem säkularen, demokratischen Land leben. Jungen wie Amir-Hussein sind ihnen fremd. Pedram ist sicher, dass die islamische Führung die heutige Jugend nicht mehr mobilisieren könnte wie die Jugend von damals im Krieg gegen den Irak: »Die junge Generation von heute ist vollkommen anders.«

Das große Warten

Ich glaube, dass es der einzige Weg zur
Lösung der heutigen Probleme ist, zur
Kultur des Wartens zurückzukehren.

Mahmud Ahmadineschad

Wer nicht protestiert, wartet nicht,
und wer wartet, fordert heraus.

Ali Schariati

Gegen Ende meiner Zeit in Teheran wird es immer schwerer, zu einem schlüssigen Bild des Landes zu gelangen. Je vertrauter Iran wird, desto rätselhafter scheint das Land. Einige meiner letzten Zeitungsartikel sind Mosaike aus einzelnen Szenen, Eindrücken und Ereignissen, die als Gesamtbild die Gegensätzlichkeit der iranischen Gesellschaft widerspiegeln. Oft scheint mir, dass es so nicht weitergehen kann. Aber dem liegt vielleicht auch nur unsere westliche Annahme zugrunde, dass Widersprüche nicht bestehen bleiben können.

Die letzten zwei Jahre der Präsidentschaft Chatamis sind eine Zeit der innenpolitischen Stagnation. Trotz der wachsenden Unzufriedenheit, vor allem der Jugend, erweist sich das System als sehr stabil. Von der Krankenschwester bis zum Unternehmer, vom Straßenhändler bis zum Professor macht jeder offen seinem Unmut Luft, seinem Unmut über »die da oben«, über Korruption, Gängelung, die Regierung, auch über das System. Aber anders als in der DDR, wo, als die Angst wich, das System dem Untergang geweiht war, ist in der Islamischen Republik die Angst gewichen, ohne dass das System ernstlich in Gefahr geriete.

Die Reformer, die weder die politischen noch die wirtschaftlichen Erwartungen erfüllt haben, werden in den Parlamentswahlen 2004 und den Präsidentenwahlen 2005 abgewählt. Der neue Präsident Mahmud Ahmadineschad bestreitet seinen Wahlkampf mit den Versprechen von wirtschaftlicher Umverteilung, sozialer Gerechtigkeit und Korruptionsbekämpfung. Es gibt Wahlmanipulation zu seinen Gunsten. Revolutionswächter und Basitschi unterstützen den bis dahin weithin unbekannten Bürgermeister von Teheran. Aber als er im zweiten Wahlgang gegen Rafsandschani, den Kandidaten des politischen Establishments, antritt, kann er neben der konservativen Wählerschaft auch Protestwähler gewinnen. Gerade weil Ahmadineschad kaum bekannt ist, wirkt er unverbraucht. »Die Iraner haben ein gutes Gespür dafür, wer sich als korrupt und unwürdig erwiesen hat«, sagt Roja. Sie selbst hat die Wahl boykottiert, aber sie wehrt sich gegen die Ansicht, dass die Iraner Ahmadineschad gewählt haben, weil sie naiv oder fundamentalistisch sind. »Mit der Wahl von Ahmadineschad haben die Iraner gezeigt, dass sie Entwicklung und Veränderungen auf demokratischem Weg wollen.«

Die Opposition, vor allem die studentische, wird radikaler. Ein marxistischer Studentenführer erklärt im Gespräch im Café Natalie unter dem Porträt des religiösen Führers Chamenei, dass er das Regime zu stürzen beabsichtigt. Die Führer der Busfahrergewerkschaft, die Anfang 2006 den ersten großen Streik in der Geschichte der Islamischen Republik organisiert haben und nun harschen Repressionen ausgesetzt sind, versichern bei einem konspirativen Treffen in ihrer Wohnung in Südteheran, dass sie den Kampf fortsetzen werden. Ich spreche mit Künstlern und Dissidenten. Mit Lehrern, Taxifahrern, Friseurinnen und Hausfrauen. Alle sind unzufrieden. Aber daraus erwächst keine politische Bewegung.

Während im Inneren die Unzufriedenheit wächst, kann das Regime für seine Außenpolitik im Nuklearstreit mit dem Westen Unterstützung mobilisieren. Die Feindschaft des Westens erweist sich als schier unerschöpflicher Quell der Legitimation nach innen. Revolution machten die Iraner einst gegen ein Regime, das vom Westen gestützt wurde. Jetzt, da Amerika mit Militärschlägen droht und den Regimewechsel zu seinem Ziel erklärt hat, hat das Regime im Innern nicht gegen ernsthaften Widerstand zu kämpfen.

Die Hoffnung auf Veränderungen, die bei unserer Ankunft die Gesellschaft einte, weicht einer enttäuschten und depressiven Stimmung. Man zieht sich noch mehr ins Private zurück. Zudem bedarf es angesichts der Verschlechterung der wirtschaftlichen Lage immer größerer Anstrengungen, den Lebensunterhalt zu verdienen. Langsam kehren die Iraner nach allem Hoffen und aller Anstrengung der vergangenen Jahre zu ihrer traditionellen Haltung gegenüber den Herrschern zurück, einer hochmütigen Gleichgültigkeit. Das sehen sie durchaus nicht als tragisch an. »Du nimmst dir Chatamis Scheitern mehr zu Herzen als wir«, sagt Roja einmal spöttisch zu mir. »Mach dir keine Sorgen. Wir Iraner haben immer irgendwie überlebt. Wir erwarten auch nicht so viel von unseren Regierungen wie ihr.«

Die Perser, so hat der französische Diplomat Gobineau im 19. Jahrhundert bemerkt, seien »voller Verehrung für das Land selbst«, glaubten aber nicht an eine Möglichkeit, es zufriedenstellend zu regieren.

Und so weicht die Enttäuschung einer trotzigen Resignation, einem Achselzucken, einem mehr oder weniger fatalistischen Warten, das in der persischen Kultur eine lange Tradition hat.

Iran wartet.

Das Lebensgefühl des Wartens, persisch Entesar, hat seine Wurzeln im schiitischen Messianismus. Dieses Warten ist kein vorübergehender Zustand, sondern eine Lebenshaltung, in der sich Sehnsucht mit Fatalismus vermischt, ein leidenschaftliches, aber niemals ungeduldiges Warten, ein Warten, das sich selbst genug ist, das nicht nach Erfüllung strebt und sich doch der Erfüllung gewiss ist.

Über Jahrhunderte ist es die Grundüberzeugung des schiitischen Messianismus gewesen, dass weltliche Herrschaft unvollkommen bleiben müsse, weil die gerechte Herrschaft erst mit der Wiederkehr des verborgenen zwölften Imam am Ende aller Zeiten errichtet werden wird. Die Zwölferschiiten glauben an die Erlösergestalt des Mehdi, des »Rechtgeleiteten«, auch »Imam der Zeit« genannt und mit dem frommen Zusatz »möge Allah seine Wiederkehr beschleunigen« bedacht, der im Jahr 939 verschwunden sein soll. Er wurde, wie es heißt, in die Verborgenheit entrückt.

Bis zum Ende der Verborgenheit des Mehdi, so waren die Schiiten jahrhundertelang überzeugt, kann es keine gerechte und keine wahre islamische Herrschaft geben. Der Messianismus war die Grundlage für die quietistische Haltung des schiitischen Klerus. Er begründet das Misstrauen der Schiiten gegen jegliche Regierung vor der Wiederkehr des Imam. Warten kann so zur schicksalsergebenen Hinnahme der politischen und sozialen Zustände werden, die den Gläubigen jeglicher politischer Verantwortung enthebt. Sein Teil ist es, für die Wiederkehr des Mehdi zu beten und nach Zeichen Ausschau zu halten. Je desolater und verderbter es auf Erden zugeht, desto näher steht das Erscheinen des Erlösers bevor. Der aktive Kampf für Gerechtigkeit, gar eine Revolution, werden zurückgewiesen: Solange der Mehdi nicht unter uns ist, haben wir kein Recht zum Aufstand.

Erst die Vordenker der Islamischen Revolution holten die Utopie der gerechten Herrschaft aus der Endzeit in die Gegenwart. In seiner 1971 erschienenen Schrift »Warten, die Religion des Protests« stellte Ali Schariati, ein populärer und im Vorfeld der Revolution äußerst einflussreicher religiöser Intellektueller das Warten auf den Kopf. Wie die revolutionären Denker des europäischen 19. Jahrhunderts entwerfen die islamischen Revolutionäre ein neues Menschenbild: Der Mensch eignet sich seine Geschichte an, wird dabei aber nicht zum Atheisten, sondern beginnt das göttliche Werk auf Erden.

Aus dem passiven, resignierten, weltabgewandten Warten wird bei Schariati ein aktives, dynamisches, ja revolutionäres Warten. Aus Sehnsucht wird Herausforderung, dann Protest und schließlich bewaffneter Widerstand. Der sehnsuchtsvolle Muslim in Erwartung des verborgenen Imams wird zum bewaffneten Widerstandskämpfer gegen das herrschende Regime. Warten bedeute, so schreibt Schariati, »die Verantwortung und Verpflichtung, gegen den Status quo zu protestieren und das herrschende System und seine Werte zu verneinen«. Warten wird zur politischen Ideologie.

Schariati, der in einer faszinierenden Mischung aus Scharfsinn und romantischer Verklärung den Schiismus zu einer modernen Ideologie umdeutete, starb 1977, kurz vor der Revolution. Sein Einfluss auf die revolutionäre Bewegung Chomeinis ist aber bis heute spürbar. Der heutige religiöse Führer Chamenei stand Schariati nahe und ist von seinem Denken, das der Schah als »islamischen Marxismus« verurteilte, beeinflusst.

Auch Chomeini selbst vertrat wie Schariati eine Haltung, die – ähnlich wie die christliche Befreiungstheologie – das aktive Bemühen der Gläubigen für politische und soziale Verbesserungen propagiert. Dieses aktive Warten soll die Situation für die Ankunft des Mehdi vorbereiten und so seine Wiederkehr beschleunigen. Wenn wir das Böse selbst bekämpfen, wird der Mehdi kommen und uns helfen, so lautet die Logik: Wir beginnen den Dschihad.

Darüber hinaus nutzte Chomeini den religiösen Hintergrund und die Symbolik des schiitischen Messianismus, um die Bevölkerung für sich zu gewinnen. Zwar hatte sich Chomeini niemals selbst als Mehdi bezeichnet, aber er nutzte dessen Insignien, um eine Ähnlichkeit herzustellen, deutlichstes Beispiel dafür war sein Titel eines »Imam«. Chomeinis triumphale Rückkehr nach Iran Anfang 1979 – der Schah hatte das Land kurz zuvor verlassen –, als er am Teheraner Flughafen von Millionen jubelnd empfangen wurde, gewann vor dem Hintergrund des schiitischen Messianismus eine zusätzliche Bedeutung, die jeder Iraner verstand: Die Ankunft des »Imam Chomeini«, der aus dem französischen

Exil, sozusagen der Entrückung nach Neauphle-le-Chateau, wiederkehrte, um in Iran eine gerechte Herrschaft zu errichten, trug unverkennbar die Züge der Wiederkehr des zwölften Imam.

Auch das von Chomeini entwickelte Herrschaftsprinzip des »Velajat-e Faghih«, der »Herrschaft des obersten Rechtsgelehrten«, ist eng mit dem Mehdi-Glauben verbunden. Während in der schiitischen Tradition der Klerus, meist eine Gruppe von besonders angesehenen Geistlichen, die weltlichen Herrscher lediglich berät, übernimmt mit diesem Prinzip der Klerus selbst die Macht im Staat, und zwar nicht als Kollektiv oder ausgewählte Gruppe, sondern in der Gestalt eines einzigen religiösen Führers, der in der iranischen Verfassung explizit als Stellvertreter des zwölften Imams bezeichnet wird. Als Platzhalter des zwölften Imams bezieht das Staatsoberhaupt seine Legitimation, Autorität und Inspiration von Gott. Getreu der quietistischen Tradition lehnte die Mehrheit der schiitischen Geistlichkeit den Anspruch Chomeinis auf politische Führung durch den Klerus ab. Der Klerus solle die politische Herrschaft nicht selbst ausüben, sondern lediglich darüber wachen, dass die Herrscher nicht gegen islamische Prinzipien verstoßen, davon sind bis heute die meisten der angesehenen Ajatollahs überzeugt.

Vor allem ultrakonservative Kleriker wandten sich gegen den aktiven Messianismus Chomeinis. Viele von ihnen gehörten der messianischen Geheimgesellschaft der Hodschatijeh an, die in den fünfziger Jahren gegründet worden war. Wie Chomeini waren sie Gegner der Monarchie des Schahs, befürworteten aber nicht eine Herrschaft des Klerus. Trotzdem bekleideten viele von ihnen nach der Revolution bedeutende Posten. Chomeini, dem die Kritik der Hodschatijeh am »Velajat-e Faghih« missfiel, drohte schließlich 1984 kaum verhohlen damit, gewaltsam gegen die Geheimorganisation vorzugehen. Es kam zur Selbstauflösung. Trotzdem gilt die Hodschatijeh bis heute als einflussreich. Immer wieder gibt es Spekulationen über die Mitgliedschaft bedeutender Würdenträger in der Geheimgesellschaft, über deren heutige Aktivitäten und

Ziele es nur Mutmaßungen gibt. Auch Ahmadineschad soll zu ihren Mitgliedern zählen.

Und so wartet auch der neue Präsident. Er wartet demonstrativ. Seit er sein Amt angetreten hat, führt er die Rede von der Wiederkehr des Mehdi im Munde. Im staatlichen Fernsehen werden spezielle Gebetsstunden für seine Wiederkehr abgehalten, Filme und Sondersendungen preisen den Imam. Aus Privathäusern und Moscheen überträgt man Gebete für sein Erscheinen. Sein Kulturminister bestellt die Filmemacher ein und beauftragt sie, sich mit ihren Werken für die Wiederkehr des Mehdi einzusetzen.

Auf die Frage, wann er seine wirtschaftlichen Versprechen wahrmachen werde, antwortet Ahmadineschad, dass seine Regierung nicht dazu da sei, die Versorgung der Bevölkerung mit Konsumgütern zu verbessern, sondern dafür, Iran auf die Ankunft des Mehdi vorzubereiten. »Unsere Revolution und die Islamische Republik haben kein anderes Ziel als die Vorbereitung auf die Wiederkehr des Imam, möge Gott seine Wiederkehr beschleunigen.« Der Präsident sieht sich als auserwählter Wegbereiter des Erlösers. Bei seiner Rede vor den Vereinten Nationen in New York glaubt er einen Lichtschein um seinen Kopf wahrzunehmen. Sein geistlicher Mentor, der radikale Ajatollah Mesbah-Jasdi, nennt Ahmadineschad den »Erwählten des zwölften Imam«.

»Wir müssen Iran in ein modernes und göttliches Land verwandeln, ein Modell für alle Nationen, das als Basis für die Wiederkehr des zwölften Imam dienen wird«, sagt der Präsident.

Die modernen Eliten in Teheran wissen nicht, ob sie lachen oder weinen sollen. Sie sind nicht sicher, ob sich Ahmadineschad wirklich für auserwählt hält oder ob er das alles nur inszeniert, um seiner Regierung eine religiöse Legitimation zu verschaffen. Sind Ahmadineschads Äußerungen mehr als ein schlechtes Remake von Chomeini?

Viele sehen die Sorglosigkeit, mit der der Präsident Geld verteilt, als Zeichen einer Verantwortungslosigkeit, die im Endzeitglauben des Präsidenten wurzelt. Bei einem Treffen mit Außenministern der islamischen Länder im November 2005 antwortet er, nach Anzeichen einer Krise in Iran befragt, dass diese Zeichen der baldigen Wiederkehr des Mehdi seien, der innerhalb von zwei Jahren erscheinen werde.

In einem Interview frage ich Hussein Schariatmadari, den ultrakonservativen Herausgeber der Zeitung »Kayhan« und Vertrauten Ahmadineschads, ob der Mehdi-Glauben die Entscheidungen des Präsidenten beeinflusst. »Natürlich hat es Einfluss auf die Politik«, bestätigt er.

Einmal hält Ahmadineschad eine Rede über das Warten: »Die wartende Regierung erarbeitet alle ihre Programme in Übereinstimmung mit der Denkschule des Wartens, die sozial-ökonomischen Beziehungen, kulturellen Programme und auch die Kommunikation mit dem Volk und den Aufbau des Landes. Anstelle unvollkommenen Ideen der Entwicklung anzuhängen, die auf materialistischen und liberalistischen Grundlagen aufgebaut sind, sollten wir zur Kultur des Wartens zurückkehren. Wir können unsere Wirtschaft vom Standpunkt der Kultur des Wartens definieren, ebenso wie alle inneren und äußeren Beziehungen. Die Welt dürstet nach dieser Denkschule und Kultur. Eine neue Bewegung ist im Entstehen, und dank der Güte Allahs ist der Bannerträger der Kultur des Wartens die große iranische Nation.«

In der Außenpolitik, vor allem der Nuklearfrage, bestärken die messianistischen Überzeugungen den Präsidenten in seiner Kompromisslosigkeit. »Diese Mentalität macht sehr stark«, sagt der konservative Publizist Amir Mohebbian. »Wenn du denkst, dass der Mehdi in ein paar Jahren kommt, warum solltest du nachgeben? Jetzt ist die Zeit, um hart zu sein.« Und Schariatmadari ergänzt: »Weil wir auf Imam Mehdi warten, fühlen wir niemals eine Niederlage. Deshalb wird der Endsieg unser sein.«

In der Vorstellung der Zwölferschiiten leitet die Wiederkehr des Mehdi einen Endkampf zwischen Gut und Böse ein, aus dem die Schiiten unter Führung des Mehdi als Sieger über die Ungläubigen hervorgehen werden. »Ich werde auf dein Erscheinen warten und auf den heiligen Krieg, der mit deinem Kommen ausbricht. Dafür bin ich bereit, mein Leben zu geben«, heißt es in einem Gebet.

Auch das Volk wartet. Es hat seine eigene Verbindung zum verborgenen Imam. Die Menschen wenden sich an ihn, sie spüren seine Nähe. Der Verborgene ist nicht abwesend, sondern anwesend. Er ist da, er ist nur nicht sichtbar, er zeigt sich nicht. Aber man kann sich mit seinen Sorgen und Nöten an ihn wenden. Wenn sie ihm ein wenig näher sein wollen, fahren sie nach Dschamkaran, eine Pilgerstätte sechs Kilometer südlich von Ghom in der Wüste. Dort soll der Mehdi einmal erschienen sein und befohlen haben, einen Brunnen zu bauen. In diesen Brunnen senken die Menschen ihre Wünsche und Sorgen.

Neben dem Brunnen ist eine Moschee entstanden und entsteht immer weiter, immer größer, immer prachtvoller. Das Wiedererscheinen des Mehdi wird in Dschamkaran jede Woche neu in der Nacht zum Mittwoch erwartet. Dann pilgern sie zu Hunderten und Tausenden hierher, über mehrere Quadratkilometer erstreckt sich der Parkplatz in die Wüste. Autobus reiht sich an Autobus, Taxi neben Taxi, dazu Hunderte von Privatwagen. In der Dunkelheit stolpern sie durch den Wüstensand der erleuchteten Moschee mit der blauen Kuppel entgegen, über Vorhöfe, zwischen Betonquadern hindurch, vorbei an halbfertig gebauten Minaretten umgeben von Baukränen. Siebzehn Millionen Dollar soll der Präsident zur Verfügung gestellt haben, um die Moschee für die Ankunft des Erlösers prachtvoll herzurichten. Und während seiner Zeit als Bürgermeister von Teheran ließ er die Straße nach Dschamkaran ausbauen.

Dschamkaran ist das Lourdes Irans. Hier suchen die Verzweifelten Trost und die Kranken Heilung. Hierher kommen die, denen die Ärzte keine Hoffnung mehr machen. Hierher bringen sie Behinderte, tragen Mütter ihre todkranken Kinder.

Die Luft schwirrt von Wundergeschichten. Jeder kennt einen, dem der Mehdi schon einmal einen Wunsch erfüllt hat, und wenn es nur ein Studienplatz gewesen ist. An Kiosken werden Zettel verkauft, vorgedruckte Briefe an den Mehdi, auf denen nur noch die Wünsche eingetragen werden müssen. Überall auf dem Hof vor dem Brunnen kauern Gläubige am Boden und bekritzeln die Zettel, die sie dann in den Brunnen werfen. An anderen Kiosken kann später der Tribut entrichtet werden, wenn der Mehdi das Bitten erhört und den Wunsch erfüllt hat.

Er sei schon siebzig Mal hier gewesen, erzählt ein Mann. Einmal kam er fünfundvierzig Wochen hintereinander, immer Dienstagnacht. Seine Autowerkstatt, die er so zu retten versuchte, ging zwar pleite. Aber seinen Glauben an den Mehdi erschüttert das nicht. »Wahrscheinlich sollte es so sein«, sagt er.

Besonders aktiv warten die Mehdi-Forscher. Eine ganze Zunft hat sich gebildet. Sie suchen die Zeichen, die auf sein baldiges Kommen hindeuten: der Sittenverfall, das Klon-Schaf, das Internet, dessen sie sich aber selbst fleißig bedienen. Sie betreiben Internetseiten, die Mahdavia.com heißen. Anfang 2004 gründen sie das »Institut für die leuchtende Zukunft« mit der Webadresse. www.bfnews.ir für Bright Future News Agency. Sie organisieren alljährlich zum Geburtstag des Mehdi einen »wissenschaftlichen« Kongress. Einmal kommt als Gastredner sogar der Präsident. Sie betreiben Computerzentren und Studienzentren, sie archivieren die Wunder, die bei der »Wunder-Registrierungs-Einheit« der Moschee von Dschamkaran zu Protokoll gegeben werden. Sie erstellen Videos und geben Zeitschriften heraus und Bücher mit Titeln wie »Sehnsucht nach dem Mehdi« und »Treffen mit dem Geliebten«. Sie haben eine Bibliothek mit Tausenden von Büchern und Handschriften.

Der schiitische Klerus wartet auch, aber er wartet anders als der Präsident. Natürlich glauben auch die Ajatollahs an den zwölften Imam. Aber das, was in Dschamkaran passiert, was der Präsident treibt, strafen sie mit Verachtung. Niemand, sagen sie, könne eine persönliche Sonderbeziehung zum Mehdi herstellen. Wer das behauptet, sei ein Lügner. Schon gar, wer behauptet, er wisse, wann der Erlöser wiederkehren wird. »Falsche Propheten« hat es in der Geschichte der Schia in Iran schon unzählige gegeben. Auch Ahmadineschads Messianismus richtet sich, wie der Messianismus zu allen Zeiten, gegen die Institutionen, vor allem gegen den etablierten Klerus. Das traditionelle religiöse Establishment ist stets Ziel der Kritik fundamentalistischer Bewegungen. Immer wieder macht Ahmadineschad deutlich, dass er sie nicht braucht, die Gelehrten und Interpreten. Er hat seine eigene, direktere Verbindung zum Allmächtigen. Er ist der erste Präsident der Islamischen Republik, der selbst kein Kleriker ist. So kann er, sogar als Präsident einer Islamischen Republik, aus den antiklerikalen Ressentiments der Bevölkerung nach fünfundzwanzig Jahren Klerusherrschaft Kapital schlagen.

Chomeini hat sich stets geweigert, die Moschee zu besuchen. Und der heutige religiöse Führer Chamenei soll Ahmadineschad mehrfach wegen seiner Äußerungen über den Mehdi zurechtgewiesen haben. Keiner der angesehenen Ajatollahs würde nach Dschamkaran kommen. Für die einfachen Gläubigen ist das ein Zeichen dafür, dass der Klerus die Verbindung zum Volk verloren hat. Der Präsident aber ist einer von ihnen.

An der Mofid-Universität in Ghom diskutiere ich mit jungen Klerikern und Theologie-Studenten über Ahmadineschads Messianismus und seine Beziehungen zur Hodschatijeh-Gesellschaft. Viele Mitglieder der Geheimgesellschaft hätten ihre Haltung zum politischen Islam seit der Revolution geändert, sagen sie. Hodschatijeh sei von der quietistischen Position abgerückt und befürworte nun eine Einmischung des Klerus in die Politik, ein aktives Warten. Mit religiösen und spirituellen Projekten solle der Boden für die Wiederkehr des Mehdi bereitet werden. »Es ist, als wenn man auf einen hohen Gast wartet«, hat Hussein Schariatmadari zu mir gesagt, »sie versuchen, das Haus vor seiner Ankunft so herzurichten, dass es ihm gefällt.«

Zugleich hat sich dieser ehemals quietistische Flügel der einstigen Kritiker Chomeinis politisch radikalisiert. Dem gemäßigten politischen Islam, der unter Rafsandschani und Chatami vorherrschend war, setzen sie einen radikalen politischen Islam entgegen. Ihr prominentester Vertreter, Ajatollah Mesbah-Jasdi, macht keinen Hehl aus seiner Verachtung für die Demokratie. »Ich glaube nicht an die Islamische Republik, sondern an islamische Herrschaft«, sagt er. Wieso sollte das Volk besser als die Gelehrten wissen, was die rechte islamische Herrschaft ist? Auch Ahmadineschad demonstriert unverhohlen seine Abneigung gegen die gewählten politischen Institutionen, gegen das Parlament, gegen politische Parteien.

Ahmadineschad und sein politisches Umfeld, mit dem er nach der Präsidentenwahl sehr rasch alle wichtigen Positionen in Regierung und Verwaltung besetzt, sind keine traditionellen Konservativen. In seinen gesellschaftlichen Ansichten scheint er nicht konservativer als viele Reformer. Er hat drei Kinder im Alter von Anfang zwanzig, er weiß, dass sich die junge Generation nicht mehr bevormunden und gängeln lassen will. Er wehrt sich gegen die Versuche der Traditionalisten, den Hedschab, die islamische Kleiderordnung, wieder zu verschärfen. Einmal schlägt er vor, Frauen den Zutritt zu Fußballstadien zu gestatten, wird aber von der konservativen Geistlichkeit in die Schranken gewiesen.

Der Präsident gehört zu jener Generation, die schon mit dem politischen Islam groß geworden ist. Er hat als Jugendlicher in der Moschee seines Stadtviertels die Reden von Ali Schariati gehört. Als Ahmadineschad 1976 in Teheran zu studieren beginnt, ist der Islam bereits politisiert.

Anders als der dreizehn Jahre ältere Chatami, der aus einer Familie von angesehenen Klerikern aus dem wohlhabenden Jasd stammt, kommt Ahmadineschad aus bescheidenen Verhältnissen. Seine Familie, die im Zuge der fortschreitenden Urbanisierung aus einem ärmlichen Dorf in die Vororte von Teheran zieht, gehört zur unteren Mittelschicht. Ahmadineschad und seine Weggenossen kommen nicht, wie die bisherige Führungselite der Islamischen Republik, aus der Geistlichkeit und auch nicht aus dem wohlhabenden und traditionellen Milieu des Basars, sondern aus technischen Berufen. Sie sind nicht Kleriker oder Händler, sondern Ingenieure.

Mit Ahmadineschad hält eine neue Form eines antiklerikalen, nichtintellektuellen Islamismus in der iranischen Politik Einzug. Islam ist für ihn keine intellektuelle Wahrheitssuche, sondern eine Mischung aus der volkstümlichen Frömmigkeit seines Elternhauses und einer politischen Ideologie, deren Hauptstoßrichtung sich gegen den Westen wendet. Er propagiert einen intellektuell dünnbrüstigen, religiös verbrämten Linkspopulismus, der nicht mehr von der Klerusherrschaft, sondern von einem »göttlichen Land« träumt. Seine Weltsicht erscheint als krude Mischung aus Technikgläubigkeit, Messianismus, Nationalismus und Antiliberalismus.

Vor allem die Haltung zur Moderne bleibt widersprüchlich. Während Ahmadineschad einerseits in seiner Atompolitik den technischen Fortschritt zum Mantra der iranischen Politik erhebt, enthält andererseits sein Lob des Wartens eine deutliche Entwicklungs- und Fortschrittskritik. Vor allem in der Wirtschaftspolitik geht es ihm, wie er immer wieder geradezu verächtlich betont, nicht um Wachstum und Entwicklung, sondern – wie dem Mehdi – um Gerechtigkeit. Die Erkenntnisse der Wirtschaftswissenschaft hält der studierte Ingenieur für Transportwesen, ebenso wie die der Soziologie und Psychologie, für westlichen Unfug. Immer wieder greift er mit den Instrumentarien der Kommandowirtschaft ein, um Gerechtigkeit zu dekretieren. Ökonomen, zum Teil ehemalige Weggefährten, sind entsetzt über die Mischung aus Dilettantismus und Sendungsbewusstsein.

Das Sendungsbewusstsein des Präsidenten macht nicht an den Landesgrenzen halt. Der Brief, den Ahmadineschad im Mai 2006 an den amerikanischen Präsidenten Bush schreibt, ist seinem Gestus nach eine religiöse Mahnung. Der iranische Präsident ruft den mächtigsten Mann der Welt dazu auf, des Jüngsten Gerichts zu gedenken und auf den rechten Weg zurückzukehren. Er lädt ihn ein, »wahrhaft zurückzukehren zu den Lehren der Propheten, zu Monotheismus und Gerechtigkeit, zur Wahrung der Menschenwürde und zum Gehorsam gegenüber dem Allmächtigen und seinen Propheten«. Er ist nicht aggressiv, er klagt nicht an. Er sagt nicht: Ihr seid der Große Satan. Er sagt: Deine Seele kann gerettet werden.

Ahmadineschad nimmt für sich in Anspruch, im Namen der Menschen in Iran und der gesamten islamischen Welt zu sprechen, auch im Namen des amerikanischen Volkes, im Namen der gesamten Menschheit. Tatsächlich stellt er Fragen, die viele Menschen in der islamischen Welt bewegen. Er misst den Westen an seinen eigenen, christlich begründeten Prinzipien. Wie lässt sich Guantanamo mit euren Menschenrechten vereinbaren, fragt er, wie der Boykott der Hamas mit der Demokratie? Wie Machtpolitik mit den Lehren Jesu Christi?

Im Westen weiß man nicht, was man mit dem Traktat des iranischen Präsidenten anfangen soll. Der religiöse Diskurs erscheint aus Sicht der westlichen politischen Kultur deplatziert. Man will sich nicht darauf einlassen. Die Nachrichtenagenturen melden, der zwanzig Seiten lange Brief des iranischen Präsidenten enthalte keine konkreten Vorschläge zur Lösung des Atomstreits. Und in Washington sagt die amerikanische Außenministerin Rice, im Brief gebe es nichts, »das in irgendeiner Weise irgendeines der Themen anspricht, die wirklich in der internationalen Gemeinschaft auf dem Tisch sind«.

Als Ahmadineschad drei Monate später auch an die deutsche Bundeskanzlerin einen Brief schreibt, entschließt sich die Bundesregierung, ihn nicht zu veröffentlichen. Sie fürchtet, der Brief, der die »große deutsche Nation« als Opfer der Siegermächte des Zweiten Weltkriegs darstellt, könnte in rechtsextremen Kreisen auf Sympathie stoßen.

Im Herbst 2005 schreckt Ahmadineschad die Weltöffentlichkeit mit der Äußerung auf, dass Israel von der Landkarte getilgt werden müsse. Bald wird er mit Hitler verglichen. Besonders Israel und jüdische Organisationen in Amerika bemühen häufig diesen Vergleich, um die Gefahr zu verdeutlichen, die ihrer Meinung nach vom iranischen Regime für Israel und den Weltfrieden ausgeht. Auf keinen Fall dürfe man ein nuklear bewaffnetes Iran hinnehmen. Auf keinen Fall dürfe man gegenüber dem neuen Hitler die Fehler der Appeasementpolitik wiederholen. Auch Exiliraner bedienen sich in ihrer Kritik am islamischen Regime der Lexik, mit der der Aufstieg des Nationalsozialismus beschrieben wird, sprechen von Machtergreifung und Gleichschaltung.

Ahmadineschads Briefe an den amerikanischen Präsidenten und die Bundeskanzlerin, seine lauten und provokanten Reden halten ihn lange Zeit in den internationalen Schlagzeilen. Schon bald nach seiner Wahl prägt er das Bild von Iran im Ausland. Er bedient westliche Klischees vom gefährlichen und fanatischen Islam. Sein Messianismus, das Bekenntnis zum Irrationalen, erneuert das Bild einer unaufgeklärten, primitiven Religiosität, das der aufgeklärte Theologe Chatami zu überwinden versucht hatte.

Je mehr sich das Bild vom gefährlichen Wilden verfestigt, umso größer wird die Diskrepanz zwischen der Außen- und der Innensicht der Islamischen Republik. In Teheran treffe ich eine Gesellschaft, die alles andere als religiös fanatisiert und rückwärtsgewandt ist. Ahmadineschad ist hier nicht »der Führer«, sondern nur ein Politiker mit Gegnern und Fürsprechern. Er wird nicht als Diktator oder Alleinherrscher wahrgenommen. »Das Lenkrad der iranischen Staatskarosse ist in Chameneis Hand«, sagt etwa Reformjournalist Dschalaipur. »Ahmadineschad schaltet nur die Gänge.«

Andererseits nimmt unter Ahmadineschad die Repression massiv zu, wird die Pressezensur verschärft und mit neuer Härte gegen Kritiker, vor allem gegen Studenten vorgegangen.

Intoleranz gegen religiöse und ethnische Minderheiten greift um sich, die Macht der paramilitärischen Verbände wächst. In einer primitiven »Law and Order«-Kampagne nimmt die Zahl der Todesurteile zu, die zum Zwecke der Abschreckung öffentlich vollstreckt werden.

Im Schreiben über Iran wird es immer schwieriger, weder Scharfmacherei noch Verharmlosung zu betreiben, weder einen innerhalb des iranischen Machtgefüges keineswegs allmächtigen Präsidenten zur internationalen Gefahr zu stilisieren noch die Gefährlichkeit eines Demagogen zu verharmlosen, der offen über die Vernichtung Israels räsoniert. Gerade aus deutschem Blickwinkel werden, wenn man will, überall Parallelen sichtbar, sieht man plötzlich Ähnlichkeiten zwischen den Pasdaran und der SA, erinnert die Enttäuschung über Chatami an das Scheitern der Weimarer Republik, erscheint der religiöse Führer Chamenei als der greise Hindenburg. Trägt nicht tatsächlich der Fundamentalismus mit seinem antimodernen, antiliberalen Denken die Züge des Faschismus?

Wie die Utopien des 20. Jahrhunderts, die als explizit säkulare Ideologien an die Stelle der Religion traten und versuchten, die Sinnfragen der Menschen mit einer idealen Gesellschaft im Diesseits zu beantworten, ist auch der politische Islam eine Antwort auf die verunsichernde Moderne. Aber anders als die säkularen Ideologien, die allenfalls eine Form der Ersatzreligion waren, ist der politische Islam eine explizit religiöse Antwort. Genau genommen ist er sowohl religiös als auch utopisch, weil er ebenfalls anstrebt, die gerechte Ordnung bereits im Diesseits zu verwirklichen. Während also einerseits der Islam durch den Fundamentalismus, der die westliche Moderne abwehrt, scheinbar gestärkt wird, wird er gleichzeitig durch die Diesseitigkeit säkularisiert. Ahmadineschad versucht die daraus resultierenden Widersprüche in seiner Vision vom »modernen und göttlichen Land« zu überwinden. Auch er beschwört eine Versöhnung von Moderne und Religion.

Parastou Forouhar, die Künstlerin, die heute in Deutschland lebt und regelmäßig nach Iran reist, macht, zusammen mit der Schweizer Kuratorin Susann Wintsch, eine Bestandsaufnahme der aktuellen Kunstszene in Teheran und nennt das Ergebnis: Analysing while Waiting (For Time to Pass). Auch die Intellektuellen warten also. Dieses Mal warten sie nicht auf eine Revolution, sondern einfach darauf, dass sich etwas ändert. Sie beobachten, wie die Zeit verstreicht, und überlegen, was man tun könnte, wenn alles anders wäre. Es ist kein umstürzlerisches, aber doch ein trotziges und widerständiges Warten, eine Form der beharrlichen Präsenz. Es ist ein gottloses und zweifelndes Warten, weil das, worauf sie warten, sehr vage ist, und niemand weiß, ob es jemals eintreten wird.

Ahmadineschad ist für sie, wie für den Westen, eine große Irritation. Ich erhalte, wenn ich jetzt nach Iran reise, auf meine Fragen so unterschiedliche, so widersprüchliche Antworten wie nie zuvor, und häufiger denn je lautet die Antwort: »Ich weiß es nicht.« Die entscheidende Frage, ob Ahmadineschad der Beginn einer islamistischen Radikalisierung oder nur eine rückwärtsgewandte Episode in einem Prozess der Modernisierung ist, bleibt unbeantwortet. Iran verbirgt sich, es verweigert sich der Erkenntnis, es wird sogar sich selbst rätselhaft.

Auf der Website der Moschee von Dschamkaran heißt es: »Ich sagte zu Imam Mehdi: ›Warum ist dein Gesicht vor mir verborgen?‹ Und er antwortete: ›Du selbst bist der Schleier. Sonst könntest du mein Gesicht sehen.‹«

Die weiche Revolution

Die Frauen sind der einzige Hoffnungsschimmer.

Sohrab Mahdavi, Begründer des Internet-Stadtmagazins Tehranavenue

Rojas Yoga-Lehrer hat viele Jahre in New York und einige Zeit in Indien gelebt. Vor ein paar Jahren ist er nach Teheran zurückgekehrt und lebt nun in einem der Außenbezirke der Stadt in einem modernen Wohnkomplex, der vor der Revolution von Franzosen gebaut worden ist. Das Ensemble aus vier grauen Hochhäusern, den Türmen A bis D, verbunden durch flache Ladenzeilen, ragt aus dem Weichbild von Teheran wie ein Relikt einer untergegangenen Kultur. Viele der Wohnungen scheinen unbewohnt, ihre Besitzer leben inzwischen im Ausland. Die moderne, aufstrebende Mittelschicht der siebziger Jahre, für die diese Wohnanlage gebaut wurde, gibt es nicht mehr.

Die Wohnung von Kasra liegt gegenüber von Turm A im Souterrain. Der Kioskbesitzer erklärt mir den Weg. Obwohl ich nicht einmal Kasras Nachnamen kenne, weiß er, nachdem er mich einmal von oben bis unten gemustert hat, wen ich suche. Selbst hier herrscht keine Anonymität.

In Kasras Wohnung zieren Fotos betagter indischer Gurus die Wände des kahlen Meditationsraumes. Außer mir kommen zu dieser Sitzung zwei Männer und eine schöne junge Frau. Einer der Männer ist nervös, es ist seine erste Yogastunde. Kasra schickt die junge Frau in einen Nebenraum. Manchmal, sagt er, wenn jemand beim Yoga weit fortgeschritten sei, geschehe es, dass er die anderen beeinträchtige. Beim Yoga sei es wichtig, dass jeder sich ganz auf sich selbst konzentriere. Kasra installiert ein Mikrofon, mit dem seine Stimme in den Nebenraum übertragen wird. Der junge Mann ist nun noch mehr beunruhigt.

Kasra spricht ruhig, sanft und bewusst, er spricht über den Energiestrom, der die Wirbelsäule hinauf fließen sollte, und über die Blockaden, die ihn davon abhalten. Viele Menschen haben einen tiefen Groll gegen ihre Eltern, sagt er. Dann sei der Energiestrom unterhalb des Herzens blockiert. Er spricht darüber, dass manche Menschen hofften, mit Hilfe von Yoga abzunehmen. Er sagt, wer mit sich selbst im Reinen sei, brauche nicht zu viel zu essen und werde nicht dick. In New York, sagt er, gebe es unglaublich viele dicke Menschen. Es gebe dort viele unglückliche, nervöse, gestresste Menschen. Sie seien vollkommen fixiert auf Essen und Sex. Ob ich schon in New York gewesen sei, fragt er. Ob mir das auch aufgefallen sei, dass sich dort alles um Essen und Sex dreht.

Kasra praktiziert Yoga mit Atemübungen und Meditation. Es ist sehr intensiv und wohltuend. Schon bald nach Beginn der Übungen dringen seltsame Laute aus dem Nebenraum herüber, ein Keuchen und Stöhnen, leise erst, dann immer lauter. Ich nehme es nur entfernt wahr, aber hinterher scheint mir, dass dieses tiefe, ekstatische Keuchen sehr lange gedauert hat, das Keuchen einer sehr starken Erregung, deren Ursache ebenso gut Lust wie Schmerz sein könnte.

Nach dem Ende der Meditation kommt die schöne, junge Frau zu uns herüber. Sie ist immer noch völlig außer sich. Die Haare sind aus ihrem Zopf gerutscht. Sie lässt sich auf ein Kissen in einer Ecke des Raumes fallen, sie wälzt sich am Boden und ringt nach Luft. Sie schluchzt und stöhnt und stammelt. Sie sei völlig durcheinander. Sie habe furchtbare Schmerzen, Kopfschmerzen. Sie wisse nicht, wie sie jetzt zu ihren Eltern nach Hause gehen solle. Kasra legt einen Finger auf die Stelle zwischen ihren Augenbrauen, aber sie beruhigt sich nur langsam. Immer wieder stöhnt sie auf, wirft sich hin und her und stammelt. Es ist, als wolle sie sich gar nicht wieder besinnen, als sei gerade das ihr innerstes Bedürfnis: sich zu entblößen und außer sich zu sein. Der junge Mann fragt, ob so etwas eines Tages auch mit ihm geschehen werde.

Nach dem Yoga bin ich mit einer Studentin in einem Café verabredet. Es ist laut, verraucht und voller junger Leute beiderlei Geschlechts, die auf engstem Raum zusammensitzen und sich angeregt unterhalten. Im Untergeschoss des Cafés zeigt eine Galerie Werke einer jungen Künstlerin. Es sind Frauenporträts, große, direkte, unmittelbare Bilder in düsteren Farben mit traurigen jungen Frauen, die rauchen oder Kaffee trinken oder vor sich hin starren. Die Malerin hat den Bildausschnitt so gewählt, dass nicht immer der ganze Kopf zu sehen ist. Manchmal sind Teile des Kopfes abgeschnitten, sodass die Frauen den Rahmen des Bildes zu sprengen scheinen. Sie wirken wie eingesperrt in den zu kleinen Rahmen und zugleich versehrt.

Aresu ist sehr beunruhigt. Vor wenigen Tagen sind mehrere ihrer Kommilitonen verhaftet worden. Sie hatten sich im Dezember 2006 an Protesten gegen Ahmadineschad beteiligt. Als der Präsident die Amir-Kabir-Universität besuchte, wurde sein Auftritt vom Ruf »Nieder mit dem Diktator« gestört. Nun, Monate später, sind die Organisatoren der Protestaktion ausfindig gemacht und ins Evin-Gefängnis gebracht worden. »Wir hatten unseren Kommilitonen geraten, für einige Zeit aus Teheran zu verschwinden«, sagt die Studentin. »Aber sie haben nicht auf uns gehört.« Ihr eigener Freund ist im Dezember von der Universität ausgeschlossen worden.

Im Café trägt Aresu ein schlichtes, schwarzes Kopftuch und einen knielangen Mantel. Anders als viele ihrer Altergenossinnen ist sie nicht aufwendig herausgeputzt. Ihr ovales, ebenmäßiges Gesicht ist, wenn überhaupt, nur sehr dezent geschminkt. Die schulterlangen Haare trägt sie meist zu einem Pferdeschwanz gebunden. Aresu ist eine ernste, selbstbewusste und selbständige junge Frau. Sie sagt, dass sie schon als Kind vor allem eines wollte: unabhängig sein. Jetzt ist sie dreiundzwanzig und wohnt in einer kleinen Wohnung in einem der zentralen Stadtbezirke Teherans unweit der Universität. Um die Wohnung anzumieten, brauchte sie die Unterstützung ihres Vaters, weil niemand einer alleinstehenden jungen Frau ein Zimmer vermieten wollte. »Die Leute glauben, dass nur Prostituierte so leben.«

Aresus Eltern stammen beide aus traditionellen, sehr wohlhabenden Kaufmannsfamilien.

Eine wichtige Rolle in ihrem Leben spielt die Großmutter, eine zugleich sehr konservative und sehr selbständige Frau. Früh verwitwet, zieht sie sich ganz aus dem gesellschaftlichen Leben zurück, um dem Ansturm der Freier, die die junge, schöne und reiche Witwe umlagern, zu entkommen. Sie verwaltet selbst ihr Vermögen und lässt sich dabei nicht von den Männern der Familie hineinreden. Ihre sechs Töchter, darunter Aresus Mutter, erhalten eine Ausbildung, sie legt Wert auf künstlerische und musikalische Bildung. Gleichzeitig führen die Frauen ein völlig abgeschlossenes Leben. Noch als Erwachsene müssen die Töchter bei Sonnenuntergang zu Hause sein. Aresus Mutter studiert Architektur, kann aber nie in ihrem Beruf arbeiten. Als sie bald nach der Revolution heiratet, verbannt ihr Mann zunächst alle Bücher mit Ausnahme des Korans aus dem Haus.

In typischer Weise verbindet sich im Denken des Vaters tiefe Religiosität mit iranischem Patriotismus, und das, obwohl die Familie der Minderheit der turkstämmigen Aseris angehört. Bei der letzten Präsidentenwahl stimmt der Vater für Ahmadineschad. »Mein Vater liebt den religiösen Führer Chamenei«, sagt Aresu. »Und er glaubt, dass die Iraner das einzige Volk der Erde sind, das sich gegen den amerikanischen Imperialismus auflehnt.«

Was Aresu von ihren Eltern mitbekommt, ist widersprüchlich. Im Leben der Mutter klafft ein Bruch. »Sie kann ihre Träume und ihre Tradition nicht miteinander in Einklang bringen«, sagt Aresu. »Aber sie kann keines von beidem aufgeben.« Einerseits sind die Eltern sehr religiös und leben ein traditionelles Leben. »Andererseits haben sie meine Entwicklung nie behindert. Meine Mutter hat mich zur Selbständigkeit erzogen. Sie will, dass ich unabhängig bin, und zugleich hat sie Angst.

Sie hat Angst um mich und Angst davor, was die Nachbarn sagen. Auch mein Vater verhält sich sehr widersprüchlich. Einerseits erlaubt er mir, einen Freund zu haben. Einmal, als ich mit meinem ersten Freund von der Polizei verhaftet wurde, kam mein Vater und gab an, dass wir verlobt seien. Er deckte also eine Beziehung, die er eigentlich verurteilen müsste. Andererseits kritisiert er mich immer wieder sehr scharf, weil ich nicht bete und nicht faste.«

Aresu hat sich schon früh vom Islam abgewandt. »Ich sah, dass Menschen um mich herum, die sehr religiös waren, gleichzeitig sehr unschöne Dinge taten. Und ich verstand, dass der Islam, den sie von den offiziellen Kanzeln predigen, sehr weit von der Religion entfernt ist. Ich hänge lieber einer allgemeinen Ethik an als einer Religion, die ein Instrument der Machtausübung und des Betrugs ist.«

Als Aresu zwölf Jahre alt ist, verändert sich ihr Leben. Sie wird von ihren Lehrern für eine Begabtenschule vorgeschlagen. »Für mich öffnete sich ein Fenster zu einer neuen Welt.« Die Schule ist eine große Ausnahme im iranischen Bildungssystem. Anstelle von stupidem Auswendiglernen fördert sie Kreativität und Entscheidungsfreude. Aresu freundet sich mit einer Mitschülerin an, deren Eltern als Regimegegner politisch aktiv sind, zuerst gegen den Schah, später gegen das islamische Regime. Ihre Freundin kam im Gefängnis zur Welt. Die Familie nimmt Aresu wie eine eigene Tochter auf. Zum ersten Mal kommt sie mit säkularem, liberalem Denken in Berührung. »Ich verstand, dass das Leben anders sein konnte.«

Wenig später wird Chatami zum Präsidenten gewählt. »Die Atmosphäre in der Gesellschaft veränderte sich total.« Aresu begeistert sich für den Journalismus. »Ich wollte immer schreiben. Journalismus war für mich ein Weg, zu überleben und meine eigene Position in der Gesellschaft zu finden.« Als Fünfzehnjährige gewinnt sie den ersten Preis in einem Nachwuchswettbewerb für Journalisten. Sie beginnt, für Reformzeitungen zu schreiben. Sie interessiert sich für soziale Tabuthemen wie

Kindesmissbrauch und Prostitution. Aber nach dem Ende der Schule entscheidet sie sich für ein Studium der Metallurgie. »Das war der größte Fehler meines Lebens«, sagt sie heute, »aber ich dachte, dass ich Geld verdienen müsste, um unabhängig zu sein. Und mit Journalismus und Soziologie kann man kein Geld verdienen.«

Trotz des ungeliebten Studienfaches erlebt sie den Studienbeginn als großen Aufbruch. Sie zieht ins Studentenwohnheim und lernt ihren ersten Freund kennen. Sie entscheidet sich für die Amir-Kabir-Universität, weil es dort eine politisch sehr aktive Studentenbewegung gibt. »Ich war selbst nie politisch aktiv«, sagt sie, »aber ich habe mich immer für gesellschaftliche und politische Themen interessiert. Die Arbeit für Reformzeitungen, die sozialen Themen, in Iran ist das schon ziemlich politisch.«

Nach drei Studienjahren folgt Aresu ihrem Interesse und sattelt um auf Soziologie. Neben dem Studium arbeitet sie als Journalistin, sie sucht, sie probiert aus. Eine Zeit lang jobbt sie für die amerikanische Nachrichtenagentur AP, ist aber bald vom Nachrichtenjournalismus enttäuscht. Sie beginnt ein Internettagebuch zu führen, ein Weblog auf Persisch und Englisch, aber nach einigen Monaten wird der Geheimdienst auf sie aufmerksam. Es ist die Zeit, in der viele Weblogger verhaftet und unter Druck gesetzt werden. Sie gibt das persische Weblog auf, führt aber das englische weiter.

Ehrenamtlich engagiert sie sich in einem von der Friedensnobelpreisträgerin Schirin Ebadi begründeten Projekt für Straßenkinder in Südteheran. »Ich habe selbst darunter gelitten, abgelehnt zu werden, weil ich anders bin, weil ich rebellierte und meinen eigenen Weg ging«, sagt sie. »Deshalb interessiere ich mich für andere, die ausgegrenzt werden: für Prostituierte, Drogenabhängige und Straßenkinder.« Für ihre Doktorarbeit hat sie sich ein besonders brisantes Tabu-Thema ausgesucht: Homosexualität.

»Ich will mit meinem Leben beweisen, dass man etwas ändern kann, wenn man will. Es gibt so viele Unmöglichkeiten in den Köpfen. In Iran versuchen sie überall, dich einzuschränken, aber wenn du kämpfst, erhältst du plötzlich auch Unterstützung. Selbst sehr traditionelle, konservative Leute respektieren mich, weil ich kämpfe und etwas erreiche. Es gibt so viele hier, die den Mut suchen auszubrechen.«

Die Konsequenz, mit der Aresu ihren Vorstellungen und Träumen folgt, ist eine Ausnahme. Aber vieles in ihrem Denken ist typisch für die junge Generation in Iran. Nach der Revolution geboren und schon nicht mehr vom düsteren Jahrzehnt des Krieges geprägt, teilen sie nicht die Angst der Eltern vor Verfolgung und Umwälzungen. Innerhalb von zwei Generationen hat sich hier der Übergang zu einem modernen Lebensstil vollzogen. Die Revolution hat diese Entwicklung kurzfristig verlangsamt, aber nicht aufgehalten. Die konservative Wende der Revolution hat Aresus Mutter noch einmal in den beschränkten, häuslichen Lebenskreis zurückgestoßen, die Entwicklung der Tochter aber hat sie nicht aufgehalten. Im Gegenteil, die Desillusionierung nach der Revolution und die Politisierung des Islam haben den Verfall traditioneller Werte möglicherweise sogar beschleunigt. Die jungen Leute unter fünfundzwanzig Jahren, die mehr als die Hälfte der Bevölkerung stellen, erscheinen den vorangegangenen Generationen einerseits als extrem verunsichert, andererseits als stark und unkontrollierbar. »Die junge Generation ist verwirrt«, sagt mir eine Freundin, Mutter eines fünfzehnjährigen Mädchens. »Sie wollen um jeden Preis modern sein, selbst die Jugendlichen aus sehr traditionellen Familien. Die Töchter gehören zu einer anderen Welt, einer Welt der Musik, der Mode, des Internets und der bauchfreien Blusen. Obwohl sie in religiös-traditionellen Familien leben, wollen die Mädchen Mobiltelefone, Boyfriends und freizügige Kleidung.« Die Kinder, sagt sie, seien stark und selbstbewusst. »Die Eltern können ihre Kinder nicht mehr kontrollieren. Sie wagen es nicht, ihnen Vorschriften zu machen. Sie haben Angst, etwas über ihre Kinder zu erfahren, das sie nicht ertragen könnten.«

Die junge Generation wächst mit einem großen Vakuum von Sinn auf. Viele von ihnen flüchten in die Drogensucht. Die Eltern, desillusioniert und verunsichert durch die Revolution, können ihnen keine Werte vermitteln, und die Religion ist durch das Regime diskreditiert. »Die meisten jungen Leute glauben an gar nichts mehr«, sagt Mehdi, ein junger Kleriker. »Nicht an die Revolution, nicht an den Islam, noch nicht einmal mehr an humanitäre Prinzipien. Ihr Glaube ist zerstört, weil man sie gezwungen hat, eine Wahrheit zu akzeptieren. Ihre Religion ist zerstört, weil sich die Regierung mit der Religion verbunden hat. Auch der Westen ist für sie kein Vorbild. Sie glauben nur, dass es sich dort angenehmer lebt.«

Im Frühjahr 2007 reist Aresu im Rahmen eines schwedischen Förderprogramms für Nachwuchsjournalisten das erste Mal in den Westen. Dorthin auswandern, wie so viele ihrer Freunde, möchte sie nicht. »Ich habe verstanden, dass das Leben im Westen wundervoll ist, aber ich habe mein grauenhaftes Land vermisst. Und wer, wenn nicht wir, sollte etwas für unser Land tun?« Von den dreißig Mitschülern, mit denen Aresu vor fünf Jahren die Schule beendete, leben heute nur noch zwölf in Iran. »Das macht mich sehr traurig, denn sie könnten hier etwas verändern. Wir brauchen hier ein Netzwerk von jungen Leuten. Ich träume immer von dem Moment, an dem wir ein kleines bisschen Freiheit bekommen, sodass sich etwas ändern kann. Es ist keine glückliche Geschichte, weil wir viel leiden und weil dieser Moment vielleicht nie kommen wird.«

Aresu wünscht sich für Iran eine große, verbindende Idee, etwas, woran die Menschen glauben, wofür es sich zu kämpfen lohnt. Der Werteverlust und das unbefriedigte Sinnbedürfnis der jungen Generation stärken den Wunsch nach einfachen Antworten und klaren Zielen. Das Warten der iranischen Gesellschaft erscheint manchmal wie das Warten auf einen großen Aufbruch, dem nur noch die Richtung fehlt. Und eine Führerfigur.

Die desillusionierte Jugend birgt ein destruktives Potenzial, welches das Regime zu Recht fürchtet. Aber auch der Westen kann nicht darauf hoffen, dass aus so viel Unzufriedenheit, Frustration und Aggression ein demokratischer Aufbruch erwächst.

Seit einiger Zeit hat Aresu einen Freund. Er studiert an derselben Universität wie sie und ist politisch engagiert. Sie möchte mit ihm eine moderne Beziehung führen, sie möchte nicht heiraten, und an eigene Kinder denkt sie noch gar nicht. »Wenn ich heirate, ist es mit meiner Unabhängigkeit aus«, sagt sie.

Aber der Druck der Familien auf das Paar ist groß. In der Zeit moralischer Entwurzelung erhält die Heirat eine geradezu absurd übersteigerte Bedeutung. Sie erscheint als ein letzter Hort moralischer Ordnung, ein Halt, der um jeden Preis aufrechterhalten werden muss. Die Heirat wird zu einem Fetisch, der, Jungfräulichkeit hin oder her, zumindest nach außen das Fortbestehen der gesellschaftlichen Moral vorgibt. Die übersteigerte Bedeutung der Heirat ist gleichsam der letzte Versuch, die rebellische Jugend, vor allem die Frauen, in die patriarchalische Ordnung zu zwingen. Die Eltern, die ihre Kinder selbst nicht mehr zu bändigen vermögen, verbünden sich mit dem Regime, dessen Moralvorstellungen sie, selbst wenn sie es ablehnen, häufig teilen. Einmal klagt eine junge Frau mir das Leid ihrer Unfreiheit und Gängelung durch das Regime. Als ich nachfrage, wird deutlich, dass es tatsächlich ihr Vater ist, der ihr verbietet, ihren Freund mit nach Hause zu bringen. »Ich glaube, das Schlimmste und Furchtbarste in diesem Land sind die Familien«, erklärt mir einmal ein junger Mann. »Manchmal denke ich etwas, was mir selbst Angst macht, nämlich, dass, wenn sich etwas bessern soll, die Grundlage der Familie langsam zerstört werden muss.«

Als ihr Freund ihr einen Heiratsantrag macht, weiß Aresu nicht, was sie tun soll. Sie sagt, sie fühle sich verloren und gefangen. »Um mich herum sind nur Regeln und Traditionen und Begrenzungen.«

Eine Heirat hat viele praktische Vorteile, und Aresu ist müde vom Kampf, von der Einsamkeit und ihrer Außenseiterrolle. Aber sie hat auch Angst, ihre hart erkämpfte Unabhängigkeit aufzugeben, ihre Träume zu verraten. Sie hatte gehofft, eine Zeit lang gemeinsam mit ihrem Freund im Ausland studieren zu können, aber dann entschließt sie sich doch, ihre Doktorarbeit in Iran zu schreiben. Sie nimmt den Heiratsantrag an. Sie hofft, dass sie als verheiratete Frau ihren Träumen treu bleiben, sie vielleicht sogar besser verwirklichen kann. Sie versucht, die Heirat nicht als Zugeständnis an die Tradition zu sehen, sondern als einen neuen Schritt auf der Suche nach ihrem Weg.

Spätabends sitzen Roja und ich am Küchentisch und reden. »Anfangs habe ich gedacht, dass die Frauen in Iran ganz andere Schwierigkeiten haben als die Frauen im Westen«, sage ich. »Vermutlich habe ich mir eingebildet, die Frauen im Westen hätten gar keine Schwierigkeiten. Aber jetzt scheint mir, dass es in vieler Hinsicht nur graduelle und keine substanziellen Unterschiede zwischen den Problemen hier und dort gibt. Als mich vor einiger Zeit eine Freundin hier besuchte und fragte, was die Iranerinnen beschäftigt, habe ich ihr aus dem Bauch heraus geantwortet: Dasselbe wie uns.«

»Im Westen hinkt die gesellschaftliche Wirklichkeit hinter der rechtlichen Gleichstellung hinterher, aber bei uns gibt es noch nicht einmal die rechtliche Gleichstellung der Frau«, sagt Roja. »Das ist ein großer Unterschied.«

»Auch in Deutschland besteht selbst die rechtliche Gleichstellung noch gar nicht so lange, wie man meint«, sage ich. »Obwohl sie im Grundgesetz von 1949 verankert ist, wurden die Rechte von Männern und Frauen in der Ehe erst mit dem Gleichstellungsgesetz von 1957 angeglichen. Bis dahin brauchte etwa eine Frau, die berufstätig sein wollte, die Erlaubnis ihres Ehemannes. Sogar nach 1957, bis zur Eherechtsreform von 1977, blieb die Hausfrau in rechtlicher Hinsicht das Rollenmodell der Frau. So durfte etwa eine Frau nach dem Gesetz nur dann arbeiten, wenn es mit ihren Pflichten als Hausfrau, Mutter und Ehegattin vereinbar war. Und in der Diskussion über Kinderbetreuung, die im Moment in Deutschland geführt wird, spielt die Vorstellung, dass eine Frau sich zunächst einmal um ihre Kinder kümmern sollte, noch immer eine große Rolle. Bei uns ist die Gesellschaft zum Teil traditioneller als die Rechtslage, in Iran ist es umgekehrt.«

»Manches, was in diesem Land modern erscheint, ist in Wirklichkeit nur Fassade«, entgegnet Roja. »Im Erbschaftsstreit mit meinen Brüdern ist zum Beispiel meine Stiefmutter dagegen, dass ich den gleichen Anteil bekomme wie meine Brüder. Ich soll, wie es die Scharia vorsieht, nur halb so viel erben wie sie. Und das sagt eine Frau, die ihr ganzes Leben von sich behauptet hat, eine stramme Feministin zu sein! Das passt so gut zu unserer Doppelmoral hier. Sie ist genau wie die Frauen in Nordteheran, die so modern aussehen und die doch im Leben nur das Ziel haben, einen reichen Ehemann zu ergattern. Oder nehmen wir meinen Vater: Als ich mich in der Zeremonie der Brautwerbung weigerte, eine Scheidungsregelung auszuhandeln, weil ich der Ansicht war, dass ich das als moderne Frau nicht brauche, sagte mein Vater zu mir: ›Sei ruhig und sieh dir das Teppichmuster an.‹ Mein Vater, der lange in Europa gelebt hatte und sich selbst für liberal und fortschrittlich hielt!«

»Was für Frauen wollen wir sein?«, frage ich. »Das ist doch hier wie dort die Frage. Ich habe auf die Schwierigkeit der möglichen Frauenrollen in Iran damit reagiert, dass ich mich gar nicht als Frau definiert habe. Ich habe gesagt: ich bin keine Diplomatengattin, und ich bin keine Iranerin. Ich bin Journalist und sozusagen geschlechtsneutral. Aber spätestens nach der Geburt der Kinder wurde es unmöglich, den Rollenfragen länger auszuweichen. Ich musste mich entscheiden, wie viel ich Mutter – und damit Frau – sein wollte. Gleichzeitig hatte ich große Angst davor, weil die Mutterrolle mit so vielen Nachteilen, vor allem im sozialen Ansehen, verbunden ist. Und außerdem wollte ich die Gleichheit, die zwischen T. und mir in unserer Ehe bestand, nicht in Frage stellen.«

»Ich habe dich immer um deine partnerschaftliche Ehe beneidet«, antwortet Roja. »Ihr beide seid euch so nah, und ihr habt so viel intellektuellen Austausch miteinander.«

»Irgendwie hatte ich angenommen, dass wir uns in einer modernen Ehe in gleichem Maß um die Kinder kümmern würden. Aber dann musste ich feststellen, dass unsere Bedürfnisse verschieden sind. Selbst in der eigenen Ehe habe ich also den Gleichheitsanspruch aufgegeben.« Eine Weile trinken wir schweigend unseren Tee.

»In mancher Hinsicht haben die Frauen hier ein viel selbstverständlicheres Verhältnis zu ihrer Weiblichkeit mit allem Guten und allem Schwierigen«, sage ich schließlich. »Und es ist interessant, dass es gerade den religiösen Frauen oft gelingt, Mutterschaft und beruflichen Erfolg zu vereinbaren. Es gibt da schon eine Form des islamischen Feminismus, der von Frauen gelebt wird, die zugleich modern und islamisch denken.«

Roja schweigt. Sie ist müde, sonst hätte sie mir widersprochen.

Im Herbst 2006, als die Repressionen der Regierung Ahmadineschad gegen Studenten, Journalisten und Intellektuelle schon in vollem Gange sind, schließt sich Aresu einer Gruppe von Frauen an, die sich mit einer Unterschriftenaktion für Frauenrechte in Iran einsetzt. Die Idee ist einfach, und sie ist anders als alle bisherigen Anstrengungen für Frauen in Iran; sie wollen eine Million Unterschriften sammeln und damit einer ebenso einfachen wie radikalen Forderung Nachdruck verleihen: der rechtlichen Gleichstellung der Frau.

Erstmals beteiligen sich Frauenaktivistinnen verschiedener politischer Couleur gemeinsam an einer Aktion: säkulare und religiöse, linke und rechte. Ziel ist es, Frauen miteinander in Kontakt zu bringen und ein landesweites Netzwerk zu schaffen, das sie über alle Barrieren der gesellschaftlichen Schichten und politischen Überzeugungen hinweg miteinander verbindet.

»Ich mache mit, weil ich eine Frau bin und jeden Tag die Ungleichheit in meinem Fleisch und Blut fühle«, sagt Aresu. »Sie bestimmen meine Kleidung, meine Religion, meine Universität, meinen Lebensstil, sogar meine Meinung! Ich habe nicht das Recht, meinen Ehemann auszuwählen, zu reisen, zu studieren. Wenn ich heirate, wird mein Ehemann zu meinem Gott: Er trifft die Entscheidungen in meinem Leben. Er kann sogar entscheiden, ob ich das Haus verlassen darf oder nicht. Das reicht ja wohl, um zu verstehen, dass sich etwas ändern muss.«

Auf DIN-A4-Blättern mit dem Emblem der Waage der Justitia sammeln die Frauen Unterschriften. »Diese Bewegung ist gut, weil sie langsam und leise ist«, sagt eine Lehrerin.

»Es ist eine sehr schöne Bewegung«, sagt eine andere Frau. »Sie hat keine Organisation und keinen Kopf.« Es ist eine Kampagne, die sich wie ein Strom in die Gesellschaft hinein ausbreitet. Sie ist nicht darauf angewiesen, über Medien bekanntgemacht zu werden, sondern wird von den Frauen selbst in die Gesellschaft getragen. Sie sammeln Unterschriften beim Friseur oder beim Arzt, bei der Koranlesung oder in der Universität, im Autobus, im Büro und auf Familienfeiern, immer verbunden mit einem Aufklärungsgespräch über die rechtliche Diskriminierung von Frauen, immer im persönlichen Kontakt: »Von Brust zu Brust«, sagt Sahra Arsani, eine Frauenanwältin, mit der Aresu befreundet ist.

Sie lassen ein kurzes, emotionales Video produzieren mit Aufnahmen von einer Kundgebung und einem Lied, das die Älteren noch aus den Zeiten des Protests gegen das Schah-Regime kennen: »Komm mit uns, Liebe, komm mit uns. Schließ dich an, bleib im Schmerz nicht allein. Denn der gemeinsame Schmerz kann nicht gelindert werden, wenn wir getrennt bleiben. Die Schwierigkeiten des Lebens werden niemals erleichtert werden ohne eine gemeinsame Anstrengung. Komm mit uns, Liebe, schließ dich uns an ...«

»Dieses Programm der persönlichen Gespräche wird den Frauen klarmachen, wie ungerecht die Gesetze sind«, sagt Aresu. »Dann wird langsam aus dem Traum von Veränderungen ein Begehren, auf das die Politik reagieren muss. Schritt für Schritt sehen wir, dass nicht nur Frauen in den Städten, sondern auch auf dem Land unterschreiben. Es gibt viele süße Momente, wenn Frauen freiwillig kommen und helfen wollen. Ich bin sehr optimistisch. Bei diesem Projekt geht es um das, was Frauen täglich fühlen, es ist nicht abstrakt und theoretisch. Es geht um unser Leben.«

Das Projekt beginnt mit einer Gruppe von fünfzig Aktivistinnen. Bei Workshops werden weitere Freiwillige geschult, in zahlreichen Provinzen bilden sich eigene Aktionsgruppen. Nach einem halben Jahr sind etwa hunderttausend Unterschriften gesammelt. Vorbild ist eine Aktion in Marokko, wo König Hassan II. im Jahr 2004 die rechtliche Gleichstellung der Frau verfügte, nachdem innerhalb von zwei Jahren eine Million Unterschriften gesammelt worden waren, und das bei einer erheblich geringeren Bevölkerungszahl als in Iran.

Das iranische Regime reagiert mit Einschüchterungsversuchen. Geheimdienstchef Mohseni-Edschei wirft den Frauen vor, mit ihrer Kampagne nach dem Vorbild der gewaltlosen Revolutionen in Osteuropa auch in Iran eine »weiche Revolution« initiieren zu wollen. Bei einer Kundgebung greift die Polizei ein. Die Versammlung wird gewaltsam aufgelöst und einige Frauen werden verhaftet. Mehr als hundert Frauen sind seither im Gefängnis gewesen, aber nach einiger Zeit werden sie stets wieder freigelassen. »Alles, was wir tun, ist im Rahmen des Gesetzes«, sagt Aresu. »Und wir können uns mit unseren Forderungen auf internationale Vereinbarungen berufen, die die Regierung unterzeichnet hat.« Sogar einige prominente Geistliche unterstützen inzwischen das Anliegen der Frauen. Mit den Rechtsgutachten der Ajatollahs Sanei und Bodschnurdi wehren sich die Frauen gegen den Vorwurf, dass ihre Forderungen im Widerspruch zu grundlegenden Prinzipien des Islam stehen.

Für Chadidscheh Moghadam, eine der Begründerinnen der Aktion, ist es besonders wichtig, dass sich auch die islamischen Frauenrechtlerinnen beteiligen. Einmal lädt sie die Ehefrauen der bekannten Reformpolitiker zu sich ein, darunter auch Sahra Eschraghi, die Ehefrau des ehemaligen Präsidenten Chatami und Enkelin von Revolutionsführer Chomeini. »Sie haben alle unterschrieben«, sagt Chadidscheh stolz.

In den vergangenen Jahren ist auch der Begriff »Feministin«, der zuvor als westlich verpönt gewesen war, zunehmend wieder in Gebrauch. Die Schwierigkeit, eine eigene, nichtwestliche Form des Feminismus zu finden, ein Frauenbild, das zugleich modern ist und die eigene Tradition berücksichtigt, scheint nicht mehr im Vordergrund zu stehen. »Wenn ›Feministin‹ heißt, dass man glaubt, dass Frauen vollkommene Wesen sind und die gleichen Rechte haben wie Männer, dann bin ich Feministin«, sagt Chadidscheh. »Ich bin der Überzeugung, dass wir nicht wie Männer werden, sondern eine weibliche Identität bewahren müssen. Wir dürfen uns nicht schämen, Frauen zu sein.«

Aresu sagt, dass in jedem Fall schon die Kampagne selbst ein Erfolg sei. Selbst wenn sich kurzfristig an der rechtlichen Lage nichts ändern lasse, sei schon mit der Aufklärungsarbeit, der Sensibilisierung der Frauen für ihre rechtliche Diskriminierung viel erreicht. »Das Wichtigste ist, nicht aufzugeben«, sagt sie. Chadidscheh ist optimistischer: »Es wird sich etwas ändern. Die Frauen sind sehr stark.«